KATIA BRUGINSKI MULIK

O selo DIALÓGICA da Editora InterSaberes faz referência às publicações que privilegiam uma linguagem na qual o autor dialoga com o leitor por meio de recursos textuais e visuais, o que torna o conteúdo muito mais dinâmico. São livros que criam um ambiente de interação com o leitor – seu universo cultural, social e de elaboração de conhecimentos –, possibilitando um real processo de interlocução para que a comunicação se efetive.

Linguística Aplicada:

diálogos contemporâneos

EDITORA intersaberes

Rua Clara Vendramin, 58 ♦ Mossunguê ♦ CEP 81200-170 ♦ Curitiba ♦ PR ♦ Brasil
Fone: (41) 2106-4170 ♦ www.intersaberes.com ♦ editora@editoraintersaberes.com.br

Dr. Ivo José Both (presidente);
Drª Elena Godoy; Dr. Neri dos Santos
e Dr. Ulf Gregor Baranow ♦ conselho editorial

Lindsay Azambuja ♦ editora-chefe

Ariadne Nunes Wenger ♦ supervisora editorial

Ariel Martins ♦ analista editorial

Julio Cesar Camilo Dias Filho ♦
preparação de originais

Olívia Lucena ♦ edição de texto

Denis Kaio Tanaami ♦ design de capa

Ingram ♦ imagem de capa

Raphael Bernadelli ♦ projeto gráfico

Estúdio Nótua ♦ diagramação

Laís Galvão ♦ equipe de design

Célia Regina Tartalia e Silva;
Regina Claudia Cruz Prestes ♦ iconografia

Dados Internacionais de Catalogação na Publicação (CIP)
(Câmara Brasileira do Livro, SP, Brasil)

Mulik, Katia Bruginski

Linguística Aplicada: diálogos contemporâneos/
Katia Bruginski Mulik. Curitiba: InterSaberes,
2019. (Série Língua Portuguesa em Foco)

Bibliografia.
ISBN 978-85-5972-994-8

1. Linguagem 2. Língua estrangeira – Estudo e ensino
3. Língua portuguesa – Estudo e ensino 4. Linguística
aplicada I. Título. II. Série.

19-24226   CDD-418

Índices para catálogo sistemático:

1. Linguística aplicada 418

Maria Paula C. Riyuzo – Bibliotecária – CRB-8/7639

1ª edição, 2019.

Foi feito o depósito legal.

Informamos que é de inteira
responsabilidade da autora a
emissão de conceitos.

Nenhuma parte desta publicação
poderá ser reproduzida por
qualquer meio ou forma sem a
prévia autorização da Editora
InterSaberes.

A violação dos direitos autorais
é crime estabelecido na Lei
n. 9.610/1998 e punido pelo
art. 184 do Código Penal.

sumário

prefácio, xi

apresentação, xv

organização didático-pedagógica, xx

    um Percurso histórico da Linguística Aplicada (LA), 23

    dois A LA na contemporaneidade, 63

    três Fazer pesquisa em LA, 97

    quatro LA e o ensino de língua materna, 149

    cinco LA e o ensino de línguas estrangeiras (LE), 215

    seis LA e sua relação com a sociedade e com a formação docente, 289

considerações finais, 325

lista de siglas, 329

referências, 333

bibliografia comentada, 361

anexo, 365

respostas, 369

sobre a autora, 371

Ao meu amigo Klabyr (in memoriam), cuja amizade e parceria foram fundamentais para a concretização desta obra.

Ao Daniel, pelo amor, carinho e incentivo de sempre e por compreender minhas ausências.

Ao João Vitor e ao Teodoro, por colocarem alegria em minhas pausas.

> *É preciso envolver-se com o texto para entender a complexidade de suas muitas camadas de significado e as posições que oferece. Também é preciso criticar o texto interrogando-o até estabelecer a quais interesses servem. Isso requer um julgamento ético: esses interesses merecem nosso apoio ou não? O texto está servindo aos interesses de alguns à custa de outros? Ele está servindo aos interesses do poder e, assim, marginalizando os pobres e os já excluídos? Os seus efeitos sociais serão positivos ou negativos? Apenas uma ética do interesse e da justiça para todos irá determinar se devemos assumir as posições textuais oferecidas ou resistir a elas.*
>
> Hilary Janks, 2017, p. 11.

prefácio

> *Linguística aplicada, para mim [...] [é] pensar, não como se pensou durante muito tempo: levar a teoria para a vida prática. Mais que isso, é usar a prática como próprio palco de criação de reflexões teóricas, ou seja, neste âmbito teoria e prática não são coisas diferentes. A teoria é relevante para a prática porque é concebida dentro da prática.*
>
> Kanavillil Rajagopalan, 2011b, p. 76.

O QUE É a Linguística Aplicada? Qual é a sua origem? Para que ela serve? Por que falar de *Linguística Aplicada*? Essas são algumas das perguntas trabalhadas neste livro de autoria de Katia Bruginski Mulik. Partindo do pressuposto de que a Linguística Aplicada como ciência consiste numa construção histórica e de que a sua historicidade diz muito sobre como a definimos hoje, na contemporaneidade, o trabalho da autora percorre diversos conceitos, estabelece aproximações e relações entre eles e contempla reflexões em torno da linguagem, que constitui o seu fundamento.

Ao resgatar o histórico da Linguística Aplicada – apresentando a diversidade de pensamento de autores como Moita Lopes, Fabrício, Rajagopalan, Tílio e Mulico – e referir-se às ressignificações dessa área de estudos, a abordagem da autora reconhece os atuais debates que vêm sendo empreendidos a respeito da redefinição do objeto de estudo da Linguística Aplicada. Em suas palavras, esta "tem assumido [...] caráter adaptativo, uma vez que busca constantemente se alinhar a outras áreas do conhecimento ao mesmo tempo em que recorre a novas teorizações para promover conhecimento em sua área de estudos".

Por isso, nos diferentes capítulos que integram esta obra de características teórica e prática, a autora nos oferece uma provocativa interpretação das transformações na área da linguagem associadas a cada contexto histórico que traz à baila. Em diálogo com os autores selecionados, discorre sobre textos e nossas relações com eles, incorporando as influências das tecnologias em nosso cotidiano e as características das sociedades em permanentes mudanças, suscitadas especialmente pela globalização. Argumenta que a Linguística Aplicada busca construir teorias "por meio da prática e da experiência a fim de poder tecer reformulações local e contextualmente situadas", conforme suas palavras. Esse é o aspecto que busquei realçar na epígrafe de abertura deste prefácio, por se tratar de uma premissa central enfatizada pela autora, entendendo que ela pode motivar reflexões que nos levem a rever pressupostos e significados como professores e pesquisadores de línguas na contemporaneidade.

É com base no olhar impregnado de vivências como professora e pesquisadora que Katia coloca suas reflexões e propostas e que, portanto, o texto se constrói.

Um dos aspectos salientes deste livro é a maneira pela qual a autora aborda determinadas noções de língua, discurso, cultura, gramática, práticas discursivas, gêneros discursivos, letramentos e multiletramentos, por vezes complexas, provocando aproximações dos diversos conceitos com as experiências humanas e as mais variadas interações sociais e percepções de mundo. Ao assim fazer, o texto vincula a Linguística Aplicada a algumas das grandes questões que envolvem o processo de ensino da língua materna e de uma língua estrangeira e o fazer pesquisa no universo educacional: políticas linguísticas, agência docente, letramentos, questões sociais, ética.

Considerando, portanto, o viés transdisciplinar da abordagem dos conhecimentos de língua, perpassam a obra temas como: modernidade, pós-modernidade, pós-humanismo, pós-estruturalismo, epistemologia, língua internacional, práticas translíngues, para citar alguns exemplos. Essas e outras emergentes temáticas que, ao longo da leitura, aparecem em referências e para cuja compreensão costumam pressupor do leitor familiaridade são tratadas didaticamente pela autora sob diferentes enfoques a fim de pluralizar pontos de vista.

Disso surge a importância desta leitura para professores e futuros professores de línguas, materna ou estrangeira, inseridos tanto em contextos de formação inicial ou continuada quanto em outros, na prática de estudos e pesquisas.

Ao concluir este breve espaço de fala concedido pela amiga Kátia, não poderia deixar de mencionar quanta honra tive de poder ser uma das primeiras leitoras deste livro! Fui desafiada a escrever algumas palavras sobre os méritos desta obra cujo processo de concepção e construção acompanhei tão de perto. Narro esse episódio porque foi mais do que um desafio: aprendi muito com o texto que li! E, antes que outras leituras possam ser construídas, quero deixar aqui dois registros: o elogio pela trajetória profissional inspiradora que Katia vem construindo e o agradecimento por compartilhar, com esta contribuição autoral que fez à área, os seus conhecimentos com todos os que se interessam pela Linguística Aplicada.

Eliana Santiago Gonçalves Edmundo – Doutora em Educação pela Universidade do Vale do Itajaí (Univali)

apresentação

❰ A LINGUÍSTICA APLICADA (doravante LA) tem se mostrado uma área em constante expansão tanto no cenário brasileiro quanto no internacional. Podemos notar sua presença nos congressos e programas de pós-graduação que têm se preocupado em, cada vez mais, olhar para a linguagem relacionando-a aos problemas do mundo real ou, como prefere Moita Lopes (2006a), às questões da vida contemporânea.

Esta obra tem o intuito de fornecer uma base teórica voltada para a compreensão do surgimento da LA como campo de estudos nos cenários nacional e internacional, passando a reflexões voltadas para a forma de conceber a linguagem e seus enfoques recentes de pesquisa. Consideramos as discussões ora apresentadas fundamentais para os profissionais de Letras, tanto de formação inicial quanto de formação continuada, bem como para os interessados em estudar a linguagem a fim de ampliar suas visões quanto às formas mediante as quais podemos produzir conhecimento com base nela e sobre ela.

Este livro foi organizado em seis capítulos que revelam entre si certa linearidade de pensamento, já que nos preocupamos em fazer com que você, leitor, pudesse compreender a gênese da área da LA e o modo como ela foi passando por inúmeras transformações a partir de sua difusão nos cenários nacional e internacional até chegar à contemporaneidade.

O Capítulo 1 aborda o surgimento da LA na década de 1940 e as demandas da disciplina vinculadas ao contexto da Segunda Guerra Mundial e à necessidade de ampliar o contato com diferentes línguas estrangeiras como estratégia de guerra. Com base nisso vamos apresentar alguns marcos históricos que contribuíram para inaugurar a disciplina. Vamos compreender como se deu o desenvolvimento da LA e quais foram os desafios enfrentados pelos pesquisadores para constituí-la em solo brasileiro. Trabalharemos também sobre algumas convergências e divergências entre a LA e a Linguística como disciplinas e, por fim, refletiremos sobre a visão de língua/linguagem trazida nas pesquisas em LA recentes.

Dando sequência às reflexões propostas anteriormente, vamos discutir no Capítulo 2 como a LA tem sido compreendida na contemporaneidade retomando algumas posturas que foram sendo assumidas ao longo desse percurso, como a interdisciplinaridade, a transdisciplinaridade e a transgressão. Com base nessas reflexões vamos tratar da concepção de *Linguística Aplicada Crítica* (LAC) e também do pós-humanismo e sua relação com LA.

No Capítulo 3, vamos discutir a respeito do papel da pesquisa na LA. Para isso, traremos algumas reflexões sobre a LA como campo de estudos e suas questões epistemológicas, pensando em como isso tem tido impacto nas escolhas teóricas e metodológicas dos pesquisadores na produção do conhecimento. Vamos conhecer algumas temáticas e abordagens recentes na pesquisa, bem como alguns instrumentos que podem ser utilizados para a geração dos dados. Por fim, traremos um aspecto crucial, que é a preocupação ética com a prática de fazer pesquisa.

No Capítulo 4, vamos tratar sobre a LA e o ensino de língua materna. Nele buscamos fazer um panorama sobre a disciplina de Língua Portuguesa ao mostrar sua inserção no currículo escolar e seus objetivos quanto ao que sinalizam os documentos oficiais de ensino. Vamos discutir a noção de práticas discursivas – leitura, oralidade e escrita – a fim de compreender como essa visão impacta na forma como ensinamos língua na escola. Conversaremos sobre o papel da análise linguística, dos gêneros textuais no meio digital e da avaliação para que você possa pensar na elaboração de aulas mais engajadas.

No Capítulo 5, vamos enfatizar o ensino de línguas estrangeiras. Discutiremos como as mudanças histórico-políticas têm afetado o papel das línguas estrangeiras no cenário educacional brasileiro e sobre as modificações que têm sido feitas no currículo. Abordaremos as políticas linguísticas e as políticas de ensino e sua expansão nas pesquisas em LA, o *status* da língua inglesa como língua franca/global/internacional e a questão dos letramentos e da multimodalidade que tem chamado atenção de linguistas aplicados no que tange às transformações nas práticas pedagógicas.

Na última seção do quinto capítulo, vamos tratar sobre a noção de práticas translíngues, o que, embora não seja algo tão novo, tem se expandido como tema de pesquisa na LA.

Por fim, no Capítulo 6, o último, vamos discutir sobre algumas contribuições que a LA tem feito para a sociedade e a formação de professores. Trataremos de abordar o fenômeno da globalização e o impacto desta nas pesquisas em LA. Vamos refletir também sobre alguns desafios contemporâneos para os professores, além de entender como se configura o papel do linguista aplicado perante uma atitude responsiva.

Esperamos que você tenha uma leitura agradável e que esta obra traga contribuições significativas para a sua formação acadêmica e suas práticas docentes.

Bons estudos e boa leitura!

organização didático-pedagógica

Esta seção tem a finalidade de apresentar os recursos de aprendizagem utilizados no decorrer da obra, de modo a evidenciar os aspectos didático-pedagógicos que nortearam o planejamento do material e como o aluno/leitor pode tirar o melhor proveito dos conteúdos para seu aprendizado.

Logo na abertura do capítulo, você é informado a respeito dos conteúdos que nele serão abordados, bem como dos objetivos que o autor pretende alcançar.

Você conta, nesta seção, com um recurso que o instigará a fazer uma reflexão sobre os conteúdos estudados, de modo a contribuir para que as conclusões a que você chegou sejam reafirmadas ou redefinidas.

Nesta seção, o autor oferece algumas indicações de livros, filmes ou sites que podem ajudá-lo a refletir sobre os conteúdos estudados e permitir o aprofundamento em seu processo de aprendizagem.

Com estas questões objetivas, você tem a oportunidade de verificar o grau de assimilação dos conceitos examinados, motivando-se a progredir em seus estudos e a se preparar para outras atividades avaliativas.

Aqui você dispõe de questões cujo objetivo é levá-lo a analisar criticamente determinado assunto e aproximar conhecimentos teóricos e práticos.

bibliografia comentada

Para maior aprofundamento sobre estudos recentes no campo da
L.A. recomendamos a leitura das seguintes publicações:

JORDÃO, C. M. (Org.). *A linguística aplicada no Brasil: rumos e passagens*. Campinas: Pontes, 2016.

Este livro, organizado pela professora Clarissa Jordão da Universidade Federal do Paraná (UFPR), é composto por 18 capítulos divididos em 4 partes: 1) desenvolvimento da LA no Brasil; 2) LA e letramentos; 3) LA e formação de professores; e 4) LA e o ensino-aprendizagem de línguas. Os autores são professores de diferentes universidades brasileiras e propiciam diferentes olhares sobre preocupações recentes, além de fornecer um panorama brasileiro sobre o status da LA.

} *Nesta seção, você encontra comentários acerca de algumas obras de referência para o estudo dos temas examinados.*

um Percurso histórico da Linguística Aplicada (LA)

dois   A LA na contemporaneidade
três   Fazer pesquisa em LA
quatro LA e o ensino de língua materna
cinco LA e o ensino de línguas estrangeiras (LE)
seis   LA e sua relação com a sociedade e com a formação docente

> *Eis uma das vantagens de envelhecer e ter memória: sabe-se como histórias começam e têm prosseguimento, e [...] como os modos de produzir conhecimento se modificam.*
>
> Moita Lopes, 2009, p. 14.

❰ NESTE CAPÍTULO APRESENTAMOS brevemente a história da LA e a sua constituição como campo de estudos. Inicialmente procuramos discorrer sobre alguns momentos fundamentais de sua trajetória, lembrando que, assim como em outros campos do saber, determinar datas precisas é uma tarefa complexa, razão pela qual buscamos pontuar alguns eventos que acreditamos ser cruciais para a constituição da LA. Nesse contexto, vamos refletir sobre as diferentes concepções que ela teve no decorrer desse percurso. Na sequência abordaremos o surgimento da LA no contexto brasileiro e algumas convergências e divergências entre ela e a Linguística como disciplinas. Por fim, refletiremos sobre a visão de língua/linguagem trazida nas pesquisas em LA recentes com base na perspectiva pós-estruturalista.

umpontoum
Concepção da LA: breve contexto histórico

Ao refletirmos sobre o papel da LA, precisamos levar em consideração a importância da língua/linguagem nas atividades humanas. Diferentes concepções a esse respeito podem ser percebidas quando lançamos um olhar mais atento ao assunto. Por exemplo, na língua inglesa, a palavra *language* pode significar tanto "língua" como "linguagem". Na língua portuguesa, por sua vez, há teóricos que entendem que *língua* e *linguagem* são conceitos distintos. Nesse sentido, é importante ressaltar que nesta obra entendemos *língua* e *linguagem* não de forma separada ou dicotômica, mas como "procedimentos de construção de sentidos, uma vez que língua (e as linguagens em geral) é percebida como uma prática social, cultural, discursiva de construção de sentidos" (Jordão, 2013b, p. 356).

  Como veremos no decorrer deste livro, a concepção do que seria LA foi se modificando devido a relações tanto históricas quanto sociopolíticas. As formas como se concebia linguagem no início da LA eram bem diferentes de como ela é entendida na contemporaneidade. De acordo com Costa (2011), é possível observar que o quadro sócio-histórico da LA está bastante ligado ao contexto sociopolítico que se retratava na América do Norte na década de 1940 durante a Segunda Guerra Mundial. Tal cenário potencializou os interesses pelos estudos da linguagem, já que se exigia o conhecimento de outros idiomas por parte dos soldados americanos, pois realizar contato com os aliados e inimigos falantes de outras línguas era imprescindível. O ensino de línguas a partir desse momento passa a ser visto com outros olhos, com outras perspectivas, deixando de ser apenas um método cujo objetivo único era o de ensinar a ler. (Costa, 2011, p. 18-19)

Richards e Rodgers (1986, p. 44, tradução nossa), com relação ao desenvolvimento do ensino de línguas e o papel dos EUA na Segunda Guerra Mundial, afirmam:

> Para fornecer ao governo dos EUA pessoal que fosse fluente em alemão, francês, italiano, chinês, japonês, malaio e outras línguas e que pudesse trabalhar como intérpretes, assistentes de salas de códigos e tradutores, era necessário criar um programa especial de treinamento de idiomas. O governo encomendou às universidades americanas que desenvolvessem programas de língua estrangeira para militares. Assim, o Programa de Treinamento Especializado do Exército foi estabelecido em 1942. Cinquenta e cinco universidades americanas estavam envolvidas no programa no início de 1943.*

---

* Tradução de: "To supply the U.S. government with personnel who were fluent in German, French, Italian, Chinese, Japanese, Malay, and other languages, and who could work as interpreters, code-room assistants, and translators, it was necessary to set up a special language training program. The government commissioned American universities to develop foreign language programs for military personnel. Thus, the Army Specialized Training Program (ASTP) was established in 1942. Fifty-five American universities were involved in the program by the beginning of 1943".

Richards e Rodgers (1986) explicam, ainda, que foi nesse contexto que surgiu o método audiolingual (*audio-lingual method*), ou método do exército (*army method*), cujo objetivo era fazer com que os aprendizes desenvolvessem principalmente a expressão oral tendo como base o condicionamento e a repetição combinados com a teoria behaviorista de aprendizagem, que tomava como pressupostos os estudos comportamentais de Skinner. Nessa proposta, entendia-se que o hábito condicionado era adquirido por um processo de estímulo e resposta que propiciava o aprendizado de uma língua estrangeira (LE). A sala de aula valorizava o ensino de estruturas e a compreensão auditiva seguida da fala. A aprendizagem ocorria por meio da repetição e da memorização (hábito condicionado). A boa pronúncia era um aspecto primordial, já que o objetivo era se aproximar da fala de um nativo. Os professores trabalhavam muito com *drills* (exercícios repetitivos) para reforçar e consolidar estruturas linguísticas. Vejamos, a seguir, um exemplo deles:

> *Teacher: I bought a notebook.*
> *Student: I bought a notebook.*
> *Teacher: My notebook is on the table.*
> *Student: My notebook is on the table.*
> *Teacher: ...under the table.*
> *Student: My notebook is under the table.*
> *Teacher: ...in my backpack.*
> *Student: My notebook is in my backpack.*

Rajagopalan (2012) nos explica que, na época da Segunda Guerra Mundial, o ensino de línguas era visto como uma ciência consolidada tal como a Linguística. Supunha-se que aquele que possuísse domínio gramatical e estrutural do idioma encontrava-se apto para ensiná-lo. O autor ainda coloca que, naquela época, a LA estava se firmando como uma "subdisciplina em franca ascensão" (Rajagopalan, 2012, p. 59).

Segundo Grabe (2002), o marco institucionalizado da LA foi a publicação do primeiro número do *Language Learning: A Journal of Applied Linguistics*, em janeiro de 1948, em que se utiliza o termo pela primeira vez. Para Strevens (1991), por sua vez, o marco inicial dos estudos da LA ocorreu em dois grandes momentos. O primeiro deles foi em 1956, com a criação da Escola de Linguística Aplicada da Universidade de Edinburgh, e o segundo, em 1957, com a criação do Centro de Linguística Aplicada em Washington (D.C.). A iniciativa da Universidade de Edinburgh, com a instauração desse departamento criado por Pit Corder, veio para atender a uma demanda do Conselho Britânico (*British Council for English*), que objetivava a formação de professores especialistas para ministrar cursos de língua inglesa na Grã-Bretanha e em países da Comunidade das Nações (*Commonwealth*)*.

As influências da Linguística eram fortes, pois, de acordo com Grabe (2002, p. 3, tradução nossa), a LA nessa época refletia as "ideias dos linguistas estruturais e funcionais que eram

---

* Organização intergovernamental composta por 53 países membros independentes criada em 1931. A grande maioria dos filiados é ex-colônia britânica, com exceção de Moçambique (antiga colônia portuguesa) e Ruanda, que aderiu à organização em 29 de novembro de 2009.

aplicadas diretamente ao ensino de segunda língua e também, em alguns casos, para questões de alfabetização na língua materna e literatura"*. Essa forma de pensar resultou na desvinculação da disciplina como algo que reconhece as relações de poder existentes e que coloca a linguagem como algo central na constituição do indivíduo (Damianovic, 2005). Nesse sentido, a LA então era concebida como uma área de aplicação das teorias linguísticas. Como Moita Lopes (2009) nos explica, o que a LA estava fazendo ao recorrer ao estruturalismo não era diferente do que já estava sendo feito em outras disciplinas, como a Antropologia e a Semiótica. Decorrente disso surgiram publicações – como *Linguística Aplicada ao português: sintaxe e morfologia*, de Souza e Silva e Koch, publicada em 1983 – que ilustram essa visão e levam para a LA a tarefa de fazer descrições das línguas.

Em 1946, na Universidade de Michigan, foi realizado o primeiro curso independente de LA. Charles Fries e Robert Lado, que lecionavam nessa mesma universidade, desempenharam um papel importante na definição do termo e na sua propagação (Menezes; Silva; Gomes, 2009). Um exemplo foi o lançamento do periódico trimestral *Language Learning: A Quarterly Journal of Applied Linguistics* em 1948. Nas décadas de 1950 e 1960, a LA ainda era usada para se referir à chamada *abordagem científica* para o ensino de línguas estrangeiras, incluindo o inglês para falantes não nativos. Alguns anos mais tarde começam a surgir as

---

* Tradução de: "Reflect the insights of structural and functional linguists that could be applied directly to second language teaching, and also, in some cases to L1 literacy and language arts issues as well".

associações. Em 1964 foi fundada a Association Internationale de Linguistique Appliqueé (doravante *AILA*), dois anos mais tarde a British Association of Applied Linguistics (BAAL) e, em 1977, a American Association of Applied Linguistics (AAAL) (Celani, 1992).

Além da criação das associações, a década de 1970 foi marcada pela publicação de uma série de livros (intitulada *The Edinburgh Course in Applied Linguistics*) que foram organizados por Allen e Corder (1973, 1974 e 1975) e Allen e Davies (1977). De acordo com Moita Lopes (2009, p. 13), sobre esses estudos (de grande influência), "é enriquecedor examinar os sumários dos livros publicados então, para entender como operavam dentro do paradigma de aplicação de Linguística, o que, claro, Widdowson* e outros modificaram mais tarde". Esse autor ainda nos explica que os livros da série *The Edinburgh Course in Applied Linguistics*, publicados de 1973 a 1977, ilustram a forte influência da Linguística sobre a LA, sendo, essa última, concebida como uma disciplina de aplicação de suas teorias (Moita Lopes,

Em 1946, na Universidade de Michigan, foi realizado o primeiro curso independente de LA. Charles Fries e Robert Lado, que lecionavam nessa mesma universidade, desempenharam um papel importante na definição do termo e na sua propagação (Menezes; Silva; Gomes, 2009).

---

* Henry G. Widdowson foi uma figura importante para os estudos de línguas estrangeiras e também para a LA. No fim da década de 1970, apresentou os primeiros fundamentos mais significativos da abordagem comunicativa no ensino de idiomas. Em seus estudos, ele propõe a distinção entre a concepção de língua como sistema formal e a noção de língua como conjunto de eventos comunicativos.

2009). Com o surgimento das teorias do modelo gerativo-transformacional de Chomsky, essa visão da LA voltada para a aplicabilidade permaneceu.

Segundo Damianovic (2005), na década de 1980 a LA passou por considerável expansão, registrada com as publicações, ao longo de dez anos, do *Journal of Applied Linguistics* e do *Annual Review of Applied Linguistics*, quando passou a ampliar a gama de assuntos a serem estudados, bem como as fontes a serem utilizadas para a pesquisa. Assim, o "linguista aplicado ampliou seus estudos para além das fronteiras do ensino e aprendizagem de línguas e passou a englobar questões de política e planejamento educacional; uso da linguagem em contextos profissionais; tradução; lexicografia; multilingualismo; linguagem e tecnologia; e corpus linguístico" (Damianovic, 2005, p. 184). É nessa década que a perspectiva da interdisciplinaridade começou a emergir. Consoante Moita Lopes (2009, p. 16), essa perspectiva se tornou

> quase um dos truísmos em epistemologias contemporâneas, [e] já era apontada na LA nos anos 80, embora seja necessário

> Na década de 1990, por sua vez, de acordo com Grabe (2012), outros campos de estudo começaram a ser incorporados nas pesquisas em LA, tais como a antropologia, a educação, os estudos da língua inglesa e literatura, as línguas modernas, as ciências políticas, a psicologia, a administração e a sociologia, e também a própria linguística.

reconhecer que fosse sempre mais defendida como plataforma do que de fato executada. Havia e ainda há uma preponderância de teorização linguística, agora principalmente de uma linguística do discurso [...].

Para Grabe (2012), a década de 1980 para a LA foi marcada por quatro aspectos fundamentais que a situam como campo de investigação da linguagem relacionado a problemas do mundo real. São eles: 1) o reconhecimento de que os contextos são socialmente situados para a pesquisa e a exploração e, portanto, apresentam soluções variáveis e análises específicas; 2) a necessidade de compreender a linguagem como funcional e baseada no discurso, o que faz com que o ressurgimento da linguística sistêmica e descritiva como recursos para a resolução de problemas façam sentido para a LA; 3) o reconhecimento de que uma única disciplina não daria conta de subsidiar todas as ferramentas e todos os recursos para lidar com problemas do mundo real baseados em linguagem; e 4) a necessidade de reconhecer e aplicar uma ampla gama de ferramentas e metodologias de pesquisa para abordar problemas de linguagem situados localmente.

Na década de 1990, por sua vez, de acordo com Grabe (2012), outros campos de estudo começaram a ser incorporados nas pesquisas em LA, como a antropologia, a educação, os estudos da língua inglesa e literatura, as línguas modernas, as ciências políticas, a psicologia, a administração e a sociologia, além da própria linguística. O autor ainda explica que, nesse sentido, a LA passa a ser vista como uma área que trata de problemas do mundo real, a qual evoluiu ainda mais durante os anos de 1990 e 2000.

Grabe (2012) pontua algumas tendências da LA para o século XXI, as quais acredita que continuarão a fazer parte da definição desta como área de estudo. Como um dos primeiros tópicos, nomeados por Grabe de temas *guarda-chuva* dentro da LA, estão os estudos sobre o ensino-aprendizagem de línguas e a formação de professores, que têm enfatizado noções de consciência linguística (*language awareness*), "foco em formas" para aprendizagem de línguas, interações dialógicas, aprendizagem baseada em tarefas, aprendizagem baseada em conteúdo e perspectivas que olham para o papel do professor como pesquisador mediante a pesquisa-ação. Para Grabe (2012), a grande tendência é a expansão da formação do professor como profissional reflexivo.

Um segundo tópico que tem se expandido são as discussões sobre o papel dos estudos críticos. Dentro dessa temática encontramos pesquisas sobre consciência crítica, a análise crítica do discurso, a pedagogia crítica, o letramento crítico, as práticas críticas e a ética na avaliação da linguagem.

O terceiro tópico dá ênfase aos usos da linguagem em contextos acadêmicos e profissionais, com pesquisas que examinam as maneiras como é usada pelos participantes em textos nas suas variadas configurações acadêmicas e profissionais. Esses estudos olham também para as formas pelas quais a língua pode servir como mecanismo de controle, criando obstáculos às práticas comunicativas de quem a utiliza.

Um quarto tópico está centrado em análises descritivas (geralmente discursivas) de linguagem em ambientes reais e na possível aplicação linguística do *corpus* que se baseia nas ocorrências de uso da linguagem.

O quinto tópico trata de uma área de pesquisa fundamental para questões de LA cuja temática se volta para o multilinguismo e as interações bilíngues nos contextos da escola, da comunidade, dos ambientes profissionais e dos espaços políticos em níveis locais e globais. Grabe (2012) reforça que, uma vez que a maioria das pessoas no mundo é, até certo ponto, bilíngue, os estudos se voltam para as formas e à necessidade de negociar situações culturais e linguísticas.

O sexto tópico centra-se nas discussões a respeito dos testes e da avaliação da linguagem. Grabe (2012) pontua que o campo da avaliação da linguagem tem assumido uma série de questões importantes. Um exemplo que vem sendo debatido e reinterpretado amplamente é a validade dos testes quanto aos conteúdos que são solicitados. Outro ponto diz respeito à avaliação da aprendizagem e ao seu caráter formativo.

Por fim, o sétimo tópico dá ênfase aos recursos e às perspectivas que se voltam para a neurolinguística, bem como a aspectos que envolvem o cérebro e a aprendizagem de línguas. Grabe (2012) explica que as pesquisas que buscam compreender o potencial e os benefícios da neurolinguística e seus impactos na aprendizagem talvez não sejam uma preocupação imediata da LA. No entanto, seus estudos têm mostrado avanços relacionados à alfabetização e às deficiências no processamento da linguagem, podendo se tornar uma área importante dentro da LA.

umpontodois
Surgimento da LA no Brasil

Após a análise da concepção da LA no contexto internacional, vamos compreender como ela iniciou sua trajetória no cenário brasileiro. De acordo com Costa (2013), embora a LA já estivesse presente no Brasil em meados da década de 1960, os pesquisadores da área não se intitulavam como linguistas aplicados. Assim como ocorreu em outros países, a concepção da LA no contexto brasileiro estava relacionada ao ensino-aprendizagem de línguas sustentado na aplicação de teorias linguísticas.

Uma das grandes responsáveis por trazer a LA como campo de estudos no Brasil foi a professora Maria Antonieta Alba Celani. Professora emérita e pesquisadora, Celani, em 1971, fundou o primeiro Programa de Pós-graduação em Linguística Aplicada ao Ensino de Línguas (LAEL) na Pontifícia Universidade Católica de São Paulo (PUC-SP). O programa foi reconhecido como centro de excelência pelo Conselho Nacional de Pesquisa (CNPq) em 31 de março de 1971, credenciado pelo Conselho Federal de Educação (CNE) em 23 de setembro de 1973 e recredenciado em 20 de agosto de 1978*.

Para Kleiman (2004), no contexto brasileiro é quase impossível pensar o estatuto da LA sem perpassar sua relação com a

---

* Para mais informações sobre a história do LAEL, hoje chamado *Programa de Linguística Aplicada e Estudos da Linguagem*, consulte: <http://www.pucsp.br/pos-graduacao/mestrado-e-doutorado/linguistica-aplicada-e-estudos-da-linguagem#historia>. Acesso em: 14 jan. 2019.

Linguística. Na perspectiva dessa pesquisadora, é preciso considerar essa relação, haja vista as temáticas e a formulação das questões que eram trazidas à baila na pesquisa. Cavalcanti (2004) menciona que as primeiras dissertações defendidas, na década de 1970, tinham como temas, por exemplo, a compreensão da gramática aplicada ao ensino, as sugestões de como produzir materiais didáticos e as discussões sobre o ensino de língua portuguesa como língua materna que enfatizam descrições do português brasileiro. Já na década de 1980, as temáticas se voltavam para leitura e escrita tanto da língua inglesa como segunda língua como de outras línguas estrangeiras.

Uma das grandes responsáveis por trazer a LA como campo de estudos no Brasil foi a professora Maria Antonieta Alba Celani. Professora emérita e pesquisadora, Celani, em 1971, fundou o primeiro Programa de Pós-graduação em Linguística Aplicada ao Ensino de Línguas (LAEL) na Pontifícia Universidade Católica de São Paulo.

Na década de 1980, o Programa de Pós-Graduação em Linguística Aplicada (PPG-LA) foi criado na Universidade Estadual de Campinas (Unicamp), cujo credenciamento ocorreu em 1987 para nível de mestrado e em 1993 para nível de doutorado*. Para Kleiman e Cavalcanti (2007, p. 13), o programa surgiu "já criando objetos específicos de investigação multidisciplinares nas suas relações com diversas disciplinas, transdisciplinares nas

---

* Para saber mais, consulte no *site* do Instituto de Estudos da Linguagem da Unicamp um texto que apresenta o papel da LA na mencionada universidade. Disponível em: <http://www1.iel.unicamp.br/br/content/lingu%C3%ADstica-aplicada-2>. Acesso em: 14 jan. 2019.

suas formas de produzir conhecimentos". Assim, como aponta Menezes, Silva e Gomes (2009, p. 4), os dois programas foram

> *responsáveis pela formação de linguistas aplicados de vários estados brasileiros e pela disseminação da pesquisa em conjunto com a produção de muitos outros programas brasileiros que criaram áreas de concentração em LA como a UFMG, por exemplo, ou muitos outros programas em Letras ou Linguística que abriram linhas de pesquisa nessa vertente.*

Cavalcanti (2004) aponta alguns eventos importantes para o desenvolvimento da LA no Brasil que também ocorreram naquela época. Um deles foi a criação da Associação Nacional de Pós-Graduação e Pesquisa em Letras e Linguística (ANPOLL) em maio de 1984, em uma reunião realizada em Brasília. Pesquisadores como Almeida Filho, Schmitz, Cavalcanti e Bohn fomentaram as discussões do grupo, tendo sido criada, com base nos trabalhos deles, a Associação de Linguística Aplicada do Brasil (ALAB), que começava a dar seus primeiros passos, mas que ainda não tinha se tornado oficial.

Essa época foi marcada pela criação de periódicos importantes para a área da LA brasileira. Um deles foi a revista *Trabalhos em Linguística Aplicada*, em 1983, e outro a revista *Documentação e Estudos em Linguística Teórica e Aplicada* (Delta), em 1985 (Cavalcanti, 2004). Outro marco representativo foi a realização do primeiro Congresso Brasileiro de Linguística Aplicada

(CBLA), em 1986, organizado pelo Departamento de LA da Universidade Estadual de Campinas (Unicamp). Para Archanjo (2011, p. 614), a materialização desse evento revelava o desejo de muitos linguistas aplicados da época, razão pela qual o primeiro CBLA constituiu-se

> um encontro multidisciplinar e multifacetado no qual os pesquisadores puderam expor uma grande variedade de trabalhos de natureza tanto teórica quanto decorrentes de experiências práticas como as questões ligadas especificamente ao ensino. O I CBLA revelou-se igualmente um espaço para discussões sobre o estado da arte da área e suas tendências mais recentes.

Nos anos 1990 a LA brasileira mudou consideravelmente. Isso ocorreu devido à ampliação da oferta de programas de pós-graduação que já vinha sendo feita desde 1980 e também de dois grandes acontecimentos: "1) a criação da ALAB, que passou a dialogar diretamente com a AILA, mudando o papel secundário da LA brasileira no cenário internacional (que antes se dava através da ABL); e 2) a implantação da disciplina Linguística Aplicada nos cursos de Graduação do país" (Costa, 2013, p. 292).

Enquanto a pós-graduação ampliava seu espaço para a pesquisa em LA, a graduação demorou mais tempo para fazer o mesmo, pois, segundo Menezes, Silva e Gomes (2009), foi só em 2004 que surgiu o primeiro registro de contratação profissional em LA na Faculdade de Letras da Universidade Federal de Minas

Gerais (UFMG), que abriu concurso para professores atuarem na graduação. Os autores ainda colocam que, em 2007, a UFMG institucionalizou a área de LA com a criação de duas novas áreas: a de LA ao ensino de línguas estrangeiras e a de tradução, tendo seu conceito "atrelado às questões voltadas para o ensino e aprendizagem, o que é plenamente justificado pela demanda curricular" (Menezes; Silva; Gomes, 2009, p. 5).

Se olharmos para trás, com base em Moita Lopes (2013, p. 18), "no período em que se consolida no Brasil, a LA experimentou mudanças sociais imperiosas, intensificadas pela chamada globalização em tempos muitas vezes chamados de 'modernidade recente'". Recorrendo à própria explicação do autor: "na modernidade recente, a linguagem, os textos, as línguas e a pessoas movem-se, cada vez mais, em sociedades hipersemiotizadas, o que tem levado a pensar as línguas, a linguagem e quem somos no mundo social em outras bases" (Moita Lopes, 2013, p. 18-19). Pensar novas bases tem se tornado exercício constante de pesquisadores engajados em tornar a LA uma área de estudos de notoriedade no Brasil. O compromisso de fazer pesquisa vai muito além de resultados imediatos, como publicações ou algum tipo de pontuação no currículo quando se pensa no trabalho do linguista aplicado. Fazer LA, pautando-se em princípios éticos, é buscar transformação social.

umpontotrês
Ressignificações: LA *versus* Linguística

Ao analisarmos a história da LA, percebemos que a necessidade de independência em relação à Linguística emerge por conta de um imperativo de produzir conhecimentos próprios, que se refletiu na busca por identidade, uma demarcação de território que rompesse com a noção de um campo aplicador de teorias. Costa e Geraldi (2007) nomeiam essa negação da LA em relação à Linguística de *paradoxo aplicado*. Os autores pontuam que uma parcela dessa relação dicotômica entre as áreas está vinculada à noção de teoria e prática e ao caráter de superioridade dado a uma das partes, ou seja, de que quem produz teoria seria superior àquele que a põe em prática.

A diferenciação conceitual entre Linguística e LA, de acordo com Davies e Elder (2004, p. 11-12, tradução nossa), tem como base o seguinte argumento:

> *Distinguimos Linguística e Linguística Aplicada pela diferença de orientação. Embora a Linguística se preocupe principalmente com a língua em si e com os problemas de linguagem, na medida em que estes fornecem evidências para uma melhor descrição das línguas ou para o ensino de uma teoria linguística, a Linguística Aplicada está interessada em problemas de*

linguagem pelo que eles revelam sobre o papel desta no cotidiano das pessoas e se a intervenção é possível ou desejável. O que isso significa é que a Linguística Aplicada está preocupada tanto com os contextos quanto com a linguagem e, portanto, é capaz de se debruçar sobre disciplinas diferentes da Linguística, a Antropologia, a Educação e a Psicologia. Isso também significa que os problemas de linguagem com os quais a Linguística Aplicada se preocupa são muitas vezes voltados para instituições, como a escola, o lugar de trabalho, o tribunal, a clínica.*

Os próprios autores, ao trazerem essa definição no capítulo introdutório do livro seminal *The handbook of Applied Linguistics*, admitem que, embora exista uma distinção entre as duas áreas, ela nem sempre é muito clara. No entanto, eles reafirmam que, para a LA, há uma preocupação de pensar em problemas do mundo real que envolvam a linguagem recorrendo a investigações empíricas e de apresentar-se como uma disciplina independente da Linguística, mas que pode dialogar com ela, bem como com outras áreas do conhecimento.

---

* Tradução de: "We distinguish linguistics and applied linguistics in terms of difference of orientation. While linguistics is primarily concerned with language in itself and with language problems in so far as they provide evidence for better language description or for teaching a linguistic theory, applied linguistics is interested in language problems for what they reveal about the role of language in people's daily lives and whether intervention is either possible or desirable. What this means is that applied linguistics is as much concerned with context as with language and will therefore be likely to draw on disciplines other than linguistics, for example, anthropology, education, psychology. It also means that the language problems with which applied linguistics concerns itself are often concerned with institutions, for example the school, the work-place, the law-court, the clinic".

Kleiman (2004) defende que a não delimitação das fronteiras entre os linguistas e os linguistas aplicados no contexto brasileiro ocorreu em função da não separação em departamentos e associações. Nessa perspectiva, ela explica:

> *temos um grande número de pesquisadores que se identificam como linguistas com vocação para as aplicações, no sentido de reutilizar seus saberes, suas descobertas, sua formação, nas questões práticas do ensino [...]. Essa vocação tem suas origens tanto na história das duas disciplinas quantos em fatores conjunturais do desenvolvimento atual da Linguística.* (Kleiman, 2004, p. 52)

Analisando a questão historicamente, no fim da década de 1960, os espaços reivindicados hoje pelos linguistas aplicados eram ocupados pelos linguistas, que tinham como propósito responder aos problemas enfrentados pelos professores em suas aulas de língua materna. Isso se deu principalmente porque a LA ainda não tinha se consolidado no Brasil. Desse cenário resultam duas perspectivas distintas:

1. *Por um lado, os linguistas julgando a adequação descritiva de nossa produção pelo parâmetro da descrição ou modelo linguístico utilizado, com base na premissa de que se trabalhamos com as pessoas que falam e ouvem, leem e escrevem, então, a aplicação de modelos que descrevem as estruturas linguísticas ou textuais que eles usam deve ajudar a entender o problema;*

2. *Por outro lado, os linguistas aplicados justificando a multi, a inter, ou a transdisciplinaridade de suas abordagens pelo fato de que aquilo que a pessoas ouvem, falam, leem e escrevem em diferentes situações, em diferentes contextos, institucionais, com propósitos diferentes e com diferentes graus de domínio da situação estará sujeito às determinações da vida social; portanto, situação, instituição, objetivos e competências que podem condicionar o uso que os indivíduos fazem dos seus repertórios linguísticos devem ser incluídos nas descrições dos fatos.* (Kleiman, 2004, p. 53)

Para a autora, essas discussões sobre o lugar que a Linguística e a LA ocupavam acabavam se tornando inócuas, já que recaíam na comunidade externa de pesquisadores, e não em quem realmente interessava, esquecendo a própria história de ambas as disciplinas, bem como daqueles que de fato contribuíam para o seu desenvolvimento acadêmico. Com a LA e os seus movimentos multidisciplinar, transdisciplinar e interdisciplinar, o caráter de dependência aparentemente imposto pela Linguística começou a tomar outros rumos, passando a repensar a natureza e o objeto de cada uma das áreas.

As críticas sobre o caráter aplicacionista começaram a se fortalecer, uma vez que pensar a LA como aplicadora de teorias linguísticas incide em uma "formulação reducionista e unidirecional de que as teorias linguísticas forneceriam a solução para os problemas relativos à linguagem com que se defrontam professores e alunos em sala de aula" (Moita Lopes, 2006b, p. 18). Quando assumimos o papel de pesquisadores e de professores, percebemos a incompatibilidade dessa formulação. Um professor, ao lecionar o mesmo conteúdo para turmas diferentes, terá atitudes responsivas diferentes, assim como um pesquisador que faça a aplicação de um questionário de seu estudo, por exemplo, para o mesmo sujeito, mas em momentos diferentes, vai obter respostas diferentes. Categorias linguísticas não dão conta de aspectos sociais ou psicológicos da aprendizagem, por exemplo. Nesse sentido, com o intuito de "dar conta da complexidade dos fatos envolvidos com a linguagem em sala de aula, passou-se a argumentar na direção de um arcabouço teórico indisciplinar*" (Moita Lopes, 2006b, p. 19). Semelhante ao que propõe Moita Lopes (2006b), no site da AILA temos a seguinte definição de LA:

> A *Linguística Aplicada* é um campo interdisciplinar de pesquisa e prática que lida com problemas práticos de linguagem e comunicação que podem ser identificados, analisados ou resolvidos aplicando-se teorias disponíveis, métodos e resultados de Linguística ou desenvolvendo novos quadros teóricos e metodológicos para trabalhar com esses problemas. A Linguística Aplicada difere da Linguística em geral principalmente em relação à sua orientação explícita sobre os problemas práticos e cotidianos relacionados à linguagem e à comunicação. Os problemas que a Linguística Aplicada aborda variam de aspectos da competência linguística e comunicativa do indivíduo, como aquisição de primeira ou segunda línguas, alfabetização, distúrbios de linguagem etc., até os relacionados à linguagem e à

---

* O termo *indisciplinar* será explorado no Capítulo 6.

comunicação e entre sociedades, como variação linguística e discriminação do idioma, multilinguismo, conflito entre línguas, política linguística e planejamento linguístico. (AILA, 2019, tradução nossa e grifo do original)*

Notamos que a AILA posiciona a LA como uma área preocupada com aspectos vinculados à linguagem no âmbito cotidiano, sem abandonar a importância da Linguística para o desenvolvimento de seu quadro teórico. Menezes, Silva e Gomes (2009) nos alertam para a dificuldade de definirmos a LA em oposição à Linguística quando colocam que esta última entende língua como:

> um construto abstrato ou internalizado e a linguística aplicada estudaria as manifestações da língua externa, da língua em uso, contextualizada. Apesar de ser essa a distinção mais comum, caracterizar a linguística dessa forma seria ser fiel aos estudos chomskyanos, mas deixaria de fora todos os estudos linguísticos que focam a língua em uso. (Menezes; Silva; Gomes, 2009, p. 7)

---

* Tradução de: "Applied Linguistics is an interdisciplinary field of research and practice dealing with practical problems of language and communication that can be identified, analyzed or solved by applying available theories, methods and results of Linguistics or by developing new theoretical and methodological frameworks in Linguistics to work on these problems. Applied Linguistics differs from Linguistics in general mainly with respect to its explicit orientation towards practical, everyday problems related to language and communication. The problems Applied Linguistics deals with range from aspects of the linguistic and communicative competence of the individual such as first or second language acquisition, literacy, language disorders, etc. to language and communication related problems in and between societies such as e.g. language variation and linguistic discrimination, multilingualism, language conflict, language policy and language planning".

Além disso, vale reforçar que é preciso ter consciência quanto à necessidade de delimitar fronteiras e designar papéis tão demarcados quanto as concepções de LA e de Linguística, pois esse raciocínio pode nos fazer permanecer prisioneiros das "dicotomias excludentes que são fruto da modernidade: ou isto, ou aquilo" (Rocha; Daher, 2015, p. 107).

umpontoquatro
Visão de língua/linguagem na LA

> *É na linguagem e pela linguagem que o homem se constitui como sujeito.*
> Émile Benveniste, 1991, p. 288.

Pensar em questões de língua/linguagem faz parte da centralidade dos estudos dentro da LA. A forma pela qual um professor entende e concebe língua/linguagem é um fator direcionador de práticas pedagógicas, planejamentos e atividades que propõe a seus alunos. Em termos práticos: um professor que entende que ensinar uma língua é ensinar estrutura certamente trará como enfoque atividades e propostas pedagógicas que vão ao encontro dessa visão. Por outro lado, um professor que entenda que ensinar língua é inserir os alunos em diferentes práticas sociais de uso da linguagem vai propor atividades que recorram à leitura e à produção de diferentes gêneros textuais, por exemplo. Essa mesma linha de raciocínio impera sobre as pesquisas na LA. Como nosso objeto de estudo é a linguagem, a maneira pela qual a concebemos vai conduzir nosso modo de ver o mundo e as práticas sociais, bem como a forma pela qual fazemos pesquisa.

Para Fabrício (2006, p. 57), existe um vínculo indissociável entre "linguagem, produção de sentidos, contexto, comportamento social e atividades humanas, o que aponta para um entrelaçamento entre cultura, práticas discursivas, conhecimento e visão de mundo". Para a autora, os sentidos são produzidos em processos públicos, ou seja, na coletividade, nunca individualmente. Eles estão atrelados às nossas práticas cotidianas nas formas como empregamos a linguagem, razão pela qual não possuem significados únicos. Nossas experiências de vida e de mundo são construídas por meio da linguagem, motivo pelo qual ela também é carregada de subjetividades.

1.4.1 Pós-estruturalismo

Estudos recentes em LA têm focalizado noções de língua/linguagem dentro de uma perspectiva pós-estruturalista (Duboc, 2012; Jordão, 2013a, 2013b; Monte Mor, 2017). Para compreendermos melhor essa perspectiva, cabe discorrermos brevemente sobre o que constitui o estruturalismo. O estruturalismo vem de seu precursor Ferdinand de Saussure, que se preocupou em compreender língua mediante a noção de estrutura. O *Curso de Linguística Geral** apresenta a ideia de estrutura associada ao conceito de sistema. Para Saussure, a língua é um fato social com valores

---

* O livro foi escrito após a morte de Saussure. Na verdade, constitui-se de uma compilação de anotações de dois de seus alunos que participaram de três de seus cursos ministrados na Universidade de Genebra entre os anos de 1906 e 1911.

preestabelecidos por meio de convenções sociais em relação às quais o indivíduo não possui poder algum (Saussure, 1999). Em outras palavras, a *língua* é um "sistema de signos – um conjunto de unidades que se relacionam organizadamente dentro de um todo. É 'a parte social da linguagem', exterior ao indivíduo; não pode ser modificada pelo falante e obedece às leis do contrato social estabelecido pelos membros da comunidade" (Petter, 2008, p. 14).

Na concepção estruturalista, o mundo e a realidade são entendidos como externos ao sujeito. *Língua* é entendida como código a ser decifrado, é transparente e seus significados são previsíveis (Jordão, 2005). A realidade seria única e concreta, à qual teríamos acesso mediante a linguagem. Desse modo, presume-se a "existência de um mundo dado, pré-existente e exterior ao sujeito, que o representa através da língua, pressupõe-se também graus de aproximação e afastamento deste mundo único, concreto, 'natural' e, portanto, 'verdadeiro'" (Jordão, 2006, p. 2). Como a realidade é colocada como algo externo ao sujeito e, portanto, passível de ser alcançada, quanto mais próximo se está do objeto que se analisa, mais perto se está da realidade ou, ainda, da verdade. Logo, assume-se que há uma forma correta de ler e interpretar as coisas, o que reforça que "tal maneira universalmente superior seja legitimamente imposta sobre as outras, já que as outras são maneiras equivocadas de ler o mundo" (Jordão, 2006, p. 3).

Agora que já apresentamos a você, leitor, como língua/linguagem são entendidas numa concepção estruturalista, podemos refletir sobre o que caracteriza o pensamento pós-estruturalista. Em oposição às noções de neutralidade e objetividade propostas por Saussure, os "pós-estruturalistas frequentemente investigam as condições extrínsecas – as intenções sociais dos usuários da linguagem – em suas análises críticas dos textos" (Morgan, 2007, p. 952, tradução nossa*). Os textos apresentam um *status* de interpretação provisório a depender das atribuições que o leitor lhes dá quando os recebe. Não se procura compreender as intenções do autor, pois os sentidos construídos no momento da produção jamais serão os mesmos construídos pelo leitor no momento do contato com o texto. Assim, a realidade do mundo, ou de um texto, não é algo dado, mas sim construído pelos sujeitos. Diante disso, Jordão (2006, p. 4-5, grifo do original) nos explica que nossas interpretações do mundo

> *se fazem na linguagem, que é sempre ideológica, ou seja, localizada (isto é, determinada pela perspectiva de quem a constrói e a utiliza) e com sua existência baseada em relações estabelecidas culturalmente. Por isso a neutralidade é impossível: nossos olhares são estabelecidos por* lentes *que, embora cambiantes, usamos permanentemente e das quais não nos podemos desfazer.*

Na concepção pós-estruturalista, a língua é entendida como discurso, ou seja, com um "espaço de construção de sentidos e representação de sujeitos e do mundo. Os sentidos não são 'dados' por uma realidade independente do sujeito: eles são construídos na cultura, na sociedade e na língua" (Jordão, 2013a, p. 73). Os sentidos são modificados nas práticas sociais, nas suas relações

---

* Tradução de: "poststructuralists often investigate extrinsic conditions – the social intentions of language users – in their critical analyses of texts".

temporais e espaciais, pois, no pós-estruturalismo, o "indivíduo é visto como diverso, contraditório, dinâmico e que muda com o tempo histórico e social" (Rocha; Maciel, 2013, p. 24). Assim como o sujeito está em constante processo de transformação, sua relação com a linguagem também se altera, e os sentidos criados podem ser ressignificados a depender dos interesses daqueles inseridos nas relações comunicativas.

Como discutiremos mais adiante, a abordagem para o ensino de línguas chamada *letramento crítico* (doravante LC) adota a concepção pós-estruturalista de linguagem como proposta. Lima (2006), autora que discute sobre o LC no ensino de língua inglesa, nos apresenta um paralelo entre as concepções tradicionais de linguagem em comparação como uma visão pós-estruturalista. Veja o Quadro 1.1 para sintetizar o conhecimento sobre essa questão.

QUADRO 1.1 – NOÇÕES DE LINGUAGEM

Noção Convencional de Linguagem	Noção Pós-estruralista/LC de Linguagem
Linguagem traduz ou representa a realidade.	Linguagem e realidade se constroem de forma mútua – uma não precede a outra.
Linguagem é um meio de comunicação.	Linguagem constrói comunicação por meio da negociação. Não se comunicam ideias e valores, criam-se ideias e valores por meio dela.
Linguagem é neutra e transparente.	Linguagem nunca é neutra ou transparente. É sempre culturalmente tendenciosa.

(continua)

(Quadro 1.1 – conclusão)

Noção Convencional de Linguagem	Noção Pós-estruralista/LC de Linguagem
Linguagem é fixa e definida por normas sociais (ex.: gramática e dicionários).	Linguagem é sempre estruturada, mas essas estruturas nunca são fixas ou estáveis. Elas mudam de forma dinâmica a depender de seus contextos.

FONTE: Elaborado com base em Lima, 2006, p. 2, tradução nossa*.

Síntese

Neste capítulo inicial, trouxemos um panorama sobre o percurso histórico da LA como área de estudo. Após esse resgate histórico, você percebeu que a concepção de LA passou por várias definições. Como concepção, a LA carregou a ideia de aplicação das teorias linguísticas como forma de resolver problemas relacionados à linguagem. Vimos que ela surgiu por meio de interesses políticos e ideológicos dos EUA durante a Segunda Guerra Mundial, com o intuito de expandir o conhecimento das línguas estrangeiras, razão pela qual estas foram e são representadas por uma das áreas de pesquisa mais fortes dentro da LA. Mais tarde, na década de

---

* Tradução de: "Mainstream Notion of Language: language translates or represents reality; language is a means of communication; language is transparent and neutral; language is fixed and defined by social norms (e.g. grammars and dictionaries) / CL Notion of Language: language and reality construct each other, i.e. one does not come before the other; language constructs communication through negotiations. It does not communicate ideas and values. It creates ideas and values; language is never neutral or transparent. It always culturally 'biased'; language is always, but its structures are never fixed or stable. They change dynamically according to their contexts".

1980, ela começou a emergir seu caráter interdisciplinar, incorporando outras áreas do saber para produzir conhecimento, algo que se expandiu na década de 1990. Analisamos, então, alguns eventos que colaboraram para a expansão da LA no Brasil, como a criação de programas da pós-graduação, dos periódicos, das associações – como a ANPOLL, a ALAB, bem como o CBLA. Ampliamos a discussão aqui trabalhada buscando refletir sobre como a Linguística se distinguiria da LA, compreendendo que não é necessário demarcar fronteiras tão fechadas para que não acabemos caindo na lógica do pensamento moderno. Por fim, apresentamos a visão de língua trazida em estudos recentes da LA, entendendo-a dentro de uma proposta pós-estruturalista compreendida como discurso, a qual constitui a realidade e os sujeitos, e não como código a ser decifrado.

Indicações culturais

Existem algumas associações acadêmicas voltadas para o campo da LA, como discutimos neste capítulo. Para ampliar seu conhecimento a respeito, consulte os *links* que estão logo após as descrições:

AILA

A Associação Internacional de Linguística Aplicada (AILA) foi fundada em 1964 na França. É uma federação nacional e regional de linguistas aplicados que possui mais de 8 mil associados espalhados pelo mundo. Seus principais objetivos são: contribuir para o desenvolvimento das áreas de pesquisa de LA; apoiar a LA nos demais países em desenvolvimento; promover o pluralismo linguístico; estimular a cooperação internacional, entre outros. Realiza um congresso internacional a cada três anos, como forma de divulgar suas ações e ampliar sua visibilidade. Para saber mais a respeito e se tornar membro da associação, consulte:

AILA – Associação Internacional de Linguística Aplicada. Disponível em: <http://www.aila.info>. Acesso em: 3 jan. 2019.

ALAB

A Associação de Linguística Aplicada do Brasil (ALAB), fundada em 1990, tem como objetivo (re)construir um lócus acadêmico-científico dinâmico e reflexivo para a área de LA nos contextos brasileiro e internacional. Nesse sentido, entende a LA não como campo de aplicação de teorias linguísticas, mas como um campo de investigação que faz usos situados da linguagem nas diversas esferas do meio social. A cada dois anos promove o Congresso Brasileiro de Linguística Aplicada (CBLA), que reúne pesquisadores de todas as partes do Brasil a fim de divulgar os estudos da área feitos em âmbito nacional. Para mais informações e para se tornar membro da associação, consulte:

ALAB – Associação de Linguística Aplicada do Brasil. Disponível em: <https://alab.org.br>. Acesso em: 3 jan. 2019.

Atividades de autoavaliação

1. Sobre a história da LA no cenário mundial, indique V para as afirmações verdadeiras e F para as falsas. Em seguida, assinale a alternativa que apresenta a sequência correta:

( ) O termo LA teve como marco histórico dois grandes momentos: a criação da Escola de Linguística Aplicada da Universidade de Edinburgh e a criação do Centro de Linguística Aplicada em Washington (D.C.).

( ) O quadro sócio-histórico da LA está bastante ligado ao contexto sociopolítico que se retratava na América do Norte na década de 1940, durante a Segunda Guerra Mundial, e ao surgimento do método audiolingual de aprendizagem.

( ) Na década de 1980, outros campos de estudo começam a ser incorporados nas pesquisas em LA, como a antropologia, a educação, as ciências políticas, a psicologia, a administração e a sociologia, além da própria linguística.

( ) A década de 1990 foi marcada pela publicação de uma série de livros (intitulada *The Edinburgh Course in Applied Linguistics*) que foram organizados por Allen e Corder e Allen e Davies, trazendo grandes influências para a pesquisa em LA.

a. V, V, V, F.
b. V, V, F, F.
c. F, F, V, V.
d. F, V, F, V.
e. F, F, F, V.

2. Como relação ao surgimento da LA no contexto brasileiro, indique V para as afirmações verdadeiras e F para as falsas. Em seguida, assinale a alternativa que apresenta a sequência correta:

( ) A LA já estava presente no Brasil em meados da década de 1960; no entanto, os pesquisadores da área não se intitulavam como *linguistas aplicados*.

( ) Diferentemente do que ocorreu em outros países, a concepção da LA no contexto brasileiro não estava relacionada ao ensino-aprendizagem de línguas, tendo se apoiado na aplicação de teorias linguísticas.

( ) A partir dos anos 1990, a LA brasileira mudou consideravelmente graças à ampliação da oferta de programas de pós-graduação, à criação da ALAB e à implantação da disciplina de Linguística Aplicada nos cursos de graduação.

a. F, F, V.
b. V, F, F.
c. V, F, V.
d. V, V, F.
e. F, V, V.

3. Sobre as concepções de linguagem, indique E nas afirmações ligadas à perspectiva *estruturalista* e PE para as afirmações ligadas à perspectiva *pós-estruturalista*. Em seguida, assinale a alternativa que apresenta a sequência correta:

( ) O mundo e a realidade são entendidos como externos ao sujeito, sendo a língua um código a ser decifrado, transparente, cujos significados são previsíveis.

( ) Não se procura compreender as intenções do autor, pois os sentidos construídos no momento da produção jamais serão os mesmos construído pelo leitor no momento do contato com o texto.

( ) A realidade do mundo, ou de um texto, não é algo dado, é algo construído pelos sujeitos.

( ) A língua é entendida como discurso, ou seja, com um espaço de construção de sentidos e representação de sujeitos e do mundo.

( ) A linguagem é sempre estruturada, mas as estruturas nunca são fixas ou estáveis, pois mudam dinamicamente a depender de seus contextos.
( ) A linguagem é um meio de comunicação, é neutra e transparente.
a. E, PE, E, PE, PE, E.
b. PE, PE, PE, E, E, PE.
c. E, PE, PE, PE, PE, E.
d. PE, E, PE, PE, E, E.
e. PE, PE, E, PE, E, PE.

4. Sobre a Linguística e a LA, indique V para as afirmações verdadeiras e F para as falsas. Em seguida, assinale a alternativa que apresenta a sequência correta:
( ) A Linguística se preocupa principalmente com a língua em si e com os problemas de linguagem, na medida em que estes fornecem evidências para uma melhor descrição das línguas.
( ) A LA está interessada em problemas de linguagem pelo que eles revelam sobre o papel da linguagem no cotidiano das pessoas e se a intervenção é possível ou desejável.
( ) A LA não está preocupada com os contextos de uso da linguagem, mas é capaz de se debruçar sobre disciplinas diferentes da Linguística, como a Antropologia, a Educação e a Psicologia.
( ) As discussões sobre o lugar que a linguística e a LA ocupavam se tornaram inócuas, já que recaíam na comunidade externa de pesquisadores, e não em quem realmente interessava, deixando de lado a história de ambas as disciplinas.
( ) As críticas sobre o caráter aplicacionista começam a se fortalecer, pois faz todo o sentido pensar a LA como aplicadora de teorias

linguísticas e fornecedora de soluções para os problemas educacionais relacionados à linguagem.

a. V, V, F, V, F.
b. F, V, F, V, F.
c. V, V, F, V, V.
d. V, F, V, V, F.
e. F, F, V, V, F.

5. Sobre as tendências de pesquisa em LA apontadas por Grabe (2012), assinale a alternativa incorreta:

a. A busca pela compreensão do potencial da neurolinguística e seus impactos na aprendizagem podem ser considerados uma preocupação imediata da LA.
b. A avaliação da linguagem, tal como a questão da validade dos testes, tem sido debatida e reinterpretada amplamente, tendo expandido seu olhar para o caráter formativo.
c. Estudos sobre multilinguismo e interações bilíngues nos contextos da escola, da comunidade, dos ambientes profissionais e dos espaços políticos estão em expansão.
d. Estudos sobre o ensino-aprendizagem de línguas e a formação de professores são considerados centrais nas pesquisas em LA que têm olhado para o professor como profissional reflexivo.
e. Estudos sobre os usos da linguagem em contextos acadêmicos e profissionais olham as formas como ela é usada pelos participantes em suas práticas sociais.

Atividades de aprendizagem

Questões para reflexão

1. Com base no que discutimos sobre a história da LA nos cenários internacional e nacional, amplie sua pesquisa recorrendo a outras fontes – como revistas acadêmicas e *sites* de eventos acadêmicos de diferentes décadas – para sintetizar as principais temáticas de estudo dentro de cada contexto e de cada relação histórica, a fim de traçar um comparativo. Sugerimos que coloque esses dados em duas colunas para facilitar a visualização e a análise. Após a elaboração do quadro, discuta com alguém da área quais foram os resultados obtidos em sua pesquisa.

LA – Âmbito Nacional			LA – Âmbito Internacional		
Tema	Ano de publicação	Fonte	Tema	Ano de publicação	Fonte

2. Faça um levantamento de alguns sumários de livros específicos de LA (nacionais e internacionais) dos últimos dez anos e procure mapear quais são as tendências recentes de pesquisa na área. Você também pode se ater a periódicos específicos, como a *Revista Brasileira de Linguística Aplicada* (RBLA) e a revista *Trabalhos em Linguística Aplicada*.

Atividade aplicada: prática

1. Analise as duas descrições seguintes referentes a dois importantes periódicos do contexto nacional e a descrição do *Concise Oxford Companion to the English Language* sobre o verbete LA. Em seguida, com base no que estudamos neste capítulo, faça uma análise dos conceitos dados pensando em quais seriam os impactos dessas diferentes concepções na produção de conhecimento em LA.

> *Trabalhos em Linguística Aplicada* – Revista que tem como intuito publicar textos que reflitam sobre a linguagem com base nos seguintes eixos: interculturalidade e identidades; educação linguística; tecnologias e redes sociais; tradução; multimodalidades e intermidialidades; antropologia linguística; políticas linguísticas; discursos e políticas (Trabalhos em Linguística Aplicada, 2018).
>
> *Revista Brasileira de Linguística Aplicada* – Criada em 2001, esta revista recebe artigos que tratam dos variados fenômenos que se relacionam a problemas de linguagem da vida real associados à língua em uso em contextos diversos ou à aprendizagem (Revista Brasileira de Linguística Aplicada, 2018).

Concise Oxford Companion to the English Language

Linguística Aplicada: Aplicação da linguística ao estudo e melhoria do ensino de línguas, aprendizagem de línguas, planejamento linguístico, comunicação entre grupos, terapia de fala e gerenciamento de problemas de fala, sistemas de comunicação, tradução e interpretação, e lexicologia. A maior parte dos trabalhos em Linguística Aplicada até agora se concentra em ensino e aprendizagem de língua, especialmente inglês como língua estrangeira ou segunda língua. A origem do termo deve sua origem nos [sic] programas americanos de ensino de línguas durante e após a Segunda Guerra Mundial, amplamente baseados no *Outline Guide for the Practical Study of Foreign Languages* (1942), de Leonard Bloomfield. Esse trabalho foi influenciado pelos iniciadores do Método Direto, em particular Henry Sweet. Em 1948, Charles C. Fries, na Universidade de Michigan, deu início ao periódico *Language Learning: A Quarterly Journal of Applied Linguistics*, com apoio de Kenneth L. Pike e W. Freeman Twaddell, dentre outros, com o objetivo de disseminar informações sobre o trabalho do Instituto Fries de Língua Inglesa (fundado em 1941). Na Grã-Bretanha, uma Escola de Linguística Aplicada foi criada por J. C. Catford, na Universidade de Edinburgh, em 1956, e em Washington, DC, foi fundado o *Centro para Linguística Aplicada* sob o comando de Charles Ferguson em 1959.

Institutos semelhantes têm sido criados em várias partes do mundo. Associações nacionais de Linguística Aplicada se uniram, em 1964, para formar a *Association internationale de la linguistique appliquée* (AILA), que organiza um congresso internacional a cada 4 anos com a publicação de anais (citado e traduzido por Menezes; Silva; Gomes, 2009, s.p., grifo do original).

um	Percurso histórico da Linguística Aplicada (LA)
# dois	**A LA na contemporaneidade**
três	Fazer pesquisa em LA
quatro	LA e o ensino de língua materna
cinco	LA e o ensino de línguas estrangeiras (LE)
seis	LA e sua relação com a sociedade e com a formação docente

> *Para construir conhecimento que seja responsivo à vida social, é necessário que se compreenda a LA não como disciplina, mas como área de estudos...*
>
> Moita Lopes, 2006a, p. 97.

𝕮DANDO CONTINUIDADE ÀS reflexões propostas no Capítulo 1, discutiremos agora como a LA tem sido compreendida na contemporaneidade. Para isso, vamos tratar de suas diferentes naturezas: crítica, interdisciplinar, transdisciplinar e transgressiva. Tomando por base a natureza dinâmica da LA, procuramos promover um entendimento maior quanto às diferentes posturas que a área vem assumindo e à forma como elas podem impactar os modos de conceber e de fazer pesquisa (Tílio; Mulico, 2016).

doispontoum
Estatuto disciplinar da LA na contemporaneidade

Como pudemos perceber por meio da retrospectiva histórica apresentada no Capítulo 1, a definição de uma disciplina com base em seus propósitos e objetivos investigativos dependerá das questões sociais e ideológicas, bem como das demandas da época em que está inserida. Ou seja, o fazer científico está vinculado ao contexto em que vivemos e às questões sociais que emergem desse contexto. Por isso, pensar sobre a LA na contemporaneidade para classificá-la de forma generalizada dentro de uma categoria acaba sendo um exercício contraditório, ao levar em conta que ela se preocupa com questões da linguagem que entremeiam relações dinâmicas e localmente situadas. É com base nesse raciocínio que buscamos pensar sobre o que é fazer LA na contemporaneidade, levando em conta que ela se caracteriza como contingencial e carrega diferentes concepções quando trazida à baila da pesquisa.

Para Tílio e Mulico (2016, p. 61), a LA pode ser entendida como um sistema adaptativo complexo, ou seja, como uma área que envolve "múltiplos agentes que se adaptam ao meio e à ação de outros agentes por meio de trajetórias percorridas ao longo do tempo". Para compor esse sistema, são exigidas algumas características: possuir agentes heterogêneos, ser dinâmico, ser aberto, ser não linear e ser adaptativo.

Com relação à primeira característica, para que um sistema funcione, é preciso que seus agentes estejam interligados. Assim, ao mesmo tempo em que esses agentes exercem atividades independentes, estas estão de alguma forma conectadas. Para ilustrar melhor o exemplo, Tílio e Mulico (2016) trazem a ideia do semáforo, que é composto por luzes de diferentes cores que projetam diferentes ações nos pedestres e em motoristas, mas que se acendem dentro de uma sequência fixa para o bom funcionamento do trânsito.

Sobre o segundo aspecto, ou seja, a dinâmica de um sistema, os autores entendem que, para "ser dinâmico, o sistema deve passar por transição de estado, evoluindo de um estado inicial para um estado subsequente, devido a uma mudança impulsionada pela perturbação" (Tílio; Mulico, 2016, p. 61-62). Podemos verificar essa mudança de estado na LA ao analisar sua trajetória histórica. Cansados de serem enquadrados como aplicadores das teorias linguísticas, os estudiosos começam a se posicionar para romper com a visão de LA como subárea da Linguística. Podemos ver essa questão da perturbação levando em conta que a LA tem se mostrado uma área em constante ebulição, a qual, em seu escopo de estudos, tem se preocupado sempre com as demandas contemporâneas.

O terceiro aspecto vincula-se à noção de abertura. Isso quer dizer que um sistema precisa ser aberto ao se apresentar como um *continuum*, "cujo intervalo entre as transições de estado é contínuo e discreto, tornando o sistema imprevisível" (Tílio; Mulico, 2016, p. 62). Seguindo esse raciocínio, um sistema deve conter "bifurcações e junções que levam seus agentes a traçarem novas trajetórias, promovendo transição de estados que resultam em seu desequilíbrio" (Tílio; Mulico, 2016, p. 62-63). Mas como podemos compreender essa noção de imprevisibilidade trazida nesse terceiro aspecto? A LA, acima de tudo, é uma área de estudos que lida com a linguagem, mas também com os sujeitos produtores dessa linguagem. Para ilustrar essa relação de complexidade e imprevisibilidade, podemos pensar no ensino de línguas. São diversos fatores que permeiam a aprendizagem, como o perfil dos estudantes, o contexto, os materiais, a metodologia adotada pelo professor, entre outros. Ao fazermos pesquisa que envolva essa temática, tendo como base inúmeros enfoques, dificilmente conseguiremos saber o que vai acontecer ao final de nosso estudo. Embora possamos ter algumas hipóteses iniciais, o objetivo de fazer pesquisa em LA não é a confirmação de uma ideia inicial, pois é preciso considerar a dinâmica desse processo e o modo como os sujeitos envolvidos se modificam nessa relação.

A respeito da não linearidade, Tílio e Mulico (2016, p. 63) retomam a ideia do sinaleiro trazida no primeiro aspecto, explicando que, assim como "os agentes são independentes e as interações entre eles não são fixas, mudanças podem ocorrer dentro deles, assim como os hábitos de um motorista mudam por conta de alterações na malha rodoviária". Conduzindo essa ideia para a pesquisa em LA, assim como a imprevisibilidade, a não linearidade é algo inerente à prática investigativa. Há diferentes formas e abordagens para pensar como gerar dados para um estudo, assim como diferentes instrumentos. A forma pela qual os dados vão sendo gerados em uma pesquisa nunca acontece linearmente, pois há um entrecruzamento dos diferentes instrumentos e fundamentos teóricos utilizados.

Sobre o último aspecto, a LA como uma ciência adaptativa, Tílio e Mulico (2016, p. 63) afirmam: a "adaptação é o processo pelo qual um organismo encaixa-se no ambiente por meio da experiência, responsável por guiar as mudanças na estrutura do organismo ao longo do tempo". Historicamente, percebemos que a LA tem assumido esse caráter adaptativo, uma vez que busca constantemente se alinhar a outras áreas do conhecimento ao mesmo tempo em que recorre a novas teorizações para promover conhecimento em sua área de estudos.

doispontodois
LA e seus enfoques interdisciplinar, transdisciplinar e transgressivo

Como já estudamos no Capítulo 1, a LA tem em sua gênese uma lógica aplicacionista das teorias linguísticas, e só na década de 1980 é que seu entendimento como um campo interdisciplinar começou a emergir. Segundo Moita Lopes (2009), um dos grandes responsáveis por provocar questionamentos diante dessa lógica aplicacionista foi Widdowson (1979, p. 9, tradução nossa), que trouxe uma crítica bastante significativa com a publicação de seu texto seminal, intitulado "A parcialidade e a relevância das descrições linguísticas"*:

---

* Tradução de: "The Partiality and Relevance of Linguistic Descriptions".

Agora, eu não tenho nada contra a Linguística. [...] Mas eu acho que é preciso ter cuidado com sua influência. Neste artigo, quero questionar uma afirmação comum, axiomática em sua força, de que um modelo linguístico de linguagem deve necessariamente servir de quadro de referência subjacente para o ensino de línguas. E eu quero sugerir que a Linguística Aplicada como ramo teórico da pedagogia de ensino de línguas busque por um modelo que sirva para esse objetivo. Penso que a Linguística Aplicada só pode reivindicar ser uma área de investigação autônoma quando se libertar da hegemonia da linguística e negar as conotações de seu nome.*

Com a crítica trazida por Widdowson (1979), percebemos a necessidade de a LA tomar partido na procura por outros quadros teóricos a fim de dar conta de seu propósito como área de estudos. Tal como o autor pontua, não se trata de um tipo de "implicância" com as teorias linguísticas, mas sim a percepção de que elas não dão conta de olhar para os problemas em relação aos quais a LA tem se colocado. Nesse sentido, como o próprio autor defende, este é o caminho para que a LA se torne uma área autônoma:

---

* Tradução de: "Now I have nothing against linguistics. [...] But I think one must be wary of its influence. In this paper I want to question the common assumption, axiomatic in its force, that a linguistic model of language must of necessity serve as the underlying frame of reference for language teaching. And I want to suggest that it is the business of applied linguistics as the theoretical branch of language teaching pedagogy to look for a model that will serve this purpose. I think that applied linguistics can only claim to be an autonomous area of enquiry to the extent that it can free itself from the hegemony of linguistics and deny the connotations of its name".

a negação da conotação de aplicação trazida em seu nome e a libertação em relação a hegemonia das teorias linguísticas.

As provocações trazidas por Widdowson (1979) fazem com que a LA comece a recorrer a outros tipos de áreas do conhecimento para tratar de seus problemas propostos. Exemplo disso são as próprias publicações do mencionado autor que, na época, já recorria às áreas da psicologia cognitiva e da sociologia (Moita Lopes, 2009). Assim, o pensamento de Widdowson (1979) proporciona um grande avanço: "a um só tempo nos livramos da relação unidirecional e aplicacionista entre teoria linguística e ensino de línguas e abrimos as portas para outras áreas do conhecimento de forma a se operar de modo interdisciplinar" (Moita Lopes, 2009, p. 16).

O *status* de área interdisciplinar foi um dos grandes impactos na LA contemporânea, o que possibilitou sua formulação como uma disciplina mestiça ou nômade, sendo parte da formação de muitos linguistas aplicados (Moita Lopes, 2006a). Com base nessa lógica, a LA passou a ser compreendida como "articuladora de múltiplos domínios do saber, em diálogo constante com vários campos do conhecimento que têm, de alguma forma, preocupação com a linguagem" (Celani, 2004, p. 130). Essa perspectiva, ao ser representada graficamente, ilustra a LA diante de uma postura de integração. Veja a seguir a Figura 2.1.

Figura 2.1 – Visão pluridisciplinar, multidisciplinar e interdisciplinar (integração)

Etnografia da escola; Psicologia cognitiva; Psicolinguística; Análise do discurso; Linguística; Tradução; Filosofia; Psicologia do desenvolvimento; Análise crítica do discurso; Análise da conversação; Distúrbios da comunicação; Etnografia da fala; Pedagogia; História; Ergonomia; Sociolinguística; Comunicação institucional — **LINGUÍSTICA APLICADA**

FONTE: Celani, 2004, p. 132.

Embora o pensamento interdisciplinar tenha trazido um grande avanço nas formas de produzir conhecimento dentro da LA, os linguistas aplicados começaram a perceber que essa noção já não estava mais funcionando, pois na prática eles acabam trabalhando "dentro do limites de uma disciplina teórica, [...gerando] uma dificuldade em aceitar a integração de ideias de campos variados como sendo compatíveis: um trabalho que requer um grande esforço de abstração teórica e pensamento crítico, que é barrado pelos limites de uma disciplina" (Moita Lopes, 2004, p. 115).

Mais tarde, em meados de 2000, uma nova postura começou a fazer parte da LA: a transdisciplinaridade. A grande diferença entre a visão interdisciplinar e a visão transdisciplinar ocorre na dinâmica da interação, ou seja, a segunda envolve o pressuposto de que a justaposição dos ramos do saber – com o intuito de colocá-los lado a lado – não é suficiente. Dessa forma, não se recorre a

> *contribuições de outras áreas, mas sim [à] participação ativa de pesquisadores das áreas envolvidas, a fim de se dar conta da problematização que a abordagem do objeto de estudo proposto provoca em cada área. Novos espaços de conhecimento são gerados, passando-se, assim, da interação das disciplinas à integração dos conceitos e, daí, à interação das metodologias.* (Celani, 2004, p. 133)

Para que possamos compreender melhor como a perspectiva transdisciplinar se caracteriza, vamos analisar o que Moita Lopes (2004) – com base na publicação de *The new Production of Knowledge*, de Gibbons, Limoges, Nowotny, Schwartzman, Scott e Trow, de 1994 – sintetiza como principais aspectos referentes a essa perspectiva emergente: 1) tipo de conhecimento produzido e contexto de produção; 2) modo de produção de conhecimento; 3) organização do conhecimento; 4) responsabilidade social e reflexão; e 5) mecanismo de controle de qualidade do que é produzido.

Com relação ao primeiro aspecto, Moita Lopes (2004) coloca que a LA transdisciplinar dá ênfase à resolução de problemas que se orientam em práticas sociais cujo objetivo concentra-se na busca por gerar um conhecimento útil para os sujeitos participantes. Estes, por sua vez, são vistos como colaboradores no processo de pesquisa. Diante disso, procura-se realizar uma investigação que leva em conta os resultados de forma contextualizada, sem tentar enquadrá-los em princípios fundamentais. Isso quer dizer que é preciso olhar para os contextos e os sujeitos neles inseridos, considerando como únicas as subjetividades e identidades deles. O trabalho do linguista aplicado é reconhecer que não há como chegar a uma fórmula ou receita que possa ser reaplicada. Por essa razão, nas pesquisas de LA pensamos na noção de resultado como algo contingencial, diferentemente de como se pensa em pesquisas de caráter positivista, como discutiremos no próximo capítulo.

Sobre o segundo aspecto, entende-se que o modo pelo qual o conhecimento é produzido também é contingencial e não pressupõe a aplicação de conhecimentos prévios como forma de comprovar teorias. Na verdade, as teorias a serem utilizadas para explicar os fenômenos dos contextos e dos sujeitos investigados emergem das relações que se estabelecem entre o pesquisador e os sujeitos/contextos investigados. Assim, "a distinção entre conhecimento básico e aplicado deixa de existir, já que, devido à natureza transdisciplinar desse modo de investigação, a teoria informa a prática e a prática informa a teoria" (Moita Lopes, 2004, p. 119).

O terceiro aspecto se relaciona com os outros dois anteriores uma vez que busca a ruptura da noção que entende o pesquisador como aquele que possui conhecimentos privilegiados. Os sujeitos participantes são incluídos na "dependência da necessidade que se apresenta na resolução de problemas específicos. Desse modo, não estão localizados só na universidade, mas em outros espaços institucionais: faculdades, escolas, institutos não-universitários, agências governamentais, indústrias, firmas etc." (Moita Lopes, 2004, p. 120). Para ilustrar melhor essa questão, podemos pensar nos trabalhos dos linguistas aplicados que trabalham a formação de professores. Para Moita Lopes (2004, p. 125), tem-se defendido cada vez mais a formação que envolve "os professores como pesquisadores através da pesquisa-ação sobre a sua prática, não só pela necessidade de envolvê-los em processos de reflexão sobre o seu trabalho como também para gerar conhecimento singular da perspectiva de um participante interno da prática social da sala de aula".

O quarto aspecto diz respeito à responsabilidade social e à reflexão e traz à tona a preocupação da prática da pesquisa na busca por trazer benefícios para a sociedade. Nesse sentido, é preciso pensar sobre aquilo que vai ser pesquisado e a relevância social das reflexões propostas, além de aspectos como a forma como a investigação vai ser conduzida, a interpretação dos dados e os atores sociais/sujeitos que farão parte do estudo. Nesse contexto, vale lembrar que "o envolvimento em reflexão é mais importante do que a própria solução do problema que está sendo estudado" (Moita Lopes, 2004, p. 12).

Por sua vez, o quinto e último aspecto diz respeito aos mecanismos de controle de qualidade. Moita Lopes (2004) nos explica que geralmente o controle de qualidade do que se traduz como pesquisa é feito por meio das avaliações dos pareceristas, ou seja, os estudiosos da área que são responsáveis pelo *feedback* daquilo que é produzido para as revistas acadêmicas e para os eventos científicos como os congressos, simpósios, fóruns etc. Se retomarmos a questão da responsabilidade social sobre a qual comentamos anteriormente, são os pareceristas os receptores daquilo que é produzido em termos de pesquisa, razão pela qual é preciso considerar as questões éticas que permeiam a tarefa de avaliar para que essa prática não seja feita com um fim em si mesma, no sentido de apenas valorizar pontos nos currículos acadêmicos, mas sim levando a cabo o engajamento na tarefa de transformação social.

Os cinco pontos discutidos por Moita Lopes (2004) nos ajudam a compreender melhor a noção de LA transdisciplinar trazida por Celani (2004, p. 133), o qual afirma:

> *Essa preocupação com o social, com o humano, há tempos tem sido objeto de pesquisas em Linguística Aplicada e, de fato, é componente fundamental na definição da disciplina.* [...]

A pesquisa orientada responde diretamente a necessidades sociais, bem precisas, e elabora-se em função dessas necessidades, o que não a impede de teorizar.

A autora coloca que, numa perspectiva transdisciplinar, a LA dissolve o seu objetivo em meio às outras áreas do conhecimento. Como forma de ilustrar essa noção, Celani (2004, p. 135) propõe o esquema (Figura 2.2) a seguir, explicando-o da seguinte forma:

> *O objeto de investigação seria o processo de aprendizagem da interação institucional, seja focalizando a estruturação do evento de interação, seja se centrando no processo que faz emergir esse evento. A interação como meio em que se dá a aprendizagem, como ambiente de aprendizagem, constitui um objeto de investigação que, para a Linguística Aplicada, vai além de aspectos de linguagem ou de aspectos de psicologia da aprendizagem ou de aspectos de estrutura social. Procura não só a integração, mas também a interação desses aspectos todos para explicar seu objeto. A unidade na diversidade [e] a coexistência em um estado de interação dinâmica provocam uma fecundação recíproca que desenvolve um efeito sinérgico considerável. A Linguística Aplicada, em uma visão transdisciplinar, face à situação de pesquisa que se apresenta, e que tem a linguagem na sua base, olha para as disciplinas múltiplas que tem a sua volta e através delas vai além do âmbito de cada uma em particular.*

FIGURA 2.2 – EXEMPLO DE RELAÇÕES SOCIAIS ENTRE INTERLOCUTORES EM SALA DE AULA – VISÃO TRANSDISCIPLINAR

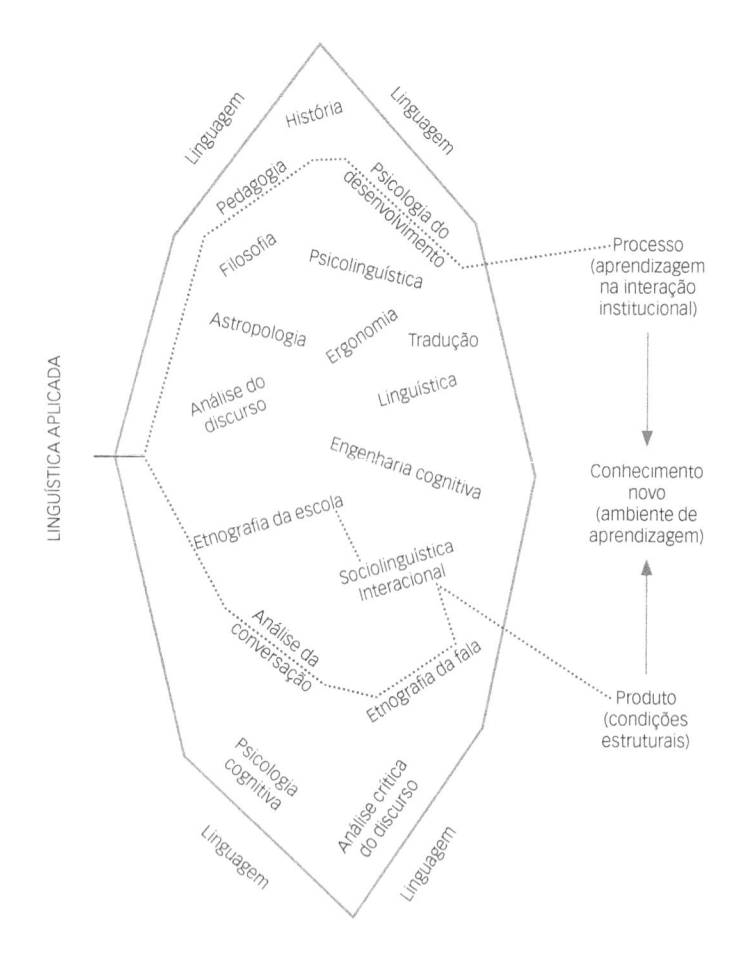

LINGUÍSTICA APLICADA

Linguagem · História · Linguagem
Pedagogia · Psicologia do desenvolvimento
Filosofia · Psicolinguística
Astropologia · Ergonomia · Tradução
Análise do discurso · Linguística
Engenharia cognitiva
Etnografia da escola
Sociolinguística Interacional
Análise da conversação · Etnografia da fala
Psicologia cognitiva · Análise crítica do discurso
Linguagem · Linguagem

Processo (aprendizagem na interação institucional)

↓

Conhecimento novo (ambiente de aprendizagem)

↑

Produto (condições estruturais)

FONTE: Celani, 2004, p. 134.

Até agora analisamos as posturas interdisciplinar e transdisciplinar da LA. Neste momento, vamos abordar uma terceira postura, à qual Pennycook (2006) deu o nome de *transgressiva*. É importante lembrar que essas diferentes posturas não podem ser entendidas dentro de uma lógica de linearidade, no sentido de que uma surge em consequência de outra. Como já discutimos inicialmente, há diferentes formas de se conceber LA, e a postura a ser assumida dependerá exclusivamente das escolhas do pesquisador. É também relevante pensar que tais posturas não são excludentes e podem coexistir, desde que o linguista aplicado deixe claro as razões pelas quais as toma como pressupostos.

Retomando nosso percurso sobre a concepção da disciplina de LA, percebemos que ela tem transgredido as fronteiras disciplinares em termos de vincular-se a outras áreas do conhecimento para construir suas práticas e teorizações. É partindo desse olhar que Pennycook (2006, p. 72) vai propor a LA transgressiva, ao entender que "as disciplinas não são estáticas, [não são] domínios demarcados de conhecimento aos quais pedimos emprestados construtos teóricos, mas são elas mesmas domínios dinâmicos de conhecimento".

Transgredir não significa desobedecer às regras ou às leis, como declara o senso comum. Fazer LA numa postura transgressiva é propor a desnaturalização do pensamento, é pensar o que não foi pensado como um exercício de resistência e de mudança. Ela está interessada, portanto, não em propor uma epistemologia rígida e normativa, mas sim em oferecer formas de imaginar as coisas diferentes.

Pennycook (2006) nos alerta, ainda, para o cuidado que devemos ter no entendimento do conceito de transgressão. Segundo a proposta do autor, o conceito se refere à "necessidade crucial de ter instrumentos políticos e epistemológicos que permitam transgredir os limites de pensamento e da política tradicionais. Todo o projeto crítico precisa tanto de uma agenda política crítica como de disponibilidade para questionar os conceitos com que se lida" (Pennycook, 2006, p. 74).

Transgredir não significa desobedecer às regras ou às leis, como declara o senso comum. Fazer LA numa postura transgressiva é propor a desnaturalização do pensamento, é pensar o que não foi pensado como um exercício de resistência e de mudança. Ela está interessada, portanto, não em propor uma epistemologia rígida e normativa, mas sim em oferecer formas de imaginar as coisas diferentes. Assim, pode ser definida como detentora do "objetivo de atravessar fronteiras e quebrar regras em uma posição reflexiva sobre o quê [sic] e por que atravessa [...]. A LA transgressiva é LA tanto para o pensamento como para a ação transgressivos" (Pennycook, 2006, p. 76).

doispontotrês
Linguística Aplicada Crítica (LAC)

Com base no que estudamos nas seções anteriores, pudemos perceber a preocupação da LA em olhar para questões sociais. De acordo com Pennycook (2003), ao pensarmos sobre a trajetória da LA no século XX, percebemos o enfrentamento de várias batalhas. Uma delas diz respeito ao desenvolvimento de um arcabouço teórico que a conduzisse dentro de uma proposta crítica e transformadora. É diante dessa preocupação que o autor vai então propor a Linguística Aplicada Crítica (LAC), que abordaremos nesta seção.

Antes de conceituar o que Pennycook (2001, p. 2, tradução nossa) nomeia de LAC, o autor pontua algumas de suas inquietações. São elas:

- *o alcance e a abrangência da linguística aplicada;*
- *a noção de práxis como forma de ir além da relação dicotômica entre teoria e prática;*
- *as diferentes maneiras de entender a noção crítica;*
- *a importância de estabelecer as microrrelações da linguística aplicada com as macrorrelações da sociedade;*
- *a necessidade de uma forma crítica de investigação social;*
- *o papel da teoria crítica;*
- *a linguística aplicada crítica como um constante questionamento de suposições;*

- a importância do elemento do autorreflexividade no trabalho crítico;
- o papel das agendas prioritárias discutidas eticamente;
- a compreensão da linguística aplicada crítica como muito mais do que a soma de suas partes.*

Essas inquietações colocadas pelo autor nos ajudam a compreender sua proposta de pensar em uma LA pós-ocidentalista, paralela à noção de pós-estruturalismo (discutida no Capítulo 1), de pós-moderno e de pós-colonial (que vamos discutir no Capítulo 3), opondo-se, portanto, à chamada LA "normal". Pennycook (2006) defende que esta última não procura contemplar discussões sobre identidade, poder, raça, cultura e sexualidade, por exemplo. Assim, a LAC é muito mais do que apenas uma dimensão dentro da LA, pois envolve o ceticismo sobre as coisas e o questionamento constante de suposições normativas.

Pode ser que nesta altura de nossa discussão você esteja se perguntando: "quer dizer, então, que as outras posturas da LA não assumem um papel crítico diante de seu objeto de estudo?". Pennycook (2003, p. 27) nos ajuda na formulação dessa resposta

---

* Tradução de: "the scope and coverage of applied linguistics; the notion of praxis as a way of going beyond a dichotomous relation between theory and practice; different ways of understanding the notion *critical*; the importance of relating micro relations of applied linguistics to macro relations of society; the need for a critical form of social inquiry; the role of critical theory; critical applied linguistics as a constant questioning of assumptions; the importance of an element of self-reflexivity in critical work; the role of ethically argued preferred futures; an understanding of critical applied linguistics as far more than the sum of its parts".

explicando que o papel da LAC, em relação à LA dita "normal", muda na maneira de

> explorar a linguagem em contextos sociais que vão além das correlações entre linguagem e sociedade, e, ao contrário, levanta mais questões críticas que têm a ver com acesso, poder, disparidade, desejo, diferença e resistência. Ela também insiste no entendimento histórico sobre a origem e a estruturação das relações sociais.

O Quadro 2.1 a seguir resume algumas das principais preocupações da LAC atreladas às inquietações que Pennycook (2001) levantou inicialmente:

QUADRO 2.1 – INTERESSES DA LINGUÍSTICA APLICADA CRÍTICA

Interesses da Linguística Aplicada Crítica	Centrada nos seguintes aspectos:	Em oposição à Linguística Aplicada convencional:
Uma visão "forte" da LA	Amplitude de cobertura, interdisciplinaridade e autonomia	A versão "fraca" da LA como aplicação das teorias linguísticas ao ensino
Uma visão de prática (práxis)	Pensamento, desejo e ação integrados com a prática (práxis)	Uma hierarquia da teoria e a sua aplicação em diferentes contextos

(continua)

(Quadro 2.1 – continuação)

Interesses da Linguística Aplicada Crítica	Centrada nos seguintes aspectos:	Em oposição à Linguística Aplicada convencional:
Ser crítico	Trabalho crítico engajado com a mudança social	Pensamento crítico como um conjunto apolítico de habilidades
Macrorrelações e microrrelações	Aspectos relacionados à LA e seus domínios sociais, culturais e políticos mais amplos	Visão da sala de aula, dos textos, entre outros, como isolados e autônomos
Investigação social crítica	Questões de acesso, poder, disparidade, desejo, diferença e resistência	Mapeamento da língua como um modelo estático da sociedade
Teoria crítica	Questões de desigualdade, injustiça, direitos, erros e compaixões	Uma visão social das relações como amplamente igualitárias
Problematizações dispostas	A inquietação pelas problematizações dispostas	Aceitação do cânone das ideias e normas postas
Autorreflexividade	Questionamento constante de si	Falta de consciência das próprias suposições

(Quadro 2.1 – conclusão)

Interesses da Linguística Aplicada Crítica	Centrada nos seguintes aspectos:	Em oposição à Linguística Aplicada convencional:
Agendas prioritárias	Baseia-se em argumentos éticos como alternativas	Visão de que a LA não deveria ter a mudança como objetivo
Heteroses*	A soma é maior do que as partes e cria novos esquemas de politização	A noção de que: política + LA = LAC

FONTE: Pennycook, 2001, p. 10, tradução nossa**.

---

* De acordo com Pennycook (2001), como um modelo híbrido de pesquisa e prática que produz algo muito mais dinâmico.

** Tradução de: "*Critical applied linguistics [...] concerns* – A strong view of applied linguistics [...]; A view of praxis; Being critical; Micro and macro relations; Critical social inquiry; Critical theory; Problematizing givens; Self-reflexivity; Preferred futures; Heterosis. *Centered on the following*: – Breadth of coverage, interdisciplinarity, and autonomy; Thought, desire, and action integrated praxis; Critical work engaged with social change; Relating aspects of applied linguistics to broader social, cultural, and political domains; Questions of access, power, disparity, desire, difference, and resistance; Questions of inequality, injustice, rights, wrongs, and compassion; The restive problematization of the given; Constant questioning of itself; Grounded ethical arguments for alternatives; The sum is greater than the parts and creates new schemas of politization. *In opposition to mainstream applied linguistics [...]* – The weak version of applied linguistics as linguistic theory applied to language teaching; A hierarchy of theory and its application to different contexts; Critical thinking as an apolitical set of skills; Viewing classrooms, texts, and so on as isolated an autonomous; Mapping language onto a static model of society; A view of social relations as largely equitable; Acceptance of the canon of received norms and ideas; Lack of awareness of its assumptions; View that applied linguistics should not aim for change; The notion that: Politics + Applied linguistics = Critical applied linguistics".

Podemos sintetizar a LAC como uma área de estudos que assume noções fundamentais das teorias desconstrutivistas*, uma vez que exerce papel crítico sobre elas. A LAC preocupa-se com a desnaturalização dos pressupostos, já que tem como dois de seus princípios o questionamento e a autorreflexividade. Na proposta de Pennycook (2001), a LAC é entendida no seu compromisso com o binômio *mudança social* e *ética da diferença*. A LAC propõe que todo o conhecimento é político e problematiza a noção de que a língua funciona como mera ferramenta de manipulação social. Se a língua é política e ideológica, ela reflete os interesses daqueles que a utilizam e, ao mesmo tempo, suas identidades. Dentre alguns domínios da pesquisa em LAC, Pennycook (2003) nos traz alguns exemplos:

- análise crítica do discurso e letramento crítico;
- abordagens críticas à tradução;
- ensino de língua;
- avaliação de língua;
- planejamento e direitos linguísticos;
- linguagem, letramento e cenários de trabalho;
- Linguística Aplicada Crítica no currículo.

Pennycook (2004) ressalta que a LAC não é uma espécie de receita, mas sim uma alternativa para ampliar as formas de pensar em investigações relacionadas à linguagem e à educação. O autor afirma que somos responsáveis pelas escolhas teóricas

---

* Teoria do conhecimento que propõe a desmontagem, ou seja, a decomposição dos elementos da escrita a fim de compreender a gênese das formas de pensamento, tendo como um dos seus principais representantes o filósofo Jacques Derrida.

que fazemos e que temos de ter humildade para reconhecer que nossas ideias podem não ser as melhores e mais atualizadas. Isso faz parte do projeto crítico defendido por Pennycook (2003, p. 54), que sugere que a "LA pós-ocidentalista pode ser a mais apropriada, uma vez que o objetivo aqui é abrir portas para as múltiplas vozes, pesquisas, preocupações e atitudes de muitos ao redor do mundo".

doispontoquatro
Pós-humanismo e LA

No início desta obra, apresentamos uma questão crucial para o entendimento do que se define como LA: a centralidade que a linguagem tem na vida humana. A linguagem pode ser considerada o primeiro instrumento tecnológico do ser humano, que, para sua sobrevivência, criou a necessidade de comunicação e a utiliza para ter acesso e transformar o mundo. A linguagem é ferramenta que possibilita a evolução do ser humano, que ocorre por meio da produção do conhecimento. É ela que faz com que nações sejam dominadas e conquistadas e, consequentemente, desenvolvidas.

Possivelmente você já deve ter estudado o movimento chamado *Humanismo*, não é mesmo? Vamos relembrar algumas das características dele para que possamos compreender melhor como se configura a LA pós-humanista.

O Humanismo foi um movimento cultural e filosófico que firmou a base do Renascimento, tendo marcado a transição entre a Idade Média e a Idade Moderna. Dentre suas principais características está o antropocentrismo, que se refere à centralidade do ser humano no universo, a racionalidade e o cientificismo. A definição do que é o ser humano tem, ao longo do tempo, se alterado consoante às mudanças sociopolítico-culturais. O ser humano é um ser histórico e, por ter consciência,

> *interpela a própria história a favor das relações sociais. Relações estas carregadas de tensões e divisões de poder. O ser humano é o interventor da história [sic] é a tecnologia em ação, é a emancipação do ser, é a liberdade e a prisão dos meios "modernos" das comunicações. Homem e tecnologia convergem no mesmo paralelo.* (Dimano; Maciel, 2015, p. 1242)

Como você já deve ter percebido, o papel da LA é problematizar os aspectos da vida humana vinculados à linguagem. Sendo uma vertente de pesquisa que tem se expandido, e levando a cabo seu exercício constante de questionamento, a LA pós-humana traz em seu bojo de discussão questionamentos como: "o que significa ser humano: Como os humanos se tornaram humano? O que essas definições excluem? Como a noção do humano pode mudar?"* (Pennycook, 2016, p. 1) e ainda: O que nos faz pensar o ser humano da forma como o pensamos? Quais seriam as

---

* Tradução de: "what it means to be human: How did humans come to be human? What do such definitions exclude? How may the notion of the human be changing?".

fronteiras entre os humanos e os animais? Como as questões de linguagem permeiam essas relações?

O que, no entanto, seria o **pós-humano**? De acordo com Dimano e Maciel (2015, p. 1243):

> *O humano é o ser que adapta as intemperanças ao longo da história e o pós-humano é aquele que nasce sob o julgo [sic] predeterminado por dada sociedade e por um pensamento histórico manifestado por outros humanos, antes de sua existência, porém estes pós-humano soma [sic] as condições das multiplicidades ofertadas pelo mundo concebido pela modernidade.*

Pennycook (2016, p. 1, tradução nossa) explica que o pós-humanismo se refere a uma série de preocupações, como a

> *centralidade e o excepcionalismo dos humanos como agentes deste planeta, a relação do humano com outros habitantes da Terra, o papel dos objetos e do espaço em relação ao pensamento e à ação humanos, bem como a extensão do pensamento e da capacidade humana mediante várias formas de aperfeiçoamento humano.**

---

* Tradução de: "the centrality and exceptionalism of humans as actors on this planet, or the relationship to other inhabitants of the earth, to a reevaluation of the role of objects and space in relation to human thought and action, or the extension of human thinking and capacity through various forms of human enhancement".

Assim, a LA pós-humana levanta questões significativas a respeito da nossa compreensão sobre linguagem, humanidade, objetos e agência. Além disso, põe em xeque binarismos como "ser humano *versus* animal", "natural *versus* não natural", "interioridade *versus* exterioridade" etc.

Um dos aspectos que podemos trazer a título de ilustração é o uso cada vez mais amplo da tecnologia nas relações humanas. Essa temática interessa para a LA pós-humana, haja vista que as práticas comunicativas de uso da linguagem permeiam essa relação. O aspecto da exterioridade e o uso de multimodalidade e das múltiplas semioses* estão presentes nessas relações, nos recursos e nas atividades que envolvem o ser humano e a máquina. Nesse sentido, Pennycook (2016) defende que precisamos ir além e pensar que, em termos de competência, nossas capacidades individuais, nossas identidades, nossa linguagem adquirida e nossa capacidade de desenvolver a comunicação intercultural podem não ser exclusivamente humanas. Como sugerem Dimano e Maciel (2015, p. 1247), "O pós-humanismo tem que ir além, transformar o ser humano em construtor da história individual e interventor do processo democrático tecnológico, para que interfira de forma crítica e social no ambiente real".

Síntese

Neste capítulo, você pôde acompanhar a continuidade da compreensão de como se caracteriza a LA, uma vez que discutimos

---

* Relacionam-se ao processo de significação e à produção de significados.

sobre algumas posturas teóricas recentes. Inicialmente, apresentamos as características da LA como sistema complexo, considerando os aspectos que são exigidos para que ela possa ser entendida como tal: possuir agentes heterogêneos, ser dinâmica, ser aberta, ser adaptativa e não ser linear. Na sequência, analisamos alguns enfoques da LA e suas diferentes posturas: a interdisciplinaridade, a transdisciplinaridade e a transgressão, tendo sido mostrado o modo como cada uma delas entende o papel do linguista aplicado. Em seguida, explicamos o que é a LAC e quais são as preocupações da área para com a transformação social. Por fim, enfatizamos a noção de LA e o pós-humanismo, assuntos emergentes em nossa área graças ao crescimento do uso de recursos tecnológicos, por exemplo, e sua relação com a linguagem.

Indicações culturais

Neste capítulo, tratamos da questão da LA e do pós-humanismo. Para que você amplie seu olhar sobre o assunto, como sugestão, assista ao filme *Ela*, cujo título em inglês é *Her*. O longa-metragem é um drama que narra a história curiosa de um homem que se apaixona por um sistema operacional. O filme problematiza algumas relações do ser humano com a tecnologia, fazendo-nos refletir sobre como elas têm sido e poderão ser afetadas pela evolução tecnológica.

ELA. Direção: Spike Jonze. EUA: Sony Pictures, 2014. 126 min.

Atividades de autoavaliação

1. Sobre as características da LA como um sistema complexo, indique a alternativa incorreta:
   a. Para que um sistema funcione, é preciso que seus agentes estejam interligados e conectados.
   b. A questão da abertura diz respeito à noção de sistema em funcionamento como um *continuum*.
   c. Para ser dinâmico, o sistema deve passar por transição de estado, evoluindo de um estado inicial para um estado subsequente.
   d. A linearidade é algo inerente à prática investigativa, razão pela qual as formas e abordagens fechadas para se pensar o ato de pesquisar na contemporaneidade são mais adequadas.
   e. Sistemas complexos mudam com o passar do tempo, tendo em vista a impossibilidade de delimitar ou determinar suas mudanças.

2. Sobre as noções de LA interdisciplinar, transdisciplinar e transgressiva, indique V para as afirmações verdadeiras e F para as falsas. Em seguida, assinale a alternativa que apresenta a sequência correta:
( ) O *status* de área interdisciplinar foi um dos grandes impactos na LA contemporânea, o que lhe possibilitou a formulação como disciplina mestiça ou nômade, sendo parte da formação de muitos linguistas aplicados.

( ) A noção transdisciplinar surge da crítica dos linguistas aplicados ao perceberem que se estava trabalhando apenas dentro dos limites de uma disciplina teórica, gerando dificuldade de aceitar a integração de ideias de campos variados.

( ) A LA transgressiva sugere que o trabalho do linguista aplicado esteja focado em transgredir as leis e as regras sociais a fim de fazer um trabalho mais engajado e transformador.

a. V, F, F.
b. V, V, F.
c. F, V, V.
d. F, F, V.
e. V, F, V.

3. Ainda sobre as posturas interdisciplinar, transdisciplinar e transgressiva na LA, assinale a alternativa incorreta:

a. Widdowson foi um dos grandes responsáveis por provocar questionamentos diante da lógica aplicacionista dentro da LA.
b. Foi com a proposta transgressiva que a LA passou a ser compreendida como articuladora de múltiplos domínios e campos do saber.
c. Preocupações como o tipo de conhecimento produzido e o contexto de produção fazem parte da proposta transdisciplinar da LA.
d. A grande diferença entre a visão interdisciplinar e a visão a transdisciplinar ocorre na dinâmica da interação.
e. Para se tornar autônoma, segundo Widdowson (1979), a LA precisava se libertar da conotação de aplicação trazida em seu nome e da hegemonia das teorias linguísticas.

4. Sobre as características da Linguística Aplicada Crítica (LAC), assinale a alternativa incorreta:
   a. Questões de acesso, poder, disparidade, desejo, diferença, desigualdade, injustiça e resistência são preocupações da LAC.
   b. A LAC se preocupa em desenvolver um trabalho crítico engajado, para o alcance do qual a mudança social baseia-se em argumentos éticos.
   c. A LAC propõe que todo o conhecimento é político e problematiza a noção de que a língua funciona como mera ferramenta de manipulação social.
   d. A LAC pode ser considerada uma versão "fraca" da LA como aplicação das teorias linguísticas no ensino.
   e. A LAC propõe certo ceticismo sobre as coisas e o questionamento constante de suposições normativas.

5. Com relação a LA e ao pós-humanismo, assinale a alternativa incorreta:
   a. O pós-humanismo se refere a uma série de preocupações, como a centralidade e o excepcionalismo dos seres humanos.
   b. A LA pós-humana levanta questões significativas a respeito da nossa compreensão sobre linguagem, humanidade, objetos e agência.
   c. O pós-humanismo se opõe à ideia de transformar o ser humano em construtor da história individual e interventor do processo democrático tecnológico.

d. A LA pós-humana traz em seu bojo discussões como: "O que é o ser humano?" e "O que nos faz pensar o ser humano da forma como o pensamos?".

e. A tecnologia é uma temática que interessa para a LA pós-humana, haja vista que as práticas comunicativas de uso da linguagem permeiam essa relação.

Atividades de aprendizagem

Questões para reflexão

1. Leia o trecho a seguir de Moita Lopes (2009, p. 20) e relacione-o com as discussões trazidas neste capítulo sobre a ligação da LA com outras áreas do conhecimento:

> *O fato é que as áreas de conhecimento mudam e novos modos de produzir conhecimento são reinventados, e aos pesquisadores, como sempre, cabe escolher os caminhos a seguir. É fato que o percurso que estou traçando mostra claramente como a área de LA tem se repensado continuamente, o que também, devo dizer, está acontecendo em outros campos: provavelmente, um repensar característico das sociedades reflexivas em que vivemos [...]. Além disso, se muitas de nossas crenças desapareceram em vista dos desafios que vivemos, é natural que aquelas de natureza epistemológica precisem ser repensadas.*

2. Amplie seus conhecimentos sobre a LA e o pós-humanismo e faça uma pesquisa apontando as principais características do Humanismo. Em seguida, retome o que discutimos no capítulo

sobre o pós-humanismo e faça um mapa conceitual com as diferenças de cada um. Para isso, você poderá recorrer ao uso de ferramentas específicas para elaboração de mapas conceituais disponíveis no meio digital – por exemplo, CmapTools (em: <http://cmaptools.softonic.com.br>), Mapas Mentais ou *MindMeister* (em: <https://itunes.apple.com/es/app/id381073026?mt=8&afId=1946545>), SimpleMind (em: <https://itunes.apple.com/us/app/simplemind+-mapa-mental/id305727658?l=es&mt=8>), MindMaple, entre outras.

Atividade aplicada: prática

1. Como discutimos brevemente neste capítulo, há diferentes concepções do que é ser crítico. Para aprimorar seus conhecimentos sobre esse conceito, faça um levantamento sobre teorias críticas como o liberalismo, o neomarxismo, o feminismo e o pós-colonialismo e, em seguida, elabore um quadro comparativo buscando traçar paralelos sobre essas noções e suas implicações para a prática educacional.

um	Percurso histórico da Linguística Aplicada (LA)
dois	A LA na contemporaneidade
# **três**	**Fazer pesquisa em LA**
quatro	LA e o ensino de língua materna
cinco	LA e o ensino de línguas estrangeiras (LE)
seis	LA e sua relação com a sociedade e com a formação docente

> *Fazer pesquisa pode ser visto como um modo de re-inventar a vida social, o que inclui a re--invenção de formas de produzir conhecimento assim como formas de vida já que a pesquisa é uma maneira de construir a vida social ao passo que tenta compreendê-la.*
>
> Moita Lopes, 2010, p. 402.

❰ A PESQUISA É o que move o ser humano na produção do conhecimento. Sem pesquisa não há como descobrir as soluções para os problemas que envolvem os sujeitos e o mundo, tampouco evoluir como humanidade. É da natureza humana a procura pelo novo, e o resultado disso são as grandes invenções que impactaram e que ainda vão impactar nossa vida. Atrelados a essa busca pelo conhecimento estão alguns questionamentos, como: "Quem terá acesso a esse saber?"; "Que benefícios esse saber trará para a sociedade?"; ou, ainda, "Que implicações éticas esse saber poderá ocasionar?". Pensando nessas indagações, neste capítulo apresentamos a LA como área de pesquisa. Esperamos que você reflita sobre as formas de se fazer pesquisa em LA a fim de poder desenvolver estudos futuros quando for necessário.

trêspontoum
LA como campo de pesquisa

Como já estudamos no Capítulo 1, a LA nasceu não como campo de pesquisa institucionalizado, mas como resultado da superação de diversos obstáculos que emergiram a partir da década de 1940. Desde então, a LA vem se constituindo com novos instrumentos e metodologias de pesquisa que procuram investigar novos problemas vinculados à linguagem que emergem na sociedade. É importante relembrarmos que a LA não se pauta em uma visão utilitarista da pesquisa e das formas de construir conhecimento, "ao contrário, a LA procura problematizá-los ou criar inteligibilidades sobre eles, de modo que alternativas para tais contextos de usos da linguagem possam ser vislumbradas" (Moita Lopes, 2006b, p. 20).

Pensar a pesquisa em LA na contemporaneidade envolve levar em consideração as mudanças sociais, econômicas e políticas de nosso tempo. A globalização e as mídias digitais são fatores que possibilitaram transformações significativas e têm impactado na forma como construímos conhecimento e nos relacionamos *no* e *com o* mundo. Ou seja, são mudanças ontológicas – que dizem respeito à noção do ser e do sujeito – e epistemológicas – que se associam à forma pela qual concebemos conhecimento. Com relação a esses dois aspectos, observe o Quadro 3.1, elaborado por Duboc (2011, 2015).

QUADRO 3.1 – SOCIEDADE TIPOGRÁFICA *VERSUS* SOCIEDADE PÓS-TIPOGRÁFICA

Sociedade tipográfica (Letramento convencional)	Sociedade pós-tipográfica (Novos letramentos)
Centralização Concentração Autoria individual Esfera privada Normatização	Distribuição Compartilhamento Autoria colaborativa Esfera pública Experimentação

FONTE: Duboc, 2015, p. 668.

Duboc, por meio desse comparativo, nos mostra que, na sociedade tipográfica, tanto o conhecimento quanto o ser estavam pautados na concentração, na normatização e no individualismo, seguindo um modelo educacional liberal-positivista cujo objetivo se voltava para a transmissão de uma verdade universal. Em oposição, na sociedade pós-tipográfica, tanto o ser quanto o conhecimento romperam com essas lógicas instaurando propostas voltadas para o compartilhamento, a colaboração e a experimentação, levando em conta que não há como estabelecer uma verdade para as coisas, já que as verdades são provisórias e localmente situadas.

Para Moita Lopes (2006b, p. 23), cabe à LA estabelecer diálogos com teorias que colaborem para que se considerem os novos modos de produzir conhecimento na busca pela compressão de "nossos tempos e de abrir espaço para visões alternativas ou para ouvir vozes que possam revigorar nossa vida social ou vê-la compreendida por outras histórias". A LA assume como papel a aproximação de suas propostas investigativas com a vida contemporânea, situando-se como uma área de pesquisa mestiça e ideológica (Moita Lopes, 2006b). Sobre esses e outros aspectos continuaremos a discutir nas próximas seções deste capítulo.

trêspontodois
Teorizações e epistemologias

Como discutimos anteriormente, a LA, embora carregue a ideia de aplicação em sua identidade, configura-se como um campo de estudos que busca não recorrer a teorias e colocá-las em prática, mas sim construí-las por meio da prática e da experiência a fim de poder tecer reformulações local e contextualmente situadas. A busca por teorização é, segundo Rajagopalan (2003), algo que constitui a natureza humana. Para ele,

> nossas teorias [talvez] sejam tentativas de fazer sentido para um mundo real que, na ausência de tais teorias, deixar-nos-ia embasbacados diante de tantos fenômenos que escapam ao nosso

senso comum, ou seja, nós seres humanos somos por força de nossa própria natureza criaturas que teorizam compulsivamente. (Rajagopalan, 2003, p. 18)

Quando fazemos pesquisa, recorremos a embasamentos teóricos para construir nossas argumentações e nossos raciocínios, bem como para trazer diferentes vozes para a discussão do que estamos propondo. Qualquer pesquisa acadêmica necessita de um aporte teórico que situe o leitor de onde se está partindo, uma vez que nossas escolhas teóricas revelam ideologias que recaem sobre o objeto, o contexto e os sujeitos que estão sendo investigados. Moita Lopes (2006a, p. 85) defende que precisamos reinventar as "formas de produzir conhecimento, uma vez que a pesquisa é um modo de construir a vida social ao tentar entendê-la". Nesse sentido, o autor nos desafia a trazer como base para nossas pesquisas diferentes epistemes, citando, por exemplo, teorias feministas*, antirracistas, *queer**, pós-modernas e pós-coloniais.

Para compreendermos melhor o que significa pensar em "diferentes epistemes", seguindo o que Moita Lopes (2006a) nos propõe, faz-se necessário recuperar a noção de epistemologia.

---

* Há diferentes entendimentos sobre as características das teorias feministas. No entanto, na perspectiva desta obra, entendemos que são teorias que trazem como escopo, com um olhar filosófico e ideológico, a discussão sobre as desigualdades de gênero e o papel da mulher na sociedade.

** Perspectiva teórica originada a partir dos estudos culturais norte-americanos no final da década de 1980 que faz críticas aos estudos sociológicos sobre as minorias sexuais e a questão de gênero. Alguns teóricos de renome são: Eve K. Sedgwick, David M. Halperin, Judith Butler e Michael Warner.

O termo *epistemologia* vem da união dos vocábulos gregos *episteme* (conhecimento) e *logia* (estudo) e configura-se como processo científico em que determinado conhecimento é construído em uma determinada área. Nesse sentido, para fazer pesquisa em LA, é preciso levar em consideração bases epistemológicas que reflitam os pensamentos científico e pedagógico em que esse campo de estudos – que se encontra em constante construção e transformação – está inserido. As bases epistemológicas, por sua vez, refletem o momento histórico dos sujeitos e dos contextos envolvidos, além de construírem a própria problemática da pesquisa quanto às nossas escolhas teóricas, bem como nossos espaços, objetos e sujeitos de investigação. Compreender as racionalidades epistemológicas historicamente construídas e suas influências é algo fundamental para professores e pesquisadores.

De acordo com Fabrício (2006), a LA ainda se encontra em constante revisão de suas bases epistemológicas a fim de buscar compreensão sobre três aspectos: 1) a linguagem é uma prática social, então, quando estudamos sobre determinada língua, também estamos estudando sobre a cultura que ela constitui; 2) as práticas discursivas, dentro das quais nos inserimos, não são neutras, mas atravessadas por questões políticas e ideológicas (elegidas de modo intencional ou não) permeadas por relações de poder que provocam diferentes modos de compreender o mundo; 3) a construção de sentidos, na contemporaneidade, é mobilizada por uma multiplicidade de sistemas semióticos (discutiremos mais amplamente essa questão na seção sobre multimodalidade no Capítulo 5).

Como já vimos no Capítulo 1, a visão que assumimos sobre o conceito de língua/linguagem é que vai conduzir nossas práticas tanto pedagógicas quanto de pesquisa. Nessa mesma lógica, nossos construtos epistemológicos é que vão orientar como produzimos conhecimentos e fazemos pesquisa em LA. Diante dessa questão, Moita Lopes (2006a) defende que precisamos nos ater às implicações éticas de nossas escolhas teóricas. Por isso, o autor sugere que procuremos romper com o olhar ocidentalista sobre a produção de conhecimentos e nos distanciar de agendas inseridas em uma lógica de colonialidade*.

Moita Lopes (2013, p. 16) ainda nos adverte que uma pesquisa modernista que entende o sujeito social e o conhecimento dentro de uma perspectiva "positivista, quantificável, experimental, generalizável e objetivista" é inadequada quando lida com seres humanos. Portanto, se queremos nos engajar em uma pesquisa que produza conhecimentos responsivos, com engajamento ético, precisamos ter cuidado com os construtos teóricos que selecionamos. Nesse contexto, a LA contemporânea tem recorrido a fundamentações pós-coloniais, pós-ocidentais e pós-modernas. Discutiremos esses aspectos na sequência.

---

* Ampliamos a discussão sobre colonialidade no Capítulo 5, quando tratamos sobre a língua inglesa e seu *status* de língua internacional.

3.2.1 Modernidade *versus* pós-modernidade

A chamada *Idade Moderna* é entendida como o período histórico que se iniciou em meados do século XV e se encerrou no século XVIII. Esse período é marcado por algumas transformações, como a passagem do sistema feudal para o capitalista, o fortalecimento do comércio e das rotas comerciais e a emergência da burguesia. Em relação às ideias e aos pensamentos da época, podemos afirmar que a mentalidade foi marcada pelo Humanismo, que provocava uma ruptura na concepção passiva de compreensão da vida humana como algo entregue a desígnios divinos, ao passo que reconhecia o trabalho como fonte legítima para chegar à riqueza e ir ao encontro da felicidade.

Formas de pensar a ciência também se transformaram nesse período com a criação de novos métodos de investigação e com o desenvolvimento da ciência natural, motivados pela valorização da razão humana e pelo questionamento aos dogmas do cristianismo, o qual perdia cada vez mais sua influência. A invenção da imprensa, no século XV, pelo alemão Johannes Gutenberg, também foi um marco importante, que possibilitou a ampliação do acesso a obras clássicas de pensadores greco-romanos. A grande valorização dos artistas sábios que entendiam a Antiguidade Clássica como a época de ouro favoreceu o surgimento do Humanismo, cuja centralidade das coisas estava no homem.

A modernidade entende que a construção do conhecimento está pautada na objetividade, na homogeneidade, pois a razão e a ciência seriam as formas mais confiáveis de se conhecer algo.

A modernidade carrega em si os ideais de um projeto iluminista que teve sua origem ainda no século XVII, com a Revolução Científica. Grandes nomes desse movimento são René Descartes (1596-1650) e Isaac Newton (1643-1727). Outro nome bastante importante nesse período foi o do filósofo Immanuel Kant (1724-1804), que forneceu bases epistemológicas para a noção de ciência moderna conhecida como *positivismo*, cuja valorização está no método baseado em fatos concretos ou empíricos. Na proposta do positivismo, a transformação social só ocorreria por meio do progresso que se encontra subordinado a uma ordem. Aqui tomamos a liberdade para enfatizar que o lema de nossa bandeira, "ordem e progresso", tem inspiração no positivismo de Auguste Comte.

Em oposição aos ideais da modernidade, a pós-modernidade entende o conhecimento com base no relativismo epistemológico. Isso quer dizer que considera a subjetividade, a instabilidade e a heterogeneidade dos sujeitos e da sociedade. Tendo como marco inicial a metade do século XX, a pós-modernidade propõe novos paradigmas para pensar na construção do conhecimento, cuja tarefa traz ideais como a valorização do holismo em oposição ao reducionismo da modernidade, o pensamento complexo e o pensamento sistêmico.

Podemos afirmar que, com a pós-modernidade, a ciência passa por rupturas epistemológicas em relação às noções de *língua, conhecimento, cultura, ensino* e *sujeito*, por exemplo. Nesse sentido, o cientista ou pesquisador é sempre influenciado por *sua temporalidade e por sua participação numa comunidade de sentidos – em outras palavras, por sua história e por sua cultura (pessoal e social) –, e a ciência é seu método, isto é, os resultados que se obtêm de qualquer investigação são exatamente proporcionais aos procedimentos metodológicos utilizados.* (Coracini, 2003, p. 105)

Nessa perspectiva, temos que pensar não no conceito de *verdade* (no singular, como algo único), mas sim em sua forma no plural. Podemos traduzir essa lógica levando em conta que toda a verdade é provisória, contextual e incompleta, que gera sentimentos de desorientação e de instabilidade nos sujeitos. A respeito disso, podemos citar Celani (2005, p. 109), a qual defende:

não existe, portanto, linguagem "científica" (como no positivismo) para descrever a vida social do lado de fora, para olhar e interpretar os dados. A construção dos significados é feita pelo pesquisador e pelos participantes, em negociações. Portanto, os "sujeitos" passam a ser participantes, parceiros. E mais, se a vida social é dialógica, o método para descreve-la também deve ser dialógico [...].

Moita Lopes (2013, p. 17) defende que a pesquisa em LA em seu desenvolvimento no Brasil reconhece o sujeito social e coloca-o como "crucial em sua subjetividade ou intersubjetividade, tornando-o inseparável do conhecimento produzido sobre ele mesmo assim como as visões, valores e ideologias do próprio pesquisador. Em decorrência, questões de ética, poder e política se tornam inerentes à produção do conhecimento". Como forma de sintetizar as diferenças entre a modernidade e a pós-modernidade, observe o Quadro 3.2.

QUADRO 3.2 – DIFERENÇAS ENTRE MODERNIDADE E PÓS-MODERNIDADE

	Modernidade	Pós-Modernidade
Conhecimento	Objetivo Estável Homogêneo	Subjetivo Instável Heterogêneo
Língua	Representação direta do real (estruturalismo) Sentidos estão prontos	Língua como construção da realidade Sentidos são negociados
Cultura	Bloco monolítico Homogênea	Mosaico heterogêneo e complexo
Ensino	Transmissão do saber de forma hierárquica e centralizada	Construção do saber de forma mediada e colaborativa
Sujeito	Soberano, centrado e autônomo	Identidade fragmentada

FONTE: Elaborado com base em Duboc, 2012.

3.2.2 Pós-ocidentalismo

A LA contemporânea tem se preocupado em trazer um olhar não ocidentalista sobre a produção do conhecimento. Isso significa buscar outras lógicas da vida social que deem voz e vez àqueles sujeitos que ficaram marginalizados. Andreotti et al. (2016, p. 132), ao nos cobrarem atenção para o assunto, afirmam:

> Existe um imaginário hierárquico que estabelece, de um lado, o Norte (desenvolvido, civilizado, racional, científico, rico, forte, laico, ativo, inteligente, benevolente, merecedor, honesto, limpo, líder, produtor de conhecimento, entre outros tantos atributos) e, do outro, o Sul (atrasado, irracional, pobre, terrorista, fraco, exótico, fundamentalista, passivo, ignorante, violento, destrutivo, cheio de lixo e doenças, consumidor de conhecimento etc.).

De acordo com Kleiman (2013, p. 41), podemos traduzir essa visão ao recorrer à proposta freireana de substituir o "norteamento" pelo "suleamento"* das atividades acadêmicas "por meio do estabelecimento de mais diálogos com outros cientistas sociais críticos 'de fronteira': sociólogos, teóricos culturais, filósofos que se posicionam na periferia, à margem do eixo euro-norte, americano de produção de conhecimentos".

---

* A expressão *vozes do Sul* é oriunda dos escritos de Boaventura de Sousa Santos e remete à obra *Epistemologias do Sul*, que visa problematizar os paradigmas hegemônicos de conhecimento ao propor alternativas sobre a monopolização epistemológica dos saberes (Santos; Meneses, 2010).

Para Moita Lopes (2006 a 2006a), a grande crítica epistemológica em relação à visão ocidentalista da LA envolve a valorização daqueles que foram colocados à margem. Nesse sentido, corresponde a inseri-los em uma ciência que busca a criação de outras formas de pensar pautada em

> um olhar ocidentalista [que] têm passado a lutar para emitir suas vozes como formas igualmente válidas de construir conhecimento e de organizar a vida social, desafiando o chamado conhecimento científico tradicional e sua ignorância em relação às práticas sociais vividas pelas pessoas de carne e osso no dia-a-dia, com seus conhecimentos entendidos como senso comum pela ciência positivista e moderna. (Moita Lopes, 2006a, p. 87-88)

Trazer esse olhar não ocidentalista para nossa forma de conceber pesquisa envolve: ampliar as redes de conhecimento com a realização de diálogos com outras áreas; problematizar a própria noção de conhecimento e as formas de legitimação buscando entender as relações de poder que se estabelecem entre elas; reconhecer que a configuração do mundo está baseada em conflitos e constantes mudanças e que não há como determinar que a noção de conhecimento possa integrar um projeto universal, ou seja, o conhecimento é algo contextual e só faz sentido para a comunidade que vai utilizá-lo, razão pela qual todos os sujeitos devem ser considerados pertinentes na construção de saberes.

trêspontotrês
Abordagens metodológicas recentes nas pesquisas em LA

Quando nos propomos a realizar uma pesquisa, precisamos sistematizar os caminhos que vamos traçar a fim de atingirmos os objetivos propostos. Para isso, precisamos fazer escolhas com relação à abordagem metodológica a ser utilizada, pois é ela que vai viabilizar a geração dos dados necessários para o estudo acontecer. Tradicionalmente, há duas visões metodológicas em que se enquadram as pesquisas científicas. A primeira é a pesquisa quantitativa, que entende "o comportamento humano como [...] resultado de forças, fatores, estruturas internas e externas que atuam sobre as pessoas, gerando determinados resultados" (Oliveira, 2008, p. 2). Essa forma de fazer e compreender pesquisa se alinha à visão filosófica do positivismo, sobre a qual discutimos brevemente na seção anterior. A pesquisa quantitativa recorre a dados amostrais, contagem, percentuais, tabulações, estatísticas, entre outros procedimentos, para compreender e realizar os estudos a que se propõe.

Por sua vez, a pesquisa qualitativa leva em consideração o sujeito e a forma como este interpreta o mundo. Assim, posiciona-se teoricamente compreendendo a vida humana como um produto de subjetividades e considerando que "o estudo da experiência humana deve ser feito [com o entendimento de] que as pessoas interagem, interpretam e constroem sentidos" (Oliveira, 2008, p. 3). Como você pode imaginar, a LA se encontra nesse segundo grupo (de pesquisa qualitativa), já que busca promover estudos que possam contribuir com a compreensão da relação do homem com a linguagem.

Escolhas e preparação fazem parte do processo que antecede a realização de uma pesquisa na LA, tarefas nomeadas por Bortoni-Ricardo (2008) de *rotinas inicias*. A rotina da pesquisa qualitativa envolve o estabelecimento do **objeto da pesquisa** que se configura na temática que será abordada no estudo, seguido das **perguntas exploratórias** que serão direcionadoras do que se pretende investigar e da relevância dessa investigação. Veja um exemplo a seguir:

> ### Perguntas exploratórias para a pesquisa em LA
>
> **Título:** Atitude curricular: letramentos críticos nas brechas da formação de professores de inglês
> **Autora:** Ana Paula Duboc Martinez
> **Perguntas exploratórias:**
> 1. De que forma os debates trazidos por teorias educacionais contemporâneas podem ser trabalhados em disciplinas de língua inglesa de um curso de Letras como condição para um "redesenho curricular pós-moderno".

2. Os novos letramentos têm sido assumidos em diversos países como alternativa pedagógica para o redesenho curricular em resposta às demandas atuais. Que contribuições e/ou limitações encontraríamos na reinterpretação dessas teorias globais para a formação universitária de professores de língua inglesa em um contexto brasileiro local?

FONTE: Elaborado com base em Duboc, 2012, p. 11.

Com base na elaboração das perguntas exploratórias, nomeadas por alguns autores de *problema de pesquisa*, o pesquisador poderá então construir os objetivos de seu estudo. Os objetivos geralmente se dividem em objetivo geral e objetivos específicos. O objetivo geral seria aquele que resume a intenção da pesquisa; os objetivos específicos apontam os caminhos sobre como o pesquisador vai atingir o objetivo geral. Observe os exemplos no quadro ilustrativo seguinte:

Objetivos de pesquisa acadêmica

Título: A formação universitária do professor de língua inglesa e suas implicações na prática docente

Autora: Azenaide Abreu Soares Vieira

Perguntas exploratórias:

1. Como está ocorrendo a formação inicial do professor de língua inglesa no curso de Letras, objeto de investigação?
2. Segundo o Projeto Pedagógico do curso de Letras focalizado, qual o perfil de professor que se pretende formar?
3. Quais as implicações da formação inicial (universitária) na docência dos egressos como professores de língua inglesa?

> Objetivo geral:
> Analisar a formação universitária do professor de língua inglesa de uma instituição pública e examinar a sua influência na prática docente do professor egresso.
> Objetivos específicos:
> 1. Analisar o Projeto Pedagógico do curso de Letras, da instituição em questão, com o objetivo de traçar o perfil do profissional que a universidade pretende formar;
> 2. Acompanhar e analisar as aulas de língua inglesa e de prática de ensino de língua e literatura estrangeira do curso de Letras, objeto do estudo, a fim de identificar as concepções de ensino de língua inglesa que alunos e professor têm e as abordagens metodológicas que guiam a prática docente;
> 3. Analisar a relação entre a formação teórica do professor pré-serviço e sua atuação profissional.

FONTE: Elaborado com base em Vieira, 2007.

Podemos observar que existe uma relação direta entre as perguntas exploratórias e os objetivos de pesquisa. Isso ocorre pelo fato de que o pesquisador geralmente se volta para o que o conduziu inicialmente até a proposta de investigação. Uma questão bastante pertinente pontuada por Bortoni-Ricardo (2008) é que os objetivos precisam apresentar bastante clareza em sua elaboração. Tanto as perguntas exploratórias quanto os objetivos precisam ser compreendidos até mesmo por pessoas que não são da área em que a pesquisa se insere. Caso existam terminologias que possam apresentar diferentes interpretações ou conceitos específicos que foram utilizados para aquele estudo em especial, o pesquisador precisa fornecer uma explicação, logo na sequência, sobre a forma como aquele termo ou conceito está sendo empregado.

Um último aspecto vinculado à rotina inicial de uma pesquisa seria a elaboração de asserções. Bortoni-Ricardo (2008) observa que em uma pesquisa qualitativa não se costuma formular hipóteses. No entanto, "é aconselhável elaborar asserções que correspondam aos objetivos. A asserção é um enunciado afirmativo no qual o pesquisador antecipa os desvelamentos que a pesquisa poderá trazer" (Bortoni-Ricardo, 2008, p. 53). As asserções são afirmações que são construídas para permitir que o pesquisador teste suas "suposições" durante o processo investigativo. Um exemplo disso seria a asserção em destaque a seguir relacionada a uma pesquisa sobre o ensino de língua inglesa no contexto da Escola do Campo: A globalização e as tendências neoliberais têm influenciado na forma como os professores elaboram e pensam suas aulas de inglês no contexto da Educação do Campo significativamente.

Como forma de sintetizar a rotina inicial de uma pesquisa, observe a Figura 3.1 a seguir.

Figura 3.1 – Processo inicial da pesquisa qualitativa

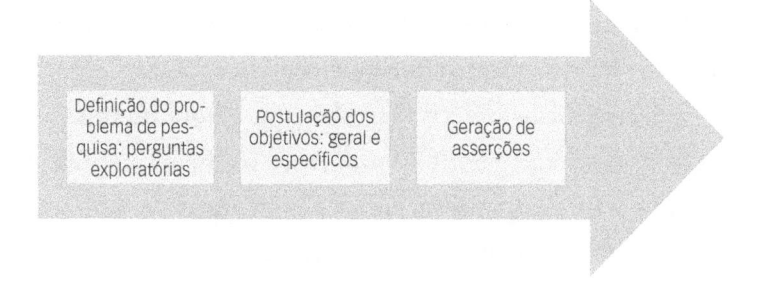

Definição do problema de pesquisa: perguntas exploratórias → Postulação dos objetivos: geral e específicos → Geração de asserções

FONTE: Bortoni-Ricardo, 2008, p. 54.

A agenda de pesquisas em LA tem apresentado metodologias inventivas (Kleiman, 2013) que visam romper com o monopólio do conhecimento das universidades ao buscar a legitimação de saberes múltiplos e das construções de relações menos assimétricas. As pesquisas em LA na contemporaneidade têm se oposto a abordagens que recorrem ao modelo "colonizador *versus* colonizado" (Kumaravadivelu, 2006), com base no qual o pesquisador (acadêmico) vai até a escola "tentar" mudar (ou ainda resolver/revolucionar) o trabalho executado pelo professor (visto como primitivo por ser considerado aprioristicamente desatualizado em relação às teorias

Não podemos perder de vista que língua e linguagem precisam ser compreendidas como espaços que abarcam valorações, ideias e ideologias. É preciso considerar que é natural a ressonância de vozes que ecoam em nossas práticas de linguagem materializadas em nossos discursos.

educacionais de ensino e aprendizagem), mas se insere numa relação dialógica (Bakhtin, 1992).

Retomando o que estávamos discutindo anteriormente, após a escolha do pesquisador pela temática, pelas perguntas exploratórias e pelos objetivos, é chegada a hora de organizar como os dados serão gerados. Com relação a isso, Burns (2010), afirma que há uma gama variada de instrumentos e métodos observacionais (que incluem a utilização de notas de campo, diários, vídeos e gravações em áudio, transcrições, fotos e diagramas entre outros) e não observacionais (como questionários, entrevistas, discussões, memórias, textos escritos etc.). A escolha dos instrumentos dependerá principalmente dos objetivos do estudo. Na LA, levamos em consideração que a subjetividade do pesquisador sempre terá influência na pesquisa, o que não a descaracteriza como ciência, e nosso olhar se volta a diferentes aspectos da linguagem. Nesse sentido, não podemos perder de vista que *língua* e *linguagem* precisam ser compreendidas como espaços que abarcam valorações, ideias e ideologias. É preciso considerar que é natural a ressonância de vozes que ecoam em nossas práticas de linguagem materializadas em nossos discursos. Portanto, "a grande contribuição da abordagem polifônica em Ciências Humanas consiste em tornar problemática toda ilusão de transparência de um texto de pesquisa" (Amorim, 2002, p. 11). Isso quer dizer que as escolhas que fazemos para realizar uma pesquisa carregam subjetividades intrínsecas às nossas práticas de linguagem que revelam nossa maneira de construir e interpretar o mundo. Numa perspectiva pós-moderna na LA, não existe neutralidade na ciência, pois, mesmo que diferentes pesquisadores recorram à mesma abordagem, ao mesmo problema de pesquisa, ao mesmo contexto e aos mesmos instrumentos para a geração de dados, eles chegarão a resultados diferentes. Isso ocorre porque a ciência é feita por seres humanos, razão pela qual carrega a identidade e a subjetividade do pesquisador. Na sequência vamos exemplificar algumas abordagens que se vinculam a essa proposta.

3.3.1 Abordagens de pesquisa em LA

A LA contemporânea recorre a diferentes abordagens para consolidar suas pesquisas. Nessa subseção optamos por discorrer sobre três delas: a pesquisa-ação, a etnografia e a prática exploratória. A escolha por essas em detrimento de outras ocorre em razão da recorrência de uso em estudos recentes.

Pesquisa-ação

De acordo com Pimenta (2005, p. 523), a pesquisa-ação pode ser entendida como pesquisa crítico-colaborativa, pois parte do pressuposto de que "os sujeitos que nela se envolvem compõem um grupo com objetivos e metas comuns, interessados em um problema que emerge num dado contexto no qual atuam desempenhando papéis diversos". Nessa proposta colaborativa, o papel do pesquisador consiste em "ajudar o grupo a problematizá-lo, ou seja, situá-lo em um contexto teórico mais amplo e assim possibilitar a ampliação da consciência dos envolvidos, com vistas a planejar as formas de transformação das ações dos sujeitos e das práticas institucionais" (Pimenta, 2005, p. 523).

Segundo Duboc (2012, p. 17), "uma pesquisa-ação colaborativa requer envolvimento, interação, contato humano. Requer o labor em conjunto, o (co)laborar entre sujeitos que partilham dúvidas, inquietações, problemas". Teoria e prática, em algumas pesquisas, têm sido vistas como elementos dicotômicos; no entanto, a pesquisa-ação visa tratar esses dois conceitos como indissociáveis. Isso quer dizer que, nas propostas de pesquisa-ação, a teoria, ao ser colocada em prática, pode gerar ressignificações com base nos contextos e dos sujeitos envolvidos, assim como a prática pode gerar novas teorias.

Com o intuito de fornecer meios de responder problemas que têm feito parte dos contextos investigados, a pesquisa-ação procura recorrer ao uso de estratégias de ação transformadora. Para isso, utiliza uma série de etapas, uma das quais corresponde às seções colaborativas em que os participantes se reúnem para discutir o problema em foco. No caso de pesquisa em formação de professores, essas etapas os auxiliam a refletir sobre a forma como ensinam e por que ensinam. As seções colaborativas auxiliam os sujeitos participantes a identificarem suas crenças com relação a concepções de língua e ensino e podem servir como ferramenta para o desenvolvimento do pensamento crítico e funcionar como mola propulsora para a mudança. A autoconfrontação das crenças e a troca de experiências são pontos altos do trabalho colaborativo, já que a pesquisa-ação não visa identificar problemas na prática docente, mas sim trabalhar de forma conjunta para pensar nesses problemas e propor práticas alternativas. Veja o resumo das etapas de uma pesquisa-ação na Figura 3.2, a seguir.

Figura 3.2 – Etapas da pesquisa-ação

```
        Identificação dos pro-
        blemas de investigação

Reflexão e avaliação              Realização da pesquisa
     da ação

        Formulação de um
         plano de ação
```

FONTE: University of Cambridge, 2018, tradução nossa*.

Por se inserir em um paradigma qualitativo de pesquisa, as etapas não são rígidas e fixas e, por isso, podem seguir um movimento "fluído e aberto cujo objetivo maior não é o cumprimento fiel de tais etapas, mas, sim, de construir senso crítico daquela prática investigada" (Duboc, 2012, p. 16).

Etnografia

A LA, definida como uma área que se preocupa com temas relacionados aos usos da linguagem em suas diversas esferas sociais, recorre com frequência à etnografia para a geração dos dados (De Grande, 2011). O termo *etnografia* tem origem grega (*ethno* – povo ou nação; e *graphein* – escrever) e significa a atividade de "escrever sobre os povos". Caracteriza-se como um método

---

* Tradução de: "Identify problems/issues for investigation. / Carry out research. / Formulate action plan. / Reflect on and evaluate action".

amplamente reconhecido no campo da antropologia e tem como principais referências o antropólogo Bronislaw Malinowski (1984) e a publicação de seu trabalho seminal *Os argonautas do Pacífico ocidental*, no ano de 1922. Nessa obra, o autor reconceitua o termo *etnografia* de forma a considerar os sentidos locais presentes nas comunidades estudadas.

De acordo com Oliveira (2000), um etnógrafo, diante da comunidade a ser estudada, precisa se ater a três aspectos básicos: o olhar, o ouvir e o escrever. Com relação ao primeiro aspecto, o olhar, ainda que seja a primeira experiência do pesquisador para com a comunidade ou grupo que está pesquisando, não poderá ser encarado como algo de caráter "puro", pois o pesquisador já entra em campo carregando seus próprios esquemas conceituais, que atuam como uma "espécie de prisma por meio do qual a realidade observada sofre um processo de refração" (Oliveira, 2000, p. 19). Em outras palavras, o olhar do etnógrafo é impregnado de suas visões de mundo, suas subjetividades. Assim, tanto o direcionamento da pesquisa quanto as escolhas sobre o que será observado e como os dados serão analisados são decorrentes dessas escolhas que, certamente, vão se entrecruzar com a cultura do outro, dos sujeitos investigados na comunidade em que se está inserido.

O segundo aspecto vinculado ao trabalho do etnógrafo é o artifício de ouvir. De forma metafórica, Oliveira (2000) explica que o olhar e o ouvir funcionam como muletas capazes de permitir que o pesquisador trafegue pelos caminhos de sua investigação. Diante disso, a entrevista torna-se imprescindível para o desenvolvimento desse trabalho. Embora a entrevista pareça um instrumento comum, realizá-la é algo que exige habilidade e sensibilidade da parte do pesquisador para com o entrevistado, uma vez que é preciso traduzir as possíveis diferenças entre dois "idiomas culturais", o entrecruzamento de dois mundos: do entrevistador e do entrevistado. Ainda sobre o ouvir, Oliveira (2000) nos explica que esse ato demarca o poder extraordinário que o etnógrafo tem sobre o informante, ainda que aquele, mediante o ato de ouvir, procure "posicionar-se como observador o mais neutro possível, como pretende o objetivismo radical" (Oliveira, 2000, p. 23).

Pensar a questão ética nesse processo de pesquisa é crucial, já que cabe ao etnógrafo tomar certas decisões, como o momento de desligar o gravador, por exemplo, ou o fato de não revelar os objetivos da pesquisa em sua totalidade para não influenciar nos resultados, entre outros aspectos, ou seja, "o poder de decisão é sempre do pesquisador" (Celani, 2005, p. 113)

Por sua vez, o terceiro aspecto, o ato de escrever, é o produto final do trabalho do etnógrafo. Embora esse trabalho de escrita se inicie no espaço e nas comunidades observadas, é fora do contexto que ele se consolida como estudo e produção de conhecimento sobre o objeto. Para Oliveira (2000, p. 23), o processo de escrita envolve o resgate dos fenômenos socioculturais observados e as "condições de textualização, i.e., de trazer os fatos observados (vistos e ouvidos) para o plano do discurso". Escrever se caracteriza como uma tarefa tecnicamente difícil, um trabalho moral, político e epistemologicamente delicado que envolve a apresentação de "vidas alheias" balizadas por categorias de análise do pesquisador (Geertz, 2002).

Prática exploratória

Deosti (2015) nos explica que a prática exploratória, dentro da LA, não se configura exatamente como um método de pesquisa, mas seus princípios têm sido utilizados para guiar investigações que envolvem o espaço da sala de aula. Isso quer dizer que a prática exploratória procura entender a sala de aula de "forma conjunta e integrada ao trabalho pedagógico" (Miller, 2012, p. 321) além de reconhecer a agentividade dos alunos. Ela compreende o papel do professor como pesquisador e se apoia em outros princípios trazidos pela prática reflexiva e a pesquisa-ação, por exemplo. Ao passo que a prática reflexiva propõe a contemplação-reflexão antes ou depois da prática pedagógica – e a "ação para a resolução de problemas identificados" é o que marca a pesquisa-ação –, na prática exploratória o foco ocorre na "ação para o entendimento" que integra o trabalho pedagógico.

As atividades pedagógicas geralmente são desenvolvidas de forma conjunta e "buscam intensificar a oportunidade de pensar com o outro, ou seja, oportunizam o aspecto inclusivo da investigação" (Miller, 2012, p. 325). A prática exploratória surgiu com o intuito de romper com a pesquisa acadêmica de natureza parasítica, ou seja, aquela pesquisa em que a escola é vista como espaço a ser explorado pelo pesquisador e ao qual este não retorna para levar alternativas ou suscitar discussões que possam contribuir para o desenvolvimento do local e dos agentes nele envolvidos. Portanto, a prática exploratória almeja "manter o princípio ético da inclusão no trabalho exploratório, bem como tornar sustentável o trabalho investigativo e integrado dos participantes" (Miller, 2012, p. 327).

3.3.2 Instrumentos de pesquisa em LA

Cada uma das abordagens metodológicas apresentadas anteriormente recorre a uma série de instrumentos para viabilizar a geração dos dados. A seguir, apresentaremos alguns deles, vinculados, principalmente, a investigações realizadas no contexto educacional.

Observações

As observações de aula são práticas bastante comuns de serem utilizadas em pesquisas no campo educacional. Elas possibilitam a documentação das ações realizadas na prática pedagógica a fim de compreender aspectos que permeiam o trabalho em sala de aula. Há basicamente dois tipos de observação: a participante e a não participante. A primeira acontece quando o pesquisador se observa ao mesmo tempo em que observa o seu entorno, o que o torna membro do contexto investigado. Em oposição, a observação não participante procura manter uma certa distância com relação ao contexto investigado, lembrando sempre que não há aí uma busca por neutralidade de registros, pois as subjetividades do pesquisador estarão presentes mesmo que ele não esteja participando das atividades em si.

Notas de campo

Geralmente as notas de campo acompanham a prática da observação. Elas se caracterizam como relatos escritos que descrevem os acontecimentos do contexto investigado. Para Vieira-Abrahão (2006), quando o pesquisador escreve suas notas de campo, ele já está, ao mesmo tempo, fazendo uma primeira análise, a qual será refinada mais tarde no seu trabalho. A elaboração de notas de campo é livre, mas estas com frequência incluem descrições dos sujeitos, do contexto e das práticas que foram desenvolvidas. Podem também se utilizar tanto da linguagem verbal quanto da não verbal.

Gravações em áudio e vídeo

As gravações são utilizadas como forma de registro mais detalhado. O uso de áudio ou de vídeo vai depender do objetivo que se pretende ter na investigação. Para fazer uso desses recursos, é preciso ter um cuidado maior, pois os participantes podem ficar inibidos e se sentirem desconfortáveis. Por essa razão, é recomendado que o uso de gravações seja feito depois de um período de tempo, quando os sujeitos já estiverem acostumados com a presença do pesquisador. Com relação aos dois instrumentos, Vieira-Abrahão (2006, p. 227) pontua que o vídeo pode oferecer vantagens e desvantagens sobre as gravações em áudio, pois,

> *apesar de oferecerem a possibilidade de registro dos aspectos verbais e não verbais das interações, da organização física da sala de aula, da movimentação de professores e alunos, do uso do quadro negro etc., as gravações em vídeo possibilitam a identificação dos participantes e podem inibir mais do que as gravações em áudio.*

Ou seja, a presença do gravador pode ser facilmente esquecida, ao passo que a da câmera vai, certamente, chamar mais atenção. A utilização de ambos os instrumentos necessita de autorização prévia por parte dos participantes, pois isso integra um dos princípios éticos na prática da pesquisa em LA.

Entrevistas

As entrevistas podem ser utilizadas em diversos momentos da pesquisa. Elas podem ser usadas como ferramenta inicial para problematizar ou direcionar os caminhos da pesquisa. A elaboração de perguntas serve para auxiliar o pesquisador e deve ser, prioritariamente, realizada por interação face a face ou outro tipo de comunicação instantânea (aplicativos de conversa ou outros recursos digitais, por exemplo). Sua construção pode ser organizada em três tipos: as estruturadas, as semiestruturadas e as livres.

Com relação ao primeiro tipo, elas se aproximam do formato de questionário. Pode-se dizer que na forma de questionário elas oferecem uma vantagem, pois reduz-se a possibilidade de incompreensão ou ambiguidades de itens e possibilita-se o esclarecimento imediato. Dentre os tipos de itens recorrentes nesse tipo de entrevista estão: "alternativas fixas, do tipo sim ou não; perguntas abertas, que permitem flexibilidade das respostas, e perguntas em escala, em que são manifestados graus de concordância ou discordância (Vieira-Abrahão, 2006, p. 223).

O segundo tipo, por sua vez, apresenta uma estrutura básica que permite certa flexibilidade. O pesquisador elabora as questões da entrevista previamente, buscando direcionar os entrevistados de forma que possam responder o que o estudo está propondo investigar. Não há necessidade de seguir rigidamente uma ordem preestabelecida das questões. Além disso, o pesquisador também pode acrescentar perguntas que julgar necessário caso o entrevistado não tenha respondido o que se esperava ou caso queira explorar algum outro aspecto. Segundo Vieira-Abrahão (2006, p. 223), esse tipo de instrumento é o que melhor se adéqua ao paradigma qualitativo, uma vez que permite "interações ricas e respostas pessoais. Este tipo de entrevista tem a vantagem de permitir que as perspectivas dos entrevistadores e entrevistados componham a agenda da investigação".

Por fim, as *entrevistas livres* (o terceiro tipo), como o próprio nome sugere, não são estruturadas previamente e são bastante informais. Seu formato é de uma conversa livre que se pauta na temática do estudo em questão.

As entrevistas precisam ser, de alguma forma, gravadas para manter o registro do que foi dito pelos sujeitos envolvidos no estudo. Após a gravação, faz-se necessário que o pesquisador realize a transcrição do áudio ou do vídeo gerado. Para isso, o pesquisador pode selecionar apenas os trechos que acreditar serem relevantes para seu estudo, ganhando tempo, já que o trabalho de transcrição é bastante laborioso.

Um último aspecto é se ater à forma pela qual a transcrição será feita. Para que se mantenham as informações de forma mais fidedigna possível, é preciso manter as marcas da oralidade presentes no texto, sinalizando pausas, trocas de turno, ênfase, entre outros elementos. Para isso, é importante adotar uma padronização dos símbolos a serem utilizados na transcrição (a respeito dessa padronização, consulte o Anexo ao final desta obra, o qual apresenta uma listagem de símbolos mais utilizados no processo mencionado).

Questionários

Os questionários são instrumentos bastante comuns e seu uso pode ser de diferentes tipos. Eles podem ser organizados com itens fechados ou abertos, a depender do que o pesquisador deseja investigar. Com a ampliação das ferramentas digitais, encontramos opções de *sites* e aplicativos que geram questionários e que auxiliam na tabulação dos dados, o que facilita o trabalho do pesquisador. Embora sejam geralmente fáceis de aplicar, a elaboração dos questionários exige tempo e cuidado, razão pela qual, antes de ser lançado como instrumento de pesquisa, oficialmente é recomendável que se faça uma aplicação piloto. Essa aplicação consiste basicamente em entregar ou enviar alguns questionários para algumas pessoas que não participarão da pesquisa para que se identifiquem possíveis ambiguidades, problemas de linguagem ou falta de compreensão de alguma pergunta ou item.

Dentre suas vantagens, Viera-Abrahão (2006, p. 221) aponta: "o conhecimento que se necessita é controlado por perguntas, o que garante precisão e clareza; os questionários podem ser utilizados em pequena e grande escala; os dados podem ser coletados em diferentes momentos; e os questionários permitem respostas em diferentes locais". Como mencionamos anteriormente, o uso do questionário pode integrar uma entrevista. Porém, a diferença aqui é que os questionários podem ser respondidos sem a presença e a interferência do pesquisador. No entanto, isso não pode ocorrer quando eles fazem parte de uma entrevista, já que este gênero, para se caracterizar como tal, precisa da interação entre os participantes.

Diários

A prática de escrever em diários remonta do século XIX na França, recomendada a professores iniciantes e intensificada posteriormente nos Estados Unidos, nos anos 1980, como ferramenta de ensino nas escolas americanas (Stutz, 2011). Essa prática já foi, inclusive, tema de filmes como *Freedom Writers**, de 2007, cujo enredo apresenta alunos de baixa renda que viviam sob condições de criminalidade e violência. Inspirados na leitura da obra *O diário de Anne Frank*, os alunos foram encorajados pela professora de literatura a relatarem suas vidas em diários e a refletirem sobre formas de entender e de mudar a realidade em que se encontravam.

Pesquisas recentes no contexto brasileiro têm focalizado o uso de diários tanto na formação inicial quanto na formação continuada nas mais diversas áreas do conhecimento. Dentro dos estudos da linguagem há diversas pesquisas (Machado, 1998; Liberali, 1999; Stutz, 2011) que apresentam os diários como ferramenta de reflexão crítica e de análise de representações sociais.

A produção de diários pode ocorrer em naturezas diversas: escrita em cadernos ou cadernetas, meio virtual (*sites*, *wikis*, *blogs*) e gravação em vídeo ou áudio. Para Richards e Lockhart** (2008),

---

* Título em português: *Escritores da liberdade*, direção de Richard LaGravenese e produção de Danny DeVito, Michael Shamberg e Stacey Sher. É estrelado por Hilary Swank e inspirado nos eventos reais relatados no livro *The Freedom Writers Diaries*, baseado nos relatos da professora Erin Gruwell e seus alunos.

** Os autores mencionam especificamente os do tipo escrito; no entanto, pensamos que as colocações dos autores podem ser expandidas para qualquer tipo de diário.

a produção em si funciona como um processo de descoberta em cuja elaboração é possível trazer à tona reações pessoais sobre fatos ocorridos em sala, observações sobre problemas, descrição de aspectos significativos e ideias futuras sobre temas, atitudes ou práticas que podem ser realizados. Outro aspecto pontuado pelos mencionados autores é que as entradas dos diários sejam produzidas, bem como relidas (ou ouvidas/assistidas no caso de áudio e vídeo), regularmente.

Segundo Vieira-Abrahão (2006), o diário pode ser considerado um suplemento dos outros instrumentos de pesquisa e traz aspectos mais subjetivos e pessoais. O uso dos diários não precisa ser feito apenas pelo pesquisador; há estudos que adotam os diários como ferramenta para problematizar questões no espaço escolar. Nesse sentido, os diários servem como proposta de investigação em que o pesquisador solicita aos participantes a produção com base nos objetivos da pesquisa coletando os diários para a análise.

Autorrelatos e/ou narrativas e desenhos

Os autorrelatos, também chamados de *narrativas*, apresentam experiências pessoais dos participantes da pesquisa, podendo ser feitos nas formas oral ou escrita. São construídos recorrendo a técnicas como entrevistas, conversas casuais e ferramentas virtuais. Para Vieira-Abrahão (2006, p. 225), é válido ressaltar que, "para a realização dos relatos verbais orais na presença do pesquisador, seja em grupo ou individualmente, o clima afetivo deve ser propício para que os participantes se sintam à vontade para a narrativa". Uma sugestão dada pela autora é o próprio pesquisador relatar/narrar a sua própria experiência relacionada àquele tema de estudo, fazendo com que um clima mais amigável possa ser instaurado.

Com relação ao uso de desenhos, pode-se dizer que são um instrumento de pesquisa oriundo dos estudos da psicologia. Normalmente, são utilizados quando se busca identificar a visão que os sujeitos têm de alguma coisa, como a visão do que a língua inglesa representa na vida de estudantes do ensino médio. Seguindo esse exemplo, podemos compreender que os desenhos podem ser um instrumento bastante revelador quanto à forma como esses alunos concebem o processo de ensino-aprendizagem e ao mesmo tempo ilustram as suas próprias expectativas.

O que fazer após utilizar os instrumentos?

Após a utilização dos instrumentos de pesquisa, já com os dados gerados, caberá ao pesquisador fazer a análise deles. Como a LA contemporânea se instaura em um paradigma pós-moderno, a forma como os dados serão analisados poderá assumir diferentes frentes. Uma forma bastante recorrente é a análise de caráter interpretativista, que acredita que "não há como observar o mundo independente das práticas sociais e significados vigentes" (Bortoni-Ricardo, 2008, p. 32). Ou seja, fazer pesquisa certamente acarreta um processo de construção de significados que carregam visões de mundo tanto dos pesquisadores quanto dos pesquisados nas suas práticas sociais.

trêspontoquatro
Escopo de estudos: temas e contextos

Moita Lopes (2006b) afirma que, em oposição ao que tem ocorrido em outras partes do mundo, as pesquisas em LA no cenário brasileiro têm se expandido para uma gama variada de contextos que envolvem diferentes práticas de linguagem – por exemplo, empresas, clínicas de saúde, delegacia de mulheres, entre outros espaços que se voltam para a educação linguística. A maneira singular como a LA é feita no Brasil também é apontada por Jordão (2016, p. 11) quando afirma que ela "se distingue dos outros países em termos tanto dos objetos que elege para estudo, [sic] quanto em termos das metodologias praticadas e das próprias abordagens teórico-práticas utilizadas".

Com relação aos espaços de investigação, a escola pública tem sido um contexto bastante explorado na pesquisa em LA. Gimenez (2015, p. 137) defende que a pesquisa em escola pública "adquire relevância primordial em um país com enormes desigualdades sociais, uma vez que a educação de qualidade pode ser um fator imprescindível para ascensão social e cultural". O linguista aplicado assume, diante desse contexto, a responsabilidade de trazer como pauta de suas pesquisas reflexões que colaborem para que possamos pensar nessas desigualdades sociais ao mesmo tempo em que ampliamos as formas de compreender os desafios da educação pública no contexto brasileiro.

A escola pública tem se mostrado um espaço aberto para o desenvolvimento de práticas investigativas em LA se comparada às instituições privadas. Ao fazermos a opção pelo contexto público de pesquisa, possivelmente teremos alguns desafios a serem considerados. Um deles diz respeito ao estabelecimento de relações menos assimétricas, ou seja, que reconheçam e legitimam os sujeitos envolvidos no espaço educacional, "despindo-se de preconceitos e pré-julgamentos sobre o que vamos documentar ou analisar" (Gimenez, 2015, p. 139). Um segundo aspecto seria a questão ética, cuja discussão ampliaremos na próxima seção. De antemão, vale dizer que ela precisa permear toda a geração dos dados dos estudos, assumindo a "natureza subjetiva e comprometida da pesquisa qualitativa" (Gimenez, 2015, p. 140).

Você pode estar se perguntando quais temas geralmente estão inclusos no desenvolvimento de pesquisas no contexto da escola pública. De acordo com Gimenez (2015), há uma gama variada de tópicos que podem ser abordados, os quais pontuamos na sequência:

- Elaboração de mapeamentos de pesquisas já realizadas na escola pública com objetivo de sinalizar as políticas públicas a serem desenvolvidas;
- Investigação de modalidades como a Educação de Jovens e Adultos (EJA), a educação infantil e as séries iniciais;
- Problemáticas sobre a identificação de como a língua inglesa tem sido representada por alunos e professores em diferentes níveis de ensino;

- Reflexões engajadas em mostrar metodologias alternativas de ensino de línguas;
- Investigações que busquem questionar o senso comum sobre os sentidos de ensinar e aprender uma língua estrangeira com o intuito de elaborar discursos alternativos.

Como forma de apresentar os temas recorrentes nas pesquisas em LA nos últimos anos, Motta-Roth, Selbach e Florêncio (2016) fizeram um mapeamento das temáticas de estudo publicadas no período de 2005 a 2015 em periódicos de referência no contexto nacional. A pesquisa contou com a análise de 457 artigos pertencentes a aproximadamente 100 edições (média de 2 números por ano de revista) que mostram a profusão temática da LA brasileira, bem como as concepções teórico-metodológicas recorrentes. Observe o Quadro 3.3 para conhecer as temáticas e seus respectivos exemplos de pesquisas:

QUADRO 3.3 – EXEMPLOS DE TEMÁTICAS ABORDADAS EM ARTIGOS DE CINCO PERIÓDICOS BRASILEIROS DE LA ENTRE 2005 E 2015

Temáticas	Exemplos
Questões linguísticas específicas em textos/ gêneros/discursos	Fonema, sílaba, tempo e aspecto verbal, orações subordinadas, transitividade, ortografia, pronúncia em Libras, entoação, prosódia, dêixis, metáfora, metonímia, variação dialetal, terminologia, citação, coerência, intertextualidade, interdiscursividade, vozes, polifonia, hibridismo, audiodescrição, processos transglóssicos e transculturais.

(continua)

(Quadro 3.3 – continuação)

Temáticas	Exemplos
Ensino de línguas em combinação com questões variadas	Gramática, leitura, produção textual, oralidade, consciência fonológica, dislexia/déficit de atenção, surdez, tecnologias, letramentos (escolares, acadêmicos, midiáticos, digitais, críticos etc.), capacidade de memória, avaliação, interação em sala de aula, fins específicos, currículo, políticas educacionais, geopolítica, subjetividade, alteridade.
Formação de professores	Formação teórico-crítica do docente, dever de professor, currículo da licenciatura, ética, responsividade, crenças de professores.
Linguagens situadas em contextos específicos	Tradução/juramentada, de língua materna e adicional (português, alemão, inglês, francês, espanhol, Libras, línguas de fronteira, zona de imigração), bilinguismo ou hibridismo linguístico (Libras, línguas de fronteira, zona de imigração língua e educação indígenas, hibridismo linguístico no Timor Leste), de formação (gêneros discursivos/textuais escolares, universitários, acadêmicos/científicos como material didático, relatório de estágio supervisionado, parecer de pós-graduação, protocolo teatral, artigos, teses, dicionários, diretrizes educacionais governamentais), da mídia impressa/radiofônica/televisiva (cartas do leitor, reportagem charge, artigo de opinião, programa de rádio, minisséries),

(Quadro 3.3 – conclusão)

Temáticas	Exemplos
	do direito (processo criminal, interrogatório policial, audiência de conciliação), da saúde (reuniões de trabalho, consultas médicas), da aviação, do comércio, da política (discurso de posse, discurso de trabalhadores sem-terra brasileiros), da arte (samba enredo, *funk* carioca, *fanfiction*), da religião (confissão católica), das redes sociais e dos gêneros digitais.
Perspectivas teóricas	Análise do discurso/crítica/dialógica, interacionismo sócio-discursivo, letramentos acadêmicos, linguística de *corpus*, linguística sistêmico-funcional, sociolinguística interacional, sociorretórica, teoria da relevância, teorias da complexidade.
Procedimentos e abordagens metodológicas de pesquisa	Positivista, qualitativa, narrativa, heurístico-fenomenológico hermenêutica, empírico-experimental, linguístico-historiográfica, etnográfica, microetnográfica, cartográfica, estudo de caso, análise indiciária, autoconfrontação.
Interfaces teóricas com outras áreas	Educação, filosofia, fonoaudiologia, sociologia, psicanálise, geografia.
Questões sociais amplas	Transdisciplinaridade, globalização, contemporaneidade, identidade profissional, identidade de gênero e transgênere [sic], políticas linguísticas, cultura digital.

FONTE: Motta-Roth; Selbach; Florêncio, 2016, p. 41-42.

trêspontocinco
O linguista aplicado e a questão ética

Como já discutimos anteriormente, é da natureza humana o ato de formular teorias na busca pela compreensão das coisas e do mundo, ou seja, é algo que faz parte de nossas práticas sociais e cotidianas. No entanto, cabe salientar que as escolhas teóricas às quais recorremos, bem como a forma como construímos nossas teorizações, carregam em si nossas inquietações e nossos anseios, assim como nossos interesses. Por isso, precisamos refletir sobre as implicações tanto das nossas escolhas como de nossas composições teóricas pensando nos aspectos éticos que as permeiam. Rajagopalan (2003, p. 49) nos explica que, para os pesquisadores da LA, "a questão ética se faz presente já no ato inaugural de definir o objeto de estudo, a linguagem".

    A preocupação com a ética deve integrar nossas relações profissionais tanto como professores quanto como pesquisadores. A ética deve garantir que todos os envolvidos, quer no processo educacional, quer na participação de uma pesquisa, não sofram prejuízos ou perdas decorrentes, principalmente de má conduta e/ou fraude. Diante dessa questão, Celani (2005) nos oferece uma lista extensa de exemplos que se caracterizam como práticas não éticas:

> *não arquivar os dados, não aceitar avaliações, encomendar dados estatísticos, explorar subalternos, publicar precocemente*

(para correr na frente), fazer mau uso de verbas, tratar mal a amostra, provocar medo, fazer retaliação política, indicar coautoria inapropriada, preocupar-se mais com a quantidade do que com a qualidade (a síndrome publish or perish), *mentir, degradar a natureza, roubar documentos, avalizar erros, procurar a fama, fornecer maus pareceres, exercer liderança inadequada, formar "panelas", abusar do poder, induzir jovens ao erro (por mau exemplo ou por descaso), fazer troca de convites e de favores, republicar os mesmos dados maquiados, dar cartas de recomendação inverídicas.* (Celani, 2005, p. 106-107)

Rajagopalan (2003) nos explica que é possível compreender a questão ética partindo de três correntes distintas: racionalista, pragmatista e marxista. Na primeira corrente, a dimensão ética não está vinculada à escolha teórica em si, mas sim ao uso que é feito dela. Nessa concepção, a teoria seria algo neutro e, só no momento em que fôssemos pensar em sua aplicabilidade é que poderíamos problematizar suas implicações éticas. Um exemplo disso, trazido por Rajagopalan (2003), seria o caso dos cientistas que trabalharam em sigilo no projeto de construção da bomba atômica em 1941 – Projeto Manhattan – no deserto de Los Álamos, no Estado do Novo México (EUA). Na perspectiva racionalista, esses cientistas estariam isentos de responderem eticamente sobre o uso militar que foi feito da bomba atômica, já que "aposta na possibilidade de uma racionalidade não voltada a interesses práticos, que inocenta a razão de qualquer consequência prática" (Rajagopalan, 2003, p. 54).

Na corrente pragmatista, em oposição ao que a racionalista coloca, as teorias em si não trazem consequências éticas. Para ilustrar essa questão, Rajagopalan (2003) faz alusão ao artigo do filósofo Richard Rorty (1997) intitulado "O fedor de Heidegger", publicado pelo jornal *Folha de S. Paulo* no Brasil. Nesse artigo, Rorty discute que, embora Heidegger tenha sido nazista, ele é considerado um dos maiores pensadores europeus do nosso tempo. Isso quer dizer que todo o seu brilhantismo acadêmico estaria desvinculado de suas práticas cotidianas (Rajagopalan, 2003).

> A preocupação com a ética deve integrar nossas relações profissionais tanto como professores quanto como pesquisadores. A ética deve garantir que todos os envolvidos, quer no processo educacional, quer na participação de uma pesquisa, não sofram prejuízos ou perdas decorrentes, principalmente de má conduta e/ou fraude.

Por fim, na corrente marxista, as teorias precisam assumir o papel de transformar o mundo, caso contrário, de nada servem. Ou seja, quando pleiteamos uma teoria, ela precisa estar "voltada para fins práticos, que incluem a transformação da própria realidade com a qual trabalha. Sem dúvida, trata-se da única entre as três correntes que nos permite pensar a questão do compromisso ético de uma teoria linguística qualquer" (Rajagopalan, 2003, p. 55).

Observe a Figura 3.3, a seguir, que sintetiza as discussões das correntes propostas.

FIGURA 3.3 – CORRENTES TEÓRICAS E POSTURAS ÉTICAS

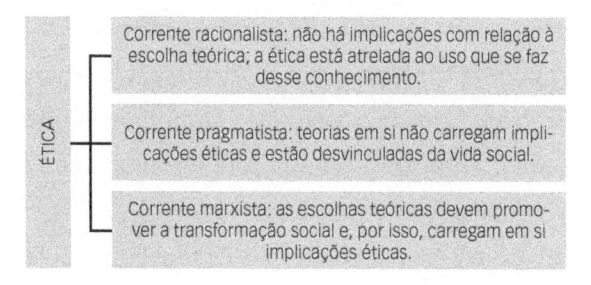

ÉTICA
- Corrente racionalista: não há implicações com relação à escolha teórica; a ética está atrelada ao uso que se faz desse conhecimento.
- Corrente pragmatista: teorias em si não carregam implicações éticas e estão desvinculadas da vida social.
- Corrente marxista: as escolhas teóricas devem promover a transformação social e, por isso, carregam em si implicações éticas.

FONTE: Elaborado com base em Rajagopalan, 2003.

Síntese

Neste capítulo, vimos os aspectos metodológicos e epistemológicos relacionados ao fazer pesquisa em LA. Você pôde refletir sobre os passos a serem pensados antes de iniciar uma investigação, como a escolha da temática, as perguntas exploratórias e os objetivos. Em seguida, apresentamos algumas abordagens, como a pesquisa-ação, a prática exploratória e a etnografia, e os tipos de instrumentos que podem ser utilizados, bem como suas funcionalidades, para que a geração de dados seja possível. Ainda refletimos sobre a escola pública como um espaço de investigação e sobre as temáticas que têm integrado as pesquisas em LA nos últimos anos (2005-2015). Por fim, tratamos da questão ética e da forma como ela deve permear nossas investigações, já que somos responsáveis pelas escolhas que fazemos e por suas implicações.

Indicações culturais

Novos formatos estão ganhando espaço no que diz respeito à forma de publicar uma pesquisa acadêmica. Um exemplo disso é o caso de Nick Sousanis, primeiro aluno norte-americano da Universidade Columbia a ter sua tese de doutorado publicada em formato de histórias em quadrinhos (HQ). A HQ intitulada *Unflattening* (algo como "não nivelado") teve como objetivo analisar o processo de aprendizagem e a importância do pensamento visual no ensino, relacionando palavras e imagens da cultura ocidental e tecendo críticas à primazia do verbal sob o visual. Para saber mais sobre esse caso, acesse a reportagem a seguir:

CRUZ, B. S. Professor publica tese de doutorado em forma de quadrinhos nos EUA. UOL, Educação, São Paulo, 26 jul. 2015. Disponível em: <https://educacao.uol.com.br/noticias/2015/07/26/professor-publica-tese-de-doutorado-em-forma-de-quadrinhos-nos-eua.htm>. Acesso em: 04 jan. 2019.

Atividades de autoavaliação

1. A respeito das correntes teóricas e das posturas éticas propostas por Rajagopalan (2003), relacione cada corrente à sua respectiva característica. Depois, assinale a alternativa que apresenta a sequência correta:

    A) Corrente racionalista

    B) Corrente pragmatista

    C) Corrente marxista

( ) As escolhas teóricas devem promover a transformação social e, por isso, carregam em si implicações éticas.
( ) Não há implicações com relação à escolha teórica; a ética está atrelada ao uso que se faz desse conhecimento.
( ) Teorias em si não carregam implicações éticas e estão desvinculadas da vida social.

a. B, C, A.
b. C, A, B.
c. C, B, A.
d. B, A, C.
e. A, B, C.

2. Sobre os instrumentos de pesquisa, relacione os termos aos seus respectivos conceitos. Depois, assinale a alternativa que apresenta a sequência correta:

A) Diários
B) Entrevistas
C) Questionários

( ) Podem se constituir como ferramenta inicial para problematizar ou direcionar os caminhos da pesquisa. Sua construção pode ser organizada em três tipos: estruturado, semiestruturado e livre.
( ) São instrumentos bastante comuns e seu uso pode ser de diferentes tipos. Podem ser organizados com itens fechados ou abertos, a depender do que o pesquisador deseja investigar.
( ) A prática de sua produção pode ter naturezas diversas: escrita em cadernos ou cadernetas, meio virtual (*sites*, *wikis*, *blogs*) e gravação em vídeo ou áudio.

a. B, C, A.
b. B, A, C.
c. A, C, B.
d. A, B, C.
e. C, B, A.

3. Sobre "modernidade *versus* pós-modernidade", indique V para as afirmações verdadeiras e F para as falsas e, depois, assinale a alternativa que apresenta a sequência correta:

( ) Podemos pontuar como características da pós-modernidade um olhar voltado para a complexidade em oposição à simplicidade, a instabilidade em oposição à estabilidade e a subjetividade em oposição à objetividade proposta pela ciência moderna.

( ) Na modernidade, a identidade do sujeito é vista como fragmentada, e na pesquisa muda-se a postura quando se estabelece que não há separação entre o observador e o objeto.

( ) Na pós-modernidade, a língua é vista como construtora da realidade. Não há uma verdade única, já que é a língua que constrói o mundo e constitui os sujeitos.

( ) A ciência moderna baseia-se em princípios positivistas que valorizam a experiência sensível, única capaz de produzir a partir dos dados concretos (positivos) a verdadeira ciência.

a. F, V, F, F.
b. V, F, F, V.
c. V, F, V, V.
d. F, V, V, F.
e. V, V, F, F.

4. Sobre as abordagens metodológicas de pesquisa em LA, relacione os termos aos seus respectivos conceitos. Depois, assinale a alternativa que apresenta a sequência correta:

A) Pesquisa-ação
B) Etnografia
C) Prática exploratória

( ) Caracteriza-se como um método amplamente reconhecido no campo da antropologia e tem como principais referências o antropólogo Bronislaw Malinowski e a publicação de seu trabalho seminal *Os argonautas do Pacífico ocidental*, no ano de 1922.

( ) Não se configura exatamente como um método de pesquisa, mas seus princípios têm sido utilizados para guiar investigações que envolvem o espaço da sala de aula.

( ) Elucida uma forte conexão entre teoria e prática que por muitos é vista de forma dicotômica. Esse tipo de trabalho mostra a importância de pensar como a teoria acontece na prática e como pode (e deve) ser adaptada para os contextos e as realidades em que os sujeitos se encontram.

a. C, B, A.
b. A, B, C.
c. C, A, B.
d. B, C, A.
e. A, C, B.

5. Com relação às mudanças epistemológicas que permeiam a pesquisa em LA, indique V para as afirmações verdadeiras e F para as falsas e, depois, assinale a alternativa que apresenta a sequência correta:

( ) A globalização e as mídias digitais são fatores que possibilitaram transformações significativas e que têm impactado na forma como construímos conhecimento e nos relacionamos *no* e *com o* mundo.

( ) As bases ontológicas refletem o momento histórico dos sujeitos e dos contextos envolvidos, além de construírem a própria problemática da pesquisa em relação às nossas escolhas teóricas.

( ) A pesquisa moderna entende o sujeito social e o conhecimento dentro de uma perspectiva positivista e generalizável, razão pela qual é inadequada quando se está lidando com seres humanos.

a. V, V, F.
b. F, V, F.
c. V, F, V.
d. F, V, V.
e. F, F, V.

Atividades de aprendizagem

Questões para reflexão

1. Com base no que discutimos sobre a questão das epistemologias que orientam a LA na contemporaneidade, reflita sobre como as perspectivas pós-ocidental e pós-moderna podem auxiliar no desenvolvimento de uma pesquisa voltada para a vida social.

2. Procure aprofundar seu entendimento sobre a concepção de ciência na modernidade e na pós-modernidade pesquisando sobre as mudanças paradigmáticas dos dois períodos. Em seguida, analise quais impactos no entendimento do sujeito são ocasionados em cada uma delas.

Atividade aplicada: prática

1. No Brasil, a *Revista Brasileira de Linguística Aplicada* (RBLA) é considerada um periódico de suma importância para a divulgação da pesquisa em LA. Uma das formas de pensarmos sobre os tipos de abordagem e de instrumentos mais adequados para elaborar um projeto de pesquisa é, anteriormente, consultar outras pesquisas já divulgadas. Pensando nessa questão, faça um levantamento das abordagens e dos métodos utilizados nas pesquisas publicadas na RBLA no último ano. Construa um quadro comparativo colocando a temática abordada, a fundamentação teórica utilizada, as perguntas exploratórias e os objetivos. Esse mapeamento será de grande ajuda, uma vez que fará com que você tenha mais clareza quando for construir seu próprio projeto de pesquisa.

{

um	Percurso histórico da Linguística Aplicada (LA)
dois	A LA na contemporaneidade
três	Fazer pesquisa em LA
# quatro	**LA e o ensino de língua materna**
cinco	LA e o ensino de línguas estrangeiras (LE)
seis	LA e sua relação com a sociedade e com a formação docente

}

> A língua materna, seu vocabulário e sua estrutura gramatical, não os conhecemos por meio dos dicionários ou manuais de gramática, mas sim graças aos enunciados concretos que ouvimos e que reproduzimos na comunicação discursiva efetiva com as pessoas que nos rodeiam.
>
> (BAKHTIN, 2000, p. 326).

O ENSINO DE línguas tem sido considerado um território privilegiado para os estudos em LA. Embora a LA trabalhe com questões sobre identidade, gênero, tradução, formação de professores, por exemplo, refletir sobre o ensino de línguas é algo fundamental para o professor em formação inicial subsidiar suas futuras práticas docentes.

Por essa razão, trazemos, neste capítulo e no próximo, reflexões subjacentes a essa área, buscando discorrer sobre temas e concepções emergentes na pesquisa. Embora os capítulos estejam divididos em *língua materna* e *língua estrangeira* para que possamos tratar de suas especificidades, é válido salientar que muitas discussões podem integrar o ensino de ambas as línguas. Entendemos, assim como apontou Oliveira (2010, p. 228), que a LA seja um

> *campo do conhecimento humano que, por sua solidez teórica e pelo volume de sua produção possa, efetivamente, contribuir para a melhoria da qualidade do ensino de língua estrangeira e materna na escola básica, particularmente a pública, onde estão aqueles que mais precisam de uma educação linguística responsiva às demandas da contemporaneidade.*

quatropontoum
Ensino de língua portuguesa (LP) no século XXI

Ensinar língua portuguesa (LP) na educação básica atualmente implica uma enorme responsabilidade, pois trata-se de um componente curricular não só imprescindível para toda relação social, como também crucial para o desenvolvimento das demais áreas do conhecimento. A fim de que um aluno tenha um bom desempenho em Matemática, por exemplo, ele precisa saber interpretar os enunciados dos exercícios; e para que ele tenha um bom desempenho em Filosofia ou Sociologia, é necessário saber argumentar. Ensinar língua, na verdade, é um compromisso de todas as disciplinas escolares; no entanto acaba recaindo sob o professor de LP a "culpa", muitas vezes, de um aluno apresentar muitos desvios ortográficos ou não conseguir produzir um texto coerente.

Como professores, precisamos conhecer os documentos oficiais de ensino, pois são eles que nos auxiliam a compreender as tendências e as especificidades do componente curricular que ensinamos. Além disso, são esses documentos que sinalizam os objetivos que se deseja alcançar com os alunos e servem de base para pensarmos nossa prática pedagógica. É válido lembrar que esses documentos são construções históricas e revelam os anseios de cada momento específico, sendo, portanto, passíveis de críticas. Porém, para que o professor possa tecer essas críticas, é fundamental conhecer tais documentos para poder desenvolver argumentos e considerações sobre eles. Na próxima subseção você terá a oportunidade de ampliar seus conhecimentos sobre alguns dos principais documentos oficiais de ensino.

4.1.1 Os objetivos do ensino de Língua Portuguesa e os documentos oficiais de ensino

Ao longo dos anos, documentos oficiais de ensino têm trazido orientações sobre os objetivos de aprendizagem, bem como os desafios educacionais referentes a cada disciplina. Conhecer o conteúdo desses documentos é primordial para todo professor, pois apresentam as concepções de língua e de ensino que se espera que sejam colocadas em prática na educação básica a fim de promover uma educação de qualidade.

A organização estrutural do sistema educacional brasileiro parte do que está previsto na Lei de Diretrizes e Bases da Educação (LDB) – Lei n. 9.394 de 20 de dezembro de 1996 (Brasil, 1996). O art. 12, inciso I, dessa lei dispõe que "os estabelecimentos de ensino, respeitadas as normas comuns e as do seu sistema de ensino, terão a incumbência de elaborar e executar sua proposta pedagógica" (Brasil, 1996). A LDB, além de apresentar as diretrizes e bases para educação nacional, traz os princípios, os direitos e os deveres, as composições dos níveis e as modalidades de ensino, além da forma como se configuram os profissionais vinculados à educação. Muito do que está presente nos documentos oficiais de ensino tem como base o que a nossa LDB apresenta.

Documentos oficiais, como parâmetros, orientações ou diretrizes curriculares, caracterizam-se como textos que trazem orientações quanto ao ensino básico no território brasileiro. Eles não são caracterizados como regimentos com aplicações de caráter obrigatório. Cabe aos estados e municípios brasileiros elaborarem e implementarem políticas e diretrizes curriculares próprias para seus sistemas de ensino (Torquato, 2016).

Cada disciplina apresenta especificidades quanto aos encaminhamentos teórico-metodológicos, às formas de avaliar e à dimensão histórica. Com relação a esse último aspecto, entendemos que qualquer professor, independentemente do nível ou da modalidade de ensino, precisa conhecer como a disciplina que leciona foi concebida no currículo escolar, as transformações pelas quais passou e suas perspectivas futuras.

Voltemos à necessidade de conhecer os documentos oficiais de ensino. Se você é professor ou já fez estágio supervisionado provavelmente já teve contato com um projeto político-pedagógico (PPP). Trata-se de um documento que todas as escolas devem ter, obrigatoriamente. Ele é construído de forma colaborativa e serve, resumidamente, para pensar o planejamento e acompanhar as atividades que são desenvolvidas na escola dentro de cada componente curricular. Nesse sentido, cada disciplina tem sua proposta pedagógica curricular* (PPC), a qual apresenta as intenções, os objetivos que se pretender atingir por meio dos conhecimentos promovidos dentro de cada disciplina, as orientações metodológicas, as concepções de avaliação etc.

Com base nesses documentos, os professores elaboram seu plano de trabalho docente (PTD), no qual apresentam os conteúdos a serem desenvolvidos em cada bimestre ou trimestre – a depender da organização da escola – dentro de cada série/ano dos ensinos fundamental e médio e suas respectivas formas

---

* A forma como esses nomes são apresentados pode sofrer variações.

de avaliar esse conteúdo, os instrumentos que serão utilizados, os recursos, os materiais, entre outros. Com base no PTD, são construídos os planos de aula, que tratam das especificidades de cada aula que será ministrada.

A Figura 4.1, a seguir, serve como uma síntese dessa lógica hierárquica ora desenvolvida.

FIGURA 4.1 – ENTENDENDO A CONSTRUÇÃO DE UM PLANO DE AULA

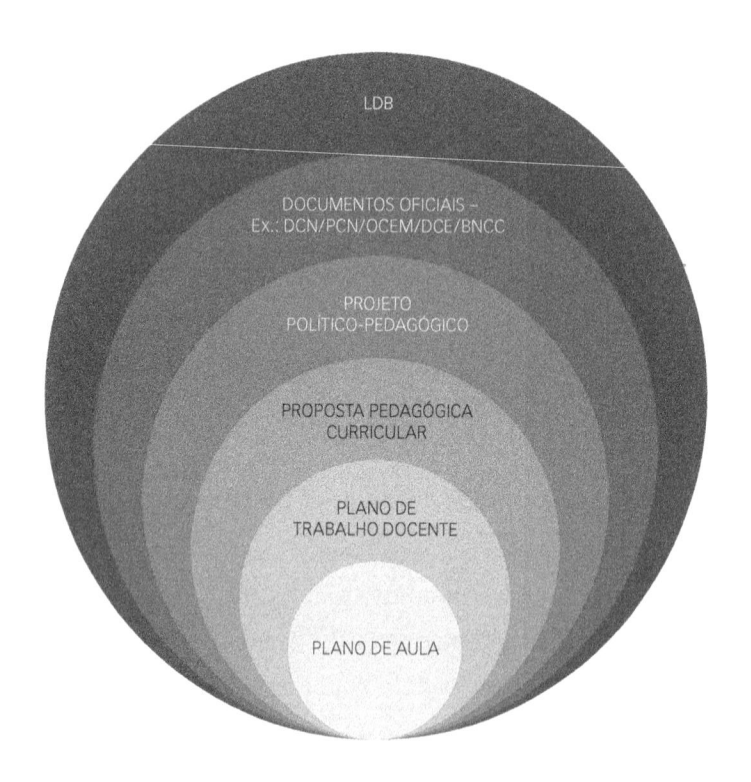

LDB

DOCUMENTOS OFICIAIS –
Ex.: DCN/PCN/OCEM/DCE/BNCC

PROJETO
POLÍTICO-PEDAGÓGICO

PROPOSTA PEDAGÓGICA
CURRICULAR

PLANO DE
TRABALHO DOCENTE

PLANO DE AULA

Fizemos todo esse percurso sobre os documentos para que você consiga perceber a complexidade que está por trás do planejamento de uma aula. Ao analisarmos propostas de ensino mais recentes – como os Parâmetros Curriculares Nacionais (PCN) (Brasil, 1998a, 1998b, por exemplo), as Orientações Curriculares para o Ensino Médio (Ocem) (Brasil, 2006), as Diretrizes Curriculares Estaduais (DCE) (por exemplo, Paraná, 2008a, 2008b) e a Base Nacional Comum Curricular (BNCC) (Brasil, 2017b) –, verificamos uma concepção de língua voltada para o uso em diferentes práticas sociais orientadas para o trabalho com gêneros textuais/discursivos e suas multissemioses. Vejamos um pouco desses objetivos por meio de excertos dos documentos.

Para os PCN (Brasil, 1998b, p. 49), o papel do componente de LP consiste em

> *organizar um conjunto de atividades que possibilitem ao aluno desenvolver o domínio da expressão oral e escrita em situações de uso público da linguagem, levando em conta a situação de produção social e material do texto (lugar social do locutor em relação ao(s) destinatário(s); destinatário(s) e seu lugar social; finalidade ou intenção do autor; tempo e lugar material da produção e do suporte) e selecionar, a partir disso, os gêneros adequados para a produção do texto, operando sobre as dimensões pragmática, semântica e gramatical.*

O documento das DCE do Estado do Paraná ressalta que o trabalho com a LP em sala de aula deve se atrelar a uma concepção discursiva que insira os alunos em diferentes práticas sociais (Paraná, 2008a). Para isso, pontua alguns dos objetivos que a disciplina precisa desenvolver:

- *empregar a língua oral em diferentes situações de uso, saber adequá-la a cada contexto e interlocutor, reconhecer as intenções implícitas nos discursos do cotidiano e propiciar a possibilidade de um posicionamento diante deles;*
- *desenvolver o uso da língua escrita em situações discursivas por meio de práticas sociais que considerem os interlocutores, seus objetivos, o assunto tratado, além do contexto de produção;*
- *analisar os textos produzidos, lidos e/ou ouvidos, possibilitando que o aluno amplie seus conhecimentos linguístico-discursivos;*
- *aprofundar, por meio da leitura de textos literários, a capacidade de pensamento crítico e a sensibilidade estética, permitindo a expansão lúdica da oralidade, da leitura e da escrita;*
- *aprimorar os conhecimentos linguísticos, de maneira a propiciar acesso às ferramentas de expressão e compreensão de processos discursivos, proporcionando ao aluno condições para adequar a linguagem aos diferentes contextos sociais, apropriando-se, também, da norma padrão.* (Paraná, 2008a, p. 54)

Para as Ocem (Brasil, 2006, p. 30), por sua vez, ao ensinar LP, assume-se que *o aprendizado da língua implica a apreensão de práticas de linguagem, modos de usos da língua construídos e somente compreendidos nas interações, o que explica a estreita relação entre os participantes de uma dada interação, os objetivos comunicativos que co-constroem e as escolhas linguísticas a que procedem. Em outras palavras, a assunção desse ponto de vista determina que o trabalho com a língua(gem) na escola invista na reflexão sobre os vários conjuntos de normas – gramaticais e sociopragmáticas – sem os quais é impossível atuar, de forma bem-sucedida, nas práticas sociais de uso da língua de nossa sociedade.*

Por fim, para a BNCC (Brasil, 2017b), documento mais recente sobre a educação básica, encontramos como objetivo do ensino de LP a seguinte proposta:

garantir a todos os alunos o acesso aos saberes linguísticos necessários para a participação social e o exercício da cidadania, pois é por meio da língua que o ser humano pensa, comunica-se, tem acesso à informação, expressa e defende pontos de vista, partilha ou constrói visões de mundo e produz conhecimento. [...]

O texto é o centro das práticas de linguagem e, portanto, o centro da BNCC para Língua Portuguesa, mas não apenas o texto em sua modalidade verbal. Nas sociedades contemporâneas, textos não são apenas verbais: há uma variedade de composição de textos que articulam o verbal, o visual, o gestual, o sonoro – o que se denomina multimodalidade de linguagens.

> *Assim, a BNCC para a Língua Portuguesa considera o texto em suas muitas modalidades: as variedades de textos que se apresentam na imprensa, na TV, nos meios digitais, na publicidade, em livros didáticos e, consequentemente, considera também os vários suportes em que esses textos se apresentam.* (Brasil, 2017b, p. 63)

Como podemos perceber com a leitura dos excertos dos documentos oficiais de ensino, o trabalho com a disciplina de LP requer uma atenção especial por parte dos professores a fim de promover práticas pedagógicas que valorizem o trabalho com textos dos mais diversificados gêneros e, ao mesmo tempo, oportunizar aos alunos a inserção em práticas sociais distintas, privilegiando a legitimação da voz do aluno e tornando-o responsável por suas ações de linguagem.

A centralidade do trabalho com LP está no texto – oral, escrito ou multimodal – e em sua natureza dialógica. Para que esse trabalho possa se efetivar, é preciso levar em conta alguns aspectos, como: 1) o contato com gêneros textuais variados para que os alunos possam se apropriar de suas características composicionais e de linguagem a fim de recorrerem a esses textos e fazerem uso deles na vida social; 2) a promoção de práticas textuais nas mais variadas esferas de circulação, de forma que o aluno se reconheça como autor daquilo que produz, ampliando seu repertório linguístico e suas estratégias de análise dos discursos e dos usos da linguagem.

quatropontodois
O ensino de práticas discursivas

Tradicionalmente, o ensino de línguas, por muito tempo se pautou no ensino de habilidades linguísticas entendidas de forma separadas: produção oral, produção escrita, compreensão escrita e compreensão oral (em inglês *speaking, writing, reading* e *listening*). No entanto, essa visão tem sofrido críticas quando se entende linguagem dentro de uma perspectiva discursiva, pois se reconhece a "impossibilidade de se distinguir compreensão/interpretação na visão discursiva, dada a impossibilidade de o sujeito se ausentar ou se apagar no ato de ler" (Coracini, 2001, p. 156) ou de escrever um texto. Isso quer dizer que essas habilidades não ocorrem de forma isolada e não concorrem entre si. Ao contrário, em nossas práticas sociais elas estão sempre conectadas umas com as outras.

Estudos recentes têm optado pela utilização da noção de práticas discursivas, ou seja, a linguagem em uso e o seu papel nas interações sociais. Isso se traduz na compreensão da linguagem como

> *prática social e [...] implica trabalhar a interface entre os aspectos performáticos da linguagem (quando, em que condições, com que intenção, de que modo) e as condições de produção (entendidas aqui tanto como contexto social e interacional, [sic] quanto no sentido foucaultiano de construções históricas).* (Spink, 2010, p. 26)

Práticas discursivas assumem um caráter híbrido. Para exemplificar essa noção, podemos pensar na configuração de uma aula. Ao mesmo tempo em que o professor está expondo oralmente um conteúdo em sua aula, um aluno pode estar lendo os *slides* ou alguma anotação feita no quadro. Ao mesmo tempo em que está fazendo as anotações, o aluno pode estar elaborando uma pergunta a ser feita oralmente. O professor também pode recorrer à leitura de trechos escritos para fundamentar uma argumentação perante a classe, e assim por diante. Por essa razão, quando entendemos a linguagem dentro de uma lógica fragmentada, na qual se pauta o ensino de habilidades linguísticas, acabamos não dando conta da complexidade imbricada em nossas práticas sociais.

O trabalho com linguagem dentro dessa perspectiva tem sido incorporado em exames de proficiência, como é o caso do exame Celpe-Bras*. A prova é dividida em tarefas as quais exigem diferentes práticas discursivas. Vejamos um exemplo de uma das propostas retirada do exame:

---

* O Celpe-Bras (Certificação de Proficiência em Língua Portuguesa para Estrangeiros) é um exame pelo qual um candidato estrangeiro pode obter certificação de proficiência em Língua Portuguesa. Foi outorgado e desenvolvido pelo Ministério da Educação (MEC) e tem sido aplicado no Brasil e em outros países com o apoio do Ministério das Relações Exteriores (MRE). Até o momento, o Celpe-Bras é o único certificado de proficiência em português como língua estrangeira reconhecido oficialmente pelo governo do Brasil. Para maiores informações, consulte: <http://celpebras.inep.gov.br/inscricao/>.

> **Tarefa 2 – Celpe-Bras 2016/1**
>
> Você vai ouvir duas vezes uma matéria sobre mudanças climáticas da região do Alto Rio Negro, no Amazonas, podendo fazer anotações enquanto ouve.
>
> Você é o pesquisador do grupo que analisa as mudanças climáticas da região do Alto Rio Negro, no Amazonas, e ficou responsável por escrever o texto de abertura do site-calendário interativo (cliclostiquie.socioambiental.org) apresentando os resultados desse trabalho. Em seu texto, descreva a pesquisa e seus participantes, ressaltando a relevância da investigação que está sendo feita. (Brasil, 2016, p. 4)

Na primeira proposta da tarefa, o aluno é convidado a ouvir uma matéria para que ele possa se preparar para a produção textual que virá na sequência. Embora o que esteja sendo testado seja a compreensão oral, a habilidade de produção escrita do aluno também está sendo utilizada, uma vez que as anotações feitas durante o vídeo são necessárias para o bom desempenho da atividade que virá na sequência. Nesse sentido, partindo da compreensão obtida na primeira parte, o aluno é convidado a fazer uma produção escrita que consiste em redigir um texto de abertura em um *site* logo depois. Nesse momento de produção, conhecimentos linguísticos referentes ao vocabulário, bem como os composicionais do gênero requerido são acionados, tratando-se também de um contexto no qual o aluno pode recorrer à leitura do que havia anotado previamente. Percebemos que a proposta do teste exige não que o candidato demonstre suas habilidades de forma isolada, mas sim que ele possa fazer uso delas de forma integrada para se aproximar dos usos da linguagem frequentes em nossas práticas cotidianas.

4.2.1 Ensino da produção escrita

Quando pensamos no ensino da escrita na visão discursiva, precisamos conceber o texto não apenas como um produto linguístico ou como um pretexto para se ensinar aspectos linguísticos ou gramaticais. Em uma concepção tradicional de ensino, o aluno produz um texto apenas para que este seja lido e corrigido pelo professor. Porém, numa visão de escrita como prática social, apoiada no trabalho com gêneros textuais, entendemos que os textos a serem produzidos na escola precisam representar oportunidades de ação no mundo. Esses textos precisam ter uma circulação e um leitor real, ser inseridos em um contexto sociocultural e estar vinculados a um suporte.

Para que esse trabalho possa se efetivar, recomenda-se que o professor trabalhe previamente com o gênero textual que almeja que o aluno produza. Esse trabalho inicial permite que o aluno compreenda as particularidades textuais que tomará como base em sua produção. Em seguida, o professor pode orientar esse trabalho de produção atendo-se aos seguintes aspectos:

- *o propósito comunicativo;*
- *quem é o produtor do texto e em que papel social se encontra;*
- *a quem se dirige e em que papel se encontra o leitor do texto;*
- *grau de formalidade ou informalidade;*

- o suporte que faz o gênero circular (jornal mural, blog, pôster, vídeo etc.);
- o local onde o gênero circula (escola, comunidade, internet). (Menezes et al., 2016, p. 2000)

Como é apontado por Menezes et al. (2016), o trabalho com a escrita requer organização e planejamento. Para que o aluno desenvolva uma produção que seja significativa e tenha qualidade, o professor precisa fornecer subsídios que auxiliem o estudante na elaboração da proposta. Riolfi et al. (2014, p. 116) defendem a "necessidade de ressignificar as práticas de ensinar e as razões de aprender a escrever nos dias atuais; de fazer com que se compreenda a língua escrita não como uma representação da fala, mas como uma ordem distinta de uso da língua".

Vale frisar que o ato de escrever deve imprimir a responsabilidade por aquilo que está sendo colocado por seu autor. O aluno precisa assumir-se como autor de sua produção, responsabilizando-se pelos impactos que o conteúdo escrito está desencadeando em seus interlocutores.

Inseridos no contexto das tecnologias digitais, nossos alunos utilizam a escrita de forma recorrente, embora muitos não encarem isso como produção textual. As redes sociais, por exemplo, são espaços em que os jovens e adolescentes utilizam a modalidade escrita constantemente, nos quais dão opinião das mais variadas naturezas. Ainda que esse espaço favoreça a prática da escrita pelos alunos, há uma contrapartida: o discurso do ódio está sendo impresso em postagens e comentários, principalmente.

Evidenciar esse aspecto em sala de aula pode ser uma forma de problematizar a importância de se ter cuidado com o que se escreve nas redes e de assumir nossas responsabilidades pelos desdobramentos que aquilo que escrevemos pode ocasionar.

Como já pontuamos no início desta seção, as práticas de escrita precisam ser significativas para a vida do aluno. Nesse sentido, concordamos com Cristovão (2007, p. 3) quando afirma que o domínio dos gêneros textuais, por parte do aluno, torna-se fundamental, uma vez que

> *possibilita aos agentes produtores e leitores uma melhor relação com os textos, pois, ao compreender como utilizar um texto pertencente a determinado gênero, pressupõe-se que esses agentes poderão também transferir conhecimentos e agir com a linguagem de forma mais eficaz, mesmo diante de textos pertencentes a gêneros até então desconhecidos.*

Para o desenvolvimento de práticas pedagógicas voltadas para o ensino da produção escrita que tomam os gêneros textuais como matéria-prima, Menezes (2012, p. 98) sugere que o trabalho seja organizado em quatro etapas: "(1) exame de exemplares do gênero em estudo; (2) explicitação do contexto de produção; (3) produção do texto; (4) circulação do texto".

O primeiro passo, para iniciar o trabalho, é fazer a seleção do gênero textual que será produzido pelos alunos. Feita a escolha, o professor deve levar para a sala de aula várias amostras do gênero selecionado para que os alunos possam fazer análises sobre ele e busquem identificar os elementos que o compõem.

Nesse momento o professor pode fazer um levantamento dos conhecimentos prévios dos estudantes acerca do gênero e avaliar os pontos que deverá reforçar em sala.

O segundo passo é analisar o contexto de produção do gênero com os alunos, buscando identificar o emissor e seu papel social, o interlocutor, o contexto onde o gênero foi produzido, o suporte onde ele circula, a linguagem nele utilizada, a funcionalidade desse texto, a esfera de circulação, entre outros aspectos que julgar relevantes. Esse momento é crucial para auxiliar os alunos em suas produções que virão na sequência.

O terceiro passo é solicitar que os alunos realizem a produção levando em consideração as análises feitas anteriormente. A forma como encaminhar essa primeira produção pode variar de acordo com o professor e o perfil da turma. O ideal é que esse encaminhamento preveja algumas fases, como o levantamento de ideias, o planejamento da escrita, o rascunho, o *feedback* da primeira versão e a produção final (Menezes, 2012).

O quarto passo tem relação com a circulação do texto, ou seja, o local onde ele será exposto ou publicado. Ao terem em mente que serão lidos por interlocutores reais, além do professor, os alunos serão mais cuidadosos com suas produções. Menezes (2012) faz algumas sugestões de práticas que podem auxiliar na circulação dos textos, como trocas de *e-mails*, revistas, murais, postagens em *blogs*, livretos etc. As tecnologias digitais podem ser um ponto favorável para que os alunos divulguem seus textos. Há possibilidade de criação de campanhas, revistas e livros *on-line* de forma gratuita, sem gastos para impressão, ao mesmo tempo em que se amplia a circulação das produções entre outros professores e alunos e até mesmo outras escolas.

Para que você tenha mais clareza quando da elaboração de uma prática pedagógica, dentro dessa proposta apresentamos a seguir um quadro que exemplifica uma sequência que foi realizada com alunos do ensino médio para a produção de uma capa de DVD:

Passo a passo para a produção de uma capa de DVD

1. Exposição sobre as características do gênero *capa de DVD* – Realizamos, primeiramente, uma aula expositiva sobre as características do gênero e a função das capas de DVD. Evidenciamos o fato de que as capas, por sua vez, além de trazerem informações necessárias para o consumidor, servem como propaganda do filme ou produto que propõem vender. Nesse momento, também discutimos de forma um pouco mais aprofundada o gênero *sinopse*, sua estrutura e função dentro do gênero *capa*.
2. Análise do gênero textual *capa de DVD* – Após a exposição, os alunos foram distribuídos em pequenos grupos, cada um dos quais recebeu uma capa de DVD para que os membros identificassem e fizessem um levantamento dos aspectos composicionais desse gênero. O propósito dessa análise foi, além de esclarecer os aspectos que compõem o gênero estudado, auxiliá-los a pensar sobre esses aspectos em suas respectivas produções textuais.

3. Produção do gênero – A produção foi organizada em pequenas etapas:
   a) *Ficha técnica e sinopse*: primeiramente os alunos fizeram uma ficha com dados técnicos e sinopse da capa. Como tarefa, eles deveriam se imaginar como produtores de um filme levando em conta a função do gênero. Os grupos elaboraram suas fichas e produziram uma sinopse.
   b) *Captação das fotos*: depois de os textos estarem finalizados e terem sidos corrigidos, os alunos realizaram a captação das imagens para compor a capa. Nesse momento, a tarefa era pensar em uma foto principal para compor a capa frontal e em fotos menores para compor o verso da capa. Foi sugerido que as fotos fossem feitas por eles mesmos, isto é, sem que fossem retiradas da internet, uma vez que a "tradução" de sentidos em imagens era uma das habilidades que fizeram parte da proposta de produção textual.
   c) *Edição*: a edição e a diagramação da capa foram realizadas no editor de texto BrOffice.Writer no próprio laboratório de informática da escola. Para facilitar o processo, os alunos receberam um modelo de arquivo que continha as medidas padrões de uma capa de DVD.
4. *Impressão e circulação*: os grupos fizeram a impressão de suas respectivas capas, as quais foram colocas em caixas de DVD. Por fim, realizamos uma exposição na escola.

FONTE: Elaborado com base em Mulik, 2016, p. 274-275.

4.2.2 Ensino da compreensão escrita

Práticas de leitura estão presentes em nossas atividades cotidianas. De uma perspectiva multimodal (que será mais bem detalhada no próximo capítulo), podemos dizer que lemos não apenas palavras, mas também espaços, imagens, contextos, gestos, expressões faciais etc. Quando pensamos no ensino de leitura, precisamos compreender que existem diferentes concepções sobre o que configuraria esse ato. Tais concepções estão relacionadas a tendências educacionais e às mudanças que elas trouxeram.

A leitura, definida sob uma perspectiva tradicional, concebe texto como um objeto a ser decodificado. Os sentidos são dependentes apenas do texto, e o sujeito leitor não contribui para que esses sentidos sejam construídos. O leitor realiza esse processo de decodificação pela soma das partes de forma bastante linear. Valoriza-se a ideia de uma leitura/interpretação única, que evidencia o papel do autor e não considera o leitor. Um modelo de ensino calcado nessa visão de leitura vê o aluno como sujeito passivo e o professor como interlocutor único com o texto, já que seria o único habilitado para tal tarefa. O foco, portanto, está em decodificar o conteúdo do texto para estabelecer a verdade trazida pelo autor.

Na perspectiva da leitura crítica, o processo de ler criticamente envolve o ato de revelar as ideologias presentes nos textos em seus diferentes níveis ou graus; tal leitura também diz respeito à captação de inferências tacitamente estabelecidas pelo autor/produtor do texto. Assim, a realização de uma leitura de forma crítica ocorre no diálogo entre leitor e autor: o primeiro, por meio da linguagem, toma ciência das ideias do segundo e, com base nisso, constrói sentidos, dúvidas, críticas, concordâncias e discordâncias. O texto exerce a função de mediador desse processo para que o leitor seja capaz de construir essas significações com base em seu conhecimento de mundo (Aguiar, 2003).

A realidade é algo dado, conhecido, e, portanto, pode servir como referência para interpretação dos textos. O papel do professor é auxiliar os alunos a detectarem as intenções do autor à medida que vão atingindo níveis mais altos de leitura e interpretação textual (Cervetti; Pardales; Damico, 2001). É importante que os alunos consigam identificar no texto a diferença entre fatos e opiniões. O objetivo é que se tornem aptos a perceber as intenções do autor, desvelando as verdades presentes no texto.

> As concepções de leitura afetam as formas como propomos e conduzimos nossas atividades de interpretação/leitura dos textos, bem como a forma como nossos alunos estarão ou não conectados com os textos e com as discussões.

Nas práticas de leitura, na perspectiva do letramento crítico* (LC), reconhece-se que os sentidos "não estão nas formas linguísticas, nas estruturas gramaticais: os sentidos estão nas situações de uso, nos momentos concretos em que a língua é trazida à existência pelas pessoas" (Jordão, 2017, p. 192). Eles são construídos por meio do discurso de forma contingencial a depender dos sujeitos, do espaço e do tempo em que se encontram os que

---

* Retomaremos essa discussão no capítulo seguinte, no tópico 5.4, sobre o conceito de letramentos.

participam dessa prática social. Com isso, o papel do professor é "ensinar procedimentos de construção de sentidos" (Jordão, 2017, p. 192).

Ler não é um ato de decodificar ou de identificar verdades presentes no texto, pois não existe uma única verdade, mas sim verdades contextualizadas, já que os sentidos são sempre múltiplos, situados histórica e culturalmente, construídos diante de diferentes relações de poder e passíveis de contestação. Pautando-se em uma visão discursiva de língua, defendida pelo LC, o trabalho com leitura nas aulas de LP deve valorizar práticas que pressupõem a presença dinâmica do sujeito-aluno-leitor.

As concepções de leitura afetam as formas como propomos e conduzimos nossas atividades de interpretação/leitura dos textos e como nossos alunos estarão ou não conectados com os textos e com as discussões. Para que você possa compreender melhor essas diferentes perspectivas, o Quadro 4.1 mostra algumas possibilidades de perguntas que se enquadram nessas diferentes concepções.

QUADRO 4.1 – DIFERENTES CONCEPÇÕES DE LEITURA

Leitura tradicional	Leitura crítica	Letramento crítico
• O texto representa a verdade? • É um fato ou uma opinião?	• Qual é o contexto? • Para quem o texto é direcionado? • Qual é a intenção do autor?	• Quais são os pressupostos e as possíveis implicações dessas afirmações?

(continua)

(Quadro 4.1 – conclusão)

Leitura tradicional	Leitura crítica	Letramento crítico
• É tendencioso ou neutro? • Está bem escrito/claro? • Quem é o autor e qual é o nível de autoridade/ legitimidade que ele representa? • O que o autor diz?	• Qual é a posição do autor? • (Sua agenda política)? • O que o autor tenta dizer e como ele está tentando convencer/ manipular o leitor? • Quais afirmações não estão fundamentadas? • Por que o texto foi escrito desta maneira?	• Como a realidade é definida? Quem define essa realidade? Em nome de quem? Para beneficiar quem? • Quais são as limitações ou contradições dessa perspectiva? • Como essas afirmações (ou palavras) são interpretadas em diferentes contextos?

FONTE: Elaborado com base em Lima, 2006, p. 5; Andreotti; Barker; Newell-Jones, 2006, p. 22, tradução nossa*.

* Traduzido de: "Traditional Reading – Does the text represent the truth?; Is it fact or opinion? Is it biased or neutral? Is it well-written/clear?; Who is the author and what level of authority/ legitimacy does he/she represent?; What does the author say? / Critical Reading – What is the context?; To whom is the text addressed?; What is the intention of the author?; What is the position of the author (his/her political agenda)?; What is the author trying to say and how is he/she trying to convince/manipulate the reader?; What claims are not substantiated?; Why has the text been written in this way? / Critical Literacy – How can this statement be interpreted differently in different contexts?; What could be the assumptions behind the statements?; What are the implications of these assumptions?; What could be shaping the author's understanding of reality?; Who decides (what is real, can be known or needs to be done) in this context?; In whose name and for whose benefit?; What are the limitations and contradictions of this perspective?; Whose interests could be represented in this statement?".

4.2.3 Ensino da oralidade

A oralidade é umas das práticas de linguagem que mais usamos em nosso cotidiano. No entanto, no contexto da sala de aula essa modalidade nem sempre é enfatizada, pois vivemos em uma sociedade que ainda valoriza muito o registro escrito. Com o advento das tecnologias digitais isso tem se modificado, pois gêneros multimodais têm ganhado espaço nos quais a oralidade também tem se feito presente. Tanto a produção escrita quanto a produção oral apresentam características próprias, mas não estanques, sobre as quais vamos suscitar a reflexão no Quadro 4.2:

QUADRO 4.2 – DIFERENÇAS ENTRE O TEXTO ORAL E O ESCRITO

Texto oral	Texto escrito
• Efêmero; • Possui características prosódicas – ritmo, pausas; • Possui características paralinguísticas: a forma mais lenta/mais rápida, mais alta/mais baixa etc. de falar. • Suas condições de processamento permitem pouquíssimo tempo entre a elaboração da mensagem e sua produção;	• Permanente; • Não possui características prosódicas; • Não possui características paralinguísticas; • Suas condições de processamento, se comparadas com condições de processamento de textos orais, permitem mais tempo entre a elaboração da mensagem e a sua produção;

(continua)

(Quadro 4.2 – conclusão)

Texto oral	Texto escrito
✦ Apresenta muitas repetições; ✦ Apresenta frases mais curtas e de estrutura mais simples; ✦ Apresenta um vocabulário mais coloquial; ✦ Não exige a utilização da norma culta; ✦ Pode ser moldado ou recapitulado a partir da percepção de que o interlocutor não o compreende; ✦ Tem como ênfase: construir relacionamentos.	✦ Apresenta consideravelmente menos repetição do que a linguagem oral; ✦ Apresenta frases mais longas e complexas; ✦ Apresenta um vocabulário mais formal; ✦ Exige uma utilização da norma culta; ✦ Deve ser claro para minimizar as dificuldades que o leitor possa vir a ter ao lê-lo; ✦ Tem como ênfase: registrar informações, completar tarefas e desenvolver ideias e argumentos.

FONTE: Fernandes; Paula, 2008, p. 134.

Fernandes e Paula (2008), ao pontuarem as semelhanças e diferenças entre as modalidades oral e escrita, nos auxiliam a pensar sobre o trabalho pedagógico que os professores de língua precisam desenvolver. Gêneros orais apresentam aspectos que vão além do linguístico, chamados de *paralinguísticos*. Exemplo desses elementos são os gestos, a linguagem, a postura corporal e as expressões faciais. Além disso, há aspectos que já são inerentes à fala, como a entonação, as formas do discurso etc.

Marcuschi e Dionísio (2007, p. 8) fazem algumas ponderações quanto ao trabalho com a oralidade, fundamentais para os professores pensarem com os alunos:

1. *Todas as línguas desenvolvem-se em primeiro lugar na forma oral e são assim aprendidas por seus falantes. Só em segundo lugar desenvolve-se a escrita, mas a escrita não representa a fala nem é dela derivada de maneira direta.*
2. *Todas as línguas variam tanto na fala como na escrita, e não há língua uniforme ou imutável, daí ter-se que admitir regras variáveis em ambos os casos.*
3. *Nenhuma língua está em crise, e todas são igualmente regradas, não havendo quanto a isso distinção entre línguas ágrafas e línguas com escrita.*
4. *Nenhuma língua é mais primitiva que outra, e todas são complexas, pouco importando se são ágrafas ou não.*

O trabalho do professor de LP é provocar reflexões sobre os usos da língua e suas particularidades. Primeiramente, é fundamental mostrar aos alunos que oralidade e escrita são formas distintas de uso da língua e uma não sobrepõe a outra. Ambas modalidades atendem a propósitos comunicativos distintos e específicos. As línguas são vivas e, portanto, sofrem mudanças constantes, caracterizando-se como um aspecto universal a todas as línguas. A língua é a identidade de um povo, de sujeitos inseridos em um contexto histórico, cultural, político e ideológico. Os falantes carregam subjetividades e experiências variadas que afetam seu comportamento linguístico e provocam mudanças nos usos da língua.

Há culturas ágrafas, ou seja, que não possuem ou não admitem sistema de escrita e, portanto, não apresentam alfabeto. No entanto, isso não quer dizer que essas línguas não são evoluídas. Cada língua tem sua própria complexidade, e não há sentido em comparar sistemas linguísticos como mais ou menos evoluídos. Propor que uma comunidade ágrafa é primitiva ou menos evoluída que uma comunidade gráfica pode desencadear uma atitude de preconceito, como defende Camacho (2009, p. 37, grifo do original):

> o preconceito de que há línguas e variedades superiores desafortunadamente se mantém e é mais grave ainda, quando, em nome dele, atribui-se a crianças socialmente desfavorecidas a incapacidade de manifestar raciocínio lógico em virtude do "português capenga" que empregam. No entanto, nenhuma forma de expressão é em si mesma deficiente, mas tão somente diferente, e todas as línguas e variedades dialetais fornecem a seus usuários meios adequados para a expressão de conceitos e proposições lógicas; assim, nenhuma língua ou variedade dialetal impõe limitações cognitivas tanto na percepção quanto na produção de enunciados.

Uma forma de promover reflexão sobre as variedades e os usos da língua pode acontecer por meio da literatura e da música. Há poetas e escritores que recorrem ao uso de variedades populares em suas obras, mostrando que é possível promover "o mesmo tipo de experiência estética de alto nível de que são dotadas as variedades cultas" (Camacho, 2009, p. 37). Na música, por exemplo, temos o célebre cantor e compositor pernambucano Luiz Gonzaga, que descreve o cenário realista do nordeste brasileiro nos versos da canção "Asa Branca", fazendo uso da linguagem popular.

Promover reflexões acerca da questão do uso da língua em sua modalidade oral e suas variações linguísticas é tarefa do professor de LP, uma vez que pode favorecer na redução de atitudes preconceituosas. Para Bortoni-Ricardo (2004, p. 35), "a pluralidade cultural e a rejeição aos preconceitos linguísticos são valores que precisam ser cultivados a partir da educação infantil e do ensino fundamental". Nossos alunos precisam tomar consciência dessa questão desde cedo para aprenderem a respeitar não apenas os colegas, mas também as pessoas de seu convívio social.

quatropontotrês
Gêneros textuais na era digital

Em nosso cotidiano, desde que acordamos até o fim de nosso dia, inserimo-nos em contextos que exigem diferentes práticas de linguagem, as quais veiculam informações por meio do uso de gêneros textuais distintos. Para ilustrar melhor essa questão, vamos imaginar como se configura a rotina de uma estudante universitária:

Mariana, logo ao acordar, responde as mensagens de suas redes sociais. Toma café da manhã e conversa com sua mãe enquanto olha sua agenda virtual. Antes de ir até o ponto de ônibus, deixa um bilhete na geladeira para lembrar seu pai de passar no supermercado para comprar café. No percurso do ônibus, aproveita para ler o resumo que fez sobre os conteúdos referentes à disciplina de Literatura, pois haverá prova à noite.

Ela desce do ônibus e caminha até a escola em que está fazendo estágio. Passa o dia todo preenchendo alguns formulários, corrigindo redações, respondendo *e-mails*.... Ao fim do expediente faz um lanche e se direciona até a faculdade. Chegando lá passa na biblioteca e toma emprestados alguns livros para fundamentar seu artigo sobre Linguística Aplicada, que deverá ser entregue na próxima semana.

Antes de entrar para a sala de aula, atende uma ligação. É sua amiga pedindo-lhe que avise a professora de que está doente e não poderá realizar a prova de Literatura.

Chega o horário da prova. A professora pede a análise de um poema de Cecília Meireles. Mariana sente um pouco de dificuldade, mas faz a prova da melhor maneira possível.

Fim da aula! Nossa universitária pega o ônibus e logo chega em casa. Está bastante cansada, mas antes de dormir precisa assistir a um tutorial que a auxiliará a ajudar seu irmão a fazer nó em gravata, pois no dia seguinte ele terá uma importante entrevista de emprego.

Nossa pretensão, por meio desse exemplo, é mostrar que o tempo todo estamos inseridos em diferentes práticas sociais que exigem distintos usos de linguagem. Veja que nossa personagem universitária teve contato com diferentes gêneros textuais ao longo do seu dia, como as mensagens, a conversa telefônica, o *e-mail*, o artigo, o poema, a prova, o tutorial, o bilhete etc. Os gêneros textuais são a materialidade de nossa linguagem, sem os quais dificilmente conseguiríamos nos comunicar.

Um autor imprescindível para nós, estudiosos da linguagem, foi Bakhtin. Seus estudos versaram sobre diferentes áreas da linguagem; no entanto, muitas de suas reflexões estiveram relacionadas à concepção de gêneros discursivos. Segundo ele,

> *para falar, utilizamo-nos sempre dos gêneros do discurso, em outras palavras, todos os nossos enunciados dispõem de uma forma padrão e relativamente estável de estruturação de um todo. Possuímos um rico repertório dos gêneros dos discursos orais (e escritos). Na prática, usamo-los com segurança e destreza, mas podemos ignorar totalmente a sua existência teórica.* (Bakhtin, 1992, p. 301-302, grifo do original)

O que Bakhtin nos mostra é que utilizamos gêneros textuais diversos sem mesmo nos darmos conta disso. Cada um dos gêneros é relativamente estável porque possui um formato, uma estrutura composicional que confere sua caracterização de *gênero*. Contudo, os gêneros não são estanques, pois não conseguiríamos fazer uma listagem de todos aqueles que existem no mundo. Neste momento, você pode estar se perguntando: "Por que isso não é possível?", não é mesmo? A resposta é que a linguagem está em constante transformação, razão pela qual muitos gêneros novos estão emergindo. Nesse sentido, não é possível listar todos os gêneros textuais, pois eles são infinitos, ou seja, são construtos históricos e sociais e, nessa lógica, acompanham as transformações sociais e tecnológicas para atender às necessidades comunicativas compatíveis com o modelo de sociedade vigente.

Quando pensamos em nossas práticas comunicativas, podemos agrupar os gêneros em determinadas esferas de circulação que se configuram como a "instância organizadora da produção, circulação, recepção dos textos/enunciados em gêneros de discurso específicos em nossa sociedade" (Rojo, 2019). De acordo com Rojo (2013, p. 28), é cada uma dessas esferas que define "os participantes possíveis da enunciação (locutor e seus interlocutores) assim como suas possibilidades de relações sociais (interpessoais e institucionais). Define também o leque de conteúdos temáticos possíveis no funcionamento de uma esfera".

Vale lembrar que um mesmo gênero pode fazer parte de mais de uma esfera de circulação e que esse agrupamento se caracteriza não como uma tabulação, mas como uma forma de analisar as convergências e divergências entre os aspectos presentes nos gêneros textuais. Para entender melhor essa organização, veja o Quadro 4.3 a seguir.

Quadro 4.3 – Esferas de circulação e seus respectivos gêneros textuais

Esferas de Circulação	Gêneros Discursivos
Cotidiana	Bilhete, carta pessoal, convite, currículo, comunicado, cartão, receita.
Literária/ Artística	Biografia, conto, fábula, romance, letra de música, paródia, poema, lenda, memória.
Escolar	Cartaz, debate, diálogo, palestra, pesquisa, seminário, resumo, relatório, resenha, artigo.
Imprensa	Entrevista, carta ao leitor, foto, legenda, sinopse de filme, charge, reportagem, artigo de opinião, editorial, infográfico.
Publicitária/ Produção e consumo	anúncio, comercial de TV, *slogan*, placa, peça publicitária, fôlder, *e-mail*, música, texto político, *jingle*, bula, regra de jogo, manual, rótulo de embalagem.
Política	Abaixo-assinado, assembleia, carta de emprego, carta de reclamação, carta de solicitação, debate, discurso político "de palanque", fórum, manifesto, mesa-redonda, panfleto.

(continua)

(Quadro 4.3 – conclusão)

Esferas de Circulação	Gêneros Discursivos
Jurídica	Estatuto, lei, ofício, procuração, regimento, regulamento, requerimento, boletim de ocorrência, contrato, depoimento, discursos de acusação e de defesa.
Midiática/Digital	Blog, chat, vídeo, e-mail, entrevista, filme, fotoblog, home page, reality show, talk show, telejornal, telenovelas, videoconferência, comentário, fanfics, memes, lista de discussão, podcast.

FONTE: Elaborado com base em Paraná, 2008a, p. 100-101.

Embora os meios digitais promovam o surgimento de novas formas de comunicação e, consequentemente, de novos gêneros textuais, é válido ressaltar que esses novos gêneros "não são inovações absolutas, [pois possuem] uma ancoragem em gêneros já existentes" (Marcuschi, 2002a, p. 20). Sobre esse aspecto, Marcuschi (2002b) recorre à noção de "contraparte", ou seja, as divergências que os gêneros emergentes assumem são fundamentais para que novos gêneros surjam. Para melhor compreender essa questão, observe o Quadro 4.4 elaborado pelo autor.

Quadro 4.4 – Gêneros textuais emergentes na mídia virtual e suas (possíveis) contrapartes em gêneros preexistentes

	Gêneros emergentes	Gêneros já existentes
1	E-mail	Carta pessoal // bilhete // correio
2	Chat em aberto	Conversações (em grupos abertos?)
3	Chat reservado	Conversações duais (casuais)
4	Chat ICQ (agendado)	Encontros pessoais (agendados?)
5	Chat em salas privadas	Conversações (fechadas?)
6	Entrevista com convidado	Entrevista com pessoa convidada
7	E-mail educacional (aula por e-mail)	Aulas por correspondência
8	Aula Chat (aulas virtuais)	Aulas presenciais
9	Videoconferência interativa	Reunião de grupo/conferência/ debate
10	Lista de discussão	Circulares/ séries de circulares (???)
11	Endereço eletrônico	Endereço postal
12	Blog	Diário pessoal, anotações, agendas

FONTE: Marcuschi, 2002b, p. 31.

Como podemos analisar no comparativo proposto por Marcuschi (2002b), os gêneros emergentes se apropriam de aspectos composicionais de gêneros já existentes, mas se configuram como gêneros novos com novas funcionalidades.

Outro aspecto importante é, como temos observado, que muitos gêneros do meio digital propõem uma ruptura das fronteiras entre a oralidade e a escrita. A exigência de uma comunicação cada vez mais veloz faz com que os usuários utilizem uma linguagem que apresenta características semelhantes às do texto falado, uma vez que se recorre a abreviações e formas que se aproximam ao som daquilo que está sendo "dito". Alguns exemplos disso seria a utilização de palavras como "kdê" (cadê), "blza" (beleza), "axo" (acho), "eh" (é), "entaum" (então), entre outras.

Essa mistura entre oralidade e escrita cria formas comunicativas próprias, o que é chamado por Marcuschi (2002a) de *hibridismo*. "A hibridização ou a intertextualidade intergêneros é o fenômeno segundo o qual um gênero pode assumir a forma de um outro gênero tendo em vista o propósito da comunicação" (Koch; Elias, 2007, p. 114). O hibridismo ou *hibridização* não é um fenômeno presente apenas nos gêneros emergentes do meio digital, embora venha se intensificando nesse contexto. A crônica, por exemplo, tem características de gêneros da esfera jornalística por tratar de assuntos do cotidiano, mas, ao mesmo tempo, assume características do meio literário. Outro aspecto comum nesses gêneros é a presença de várias semioses, por exemplo, a imagem, o som, os gestos, a música, os signos verbais etc. Takaki (2012, p. 5) nos explica que o texto produzido no meio eletrônico digital está *atrelado a mudanças de ordem sócio-histórica, político-econômica e cultural. Em decorrência, as novas experiências com a linguagem digital acompanham condições históricas específicas de uma determinada comunidade, de forma que, [sic] concepções de poder, epistemologia, hermenêutica crítica, performatividade e agência, [sic] demandam novas e constantes revisões.*

Com base nesse raciocínio, levamos em consideração que a produção textual em meio digital se relaciona diretamente com novas formas de produzir e construir sentidos atreladas à visão de mundo e de sociedade daqueles que estão inseridos nessas práticas comunicativas. São novas epistemologias, pois a forma de produzir conhecimento também se altera, assim como a forma de interpretar esse conhecimento.

Podemos entender melhor essa questão quando pensamos na pesquisa no espaço escolar. Antes do advento da era digital, o aluno que precisasse realizar uma pesquisa consultava enciclopédias impressas. Nesses livros, os verbetes estavam organizados em ordem alfabética e não sofriam atualizações constantes. Hoje, um aluno que seja solicitado a realizar esse tipo de tarefa possivelmente vai utilizar enciclopédias virtuais, cujos verbetes são constantemente atualizados e contam com uma escrita colaborativa – ou seja, qualquer um de nós pode contribuir para a atualização de informações, que são analisadas posteriormente por um moderador que verifica a legitimidade daquilo que foi escrito.

Outro aspecto que se modifica de uma enciclopédia impressa para uma digital é a hipertextualidade. Na primeira, a leitura acaba sendo mais linear; na segunda, por sua vez, o leitor conta com diversos *hiperlinks* que modificam a forma como o texto é lido, rompendo com a linearidade. O caminho da leitura acaba sendo imprevisível, o que modifica toda a relação que se tem com o texto e com as descobertas que ele possibilita.

quatropontoquatro
Ensino da gramática normativa *versus* práticas de análise linguística

Você se lembra como eram suas aulas de LP nos tempos de escola? O foco era mais voltado para o uso e a interpretação da língua por meio de gêneros textuais diversos ou para exercícios sobre estruturas gramaticais? Nesta seção, vamos discutir algumas transformações históricas que ocorreram no currículo da disciplina de LP e aspectos que motivaram essas transformações.

O ensino de LP passou a fazer parte do currículo escolar brasileiro somente nas últimas décadas do século XIX, pois anteriormente o que se tinha era uma disciplina de língua voltada para a alfabetização (Bezerra, 2005). Como aqueles que tinham acesso à educação eram parte de uma classe elitizada que precisava continuar seus estudos, a disciplina passou a ter outra configuração, voltada para a manutenção do uso da língua culta. Portanto, "ensinar Português era levar ao conhecimento (ou reconhecimento) dos alunos as regras gramaticais, de funcionamento dessa variedade linguística de prestígio" (Bezerra, 2005, p. 37).

Nesse sentido, o ensino de língua materna focado na gramática e no uso de textos para tal finalidade – ou seja, como "pretexto" para esse tipo de ensino – esteve presente durante muito tempo entre as práticas mais comuns do contexto escolar. Havia uma pressuposição de que o aluno que dominasse a gramática se tornaria não só um bom leitor, capaz de interpretar os sentidos do texto com facilidade, como também e ao mesmo tempo, um bom escritor, já que teria conhecimento das formas linguísticas e poderia aplicá-las aos seus escritos. Mendonça (2006) afirma que, embora essas práticas ainda permaneçam no contexto escolar, nas duas últimas décadas surgiu um movimento que propõe a revisão desse modelo, trazendo práticas de análise linguística como alternativa. Uma das razões dessa crítica ocorre em razão das inconsistências teóricas da gramática normativa, por exemplo, "a definição de sujeito e as suas subclassificações, que misturam aleatoriamente critérios semânticos, sintáticos e até pragmáticos" (Mendonça, 2006, p. 199-200).

Seguindo essa crítica com relação ao ensino da gramática, Perini (2009), em seu texto seminal *Sofrendo a gramática*, aponta o desenvolvimento do conhecimento da disciplina. Comparando-o ao ensino de matemática, que parece ter progressão, o ensino da gramática parece estacionar, uma vez que, a cada ano escolar, torna-se necessário repeti-lo desde o início. Nesse sentido, o autor se posiciona ilustrando que há três defeitos básicos que pairam sobre o ensino de gramática: os objetivos estão mal colocados; a metodologia ou a atitude em relação à matéria é inadequada; e, por fim, a disciplina necessita de uma organização lógica, pois as caracterizações de classes gramaticais e de sujeito, por exemplo, são bastante confusas, o que dificulta a aprendizagem dos alunos.

Como forma de sanar os problemas inerentes ao ensino de gramática, Perini (2009) defende que é preciso se ater a alguns fatos, como o de que a gramática não é um dos meios pelos quais se pode escrever e ler melhor. O conhecimento das regras gramaticais pode ser extremamente útil para compreender o funcionamento de aspectos estruturais da língua, mas não deve ser visto como forma de resolver problemas de produção textual e interpretação, tampouco servir como receita que informa como as pessoas deveriam falar ou escrever. Portanto, torna-se necessária uma reformulação dos objetivos, das metodologias e da organização da disciplina de LP para que seu ensino passe a ter sentido na vida do aluno.

Mendonça (2006) nos ajuda a pensar sobre essa falta de conexão entre o que se torna objeto de ensino da disciplina de LP e as práticas cotidianas de nossos alunos, convidando-nos a refletir sobre o papel das práticas de análise linguística. A autora sugere que estas podem ser entendidas como uma

> *alternativa complementar às práticas de leitura e produção de texto, dado que possibilitaria a reflexão consciente sobre fenômenos gramaticais e textual-discursivos que perpassam os usos linguísticos, seja no momento de ler/escutar, de produzir textos ou de refletir sobre esses mesmos usos da língua.* (Mendonça, 2006, p. 204)

Para Geraldi (2012), a noção de prática de análise linguística, cunhada pelo próprio autor, não se caracteriza como um modismo terminológico e surge para se contrapor à visão tradicional de ensino. Vejamos como o autor define essa noção:

> *A análise linguística inclui tanto o trabalho sobre questões tradicionais da gramática quanto amplas a propósito do texto, entre as quais vale a pena citar: coesão e coerência internas do texto; adequação do texto aos objetivos pretendidos; análise dos recursos expressivos utilizados (metáforas, metonímias, paráfrases, citações discursos direto e indireto etc.); organização e inclusão de informações; etc. Essencialmente, a prática da análise linguística [quando se tratar de atividades em que o aluno analisa sua própria produção] não poderá limitar-se à higienização do texto do aluno em seus aspectos gramaticais e ortográficos, limitando-se a "correções". Trata-se de trabalhar com o aluno o seu texto para que ele atinja seus objetivos junto aos leitores a que se destina.* (Geraldi, 2012, p. 74)

As práticas de análise linguística nos mostram a necessidade de continuar pensando sobre aspectos estruturais em sala de aula, porém também nos fazem pensar sobre a forma como esse trabalho tem sido realizado. Em outras palavras, não seria eliminar das práticas pedagógicas o ensino das gramáticas, mas sim repensar os objetivos que se almejam alcançar. Seria refletir sobre "os fenômenos linguísticos e sobre as estratégias discursivas, com o foco nos usos da linguagem" (Mendonça, 2006, p. 206).

Ainda dito de outra forma, configura-se como uma proposta que se volta para a observação e a

> *análise da língua em uso, o que inclui morfologia, sintaxe, semântica e estilística; variedades linguísticas; as relações e diferenças entre língua oral e língua escrita, quer no nível fonológico-ortográfico, quer no nível textual e discursivo, visando à construção de conhecimentos sobre o sistema linguístico.* (Paraná, 2008a, p. 60)

A fim de sistematizar as principais diferenças entre ensinar gramática e trabalhar com práticas de análise linguística, Mendonça (2006) nos apresenta o contraste ilustrado no Quadro 4.5, a seguir.

QUADRO 4.5 – DIFERENÇAS ENTRE ENSINO DE GRAMÁTICA E ANÁLISE LINGUÍSTICA

Ensino de gramática	Prática de análise linguística
Concepção de língua como sistema, estrutura inflexível e invariável.	Concepção de língua como ação interlocutiva situada, sujeita às interferências dos falantes.
Fragmentação entre os eixos de ensino: as aulas de gramática não se relacionam necessariamente com as de leitura e de produção textual.	Integração entre os eixos de ensino: a AL é ferramenta para a leitura e produção textual.

(continua)

(Quadro 4.5 – conclusão)

Ensino de gramática	Prática de análise linguística
Metodologia transmissiva, baseada na exposição dedutiva (do geral para o particular, isto é, das regras para o exemplo) + treinamento.	Metodologia reflexiva, baseada na indução (observação dos casos particulares para a conclusão das regularidades/regras).
Privilégio das habilidades metalinguísticas.	Trabalho paralelo com habilidades metalinguísticas e epilinguísticas.
Ênfase nos conteúdos gramaticais como objetos de ensino, abordados isoladamente e em sequência mais ou menos fixas.	Ênfase nos usos como objetos de ensino (habilidades de leitura e escrita), que remetem a vários outros objetos de ensino (estruturais, textuais, discursivos, normativos).
Centralidade na norma-padrão.	Centralidade nos efeitos de sentido.
Ausência de relação com as especificidades dos gêneros, desconsiderando o funcionamento desses gêneros nos contextos de interação verbal.	Fusão do trabalho com os gêneros, na medida em que contempla a intersecção das condições de produção dos textos e as escolhas linguísticas.
Unidades privilegiadas: a palavra, a frase e o período.	Unidade privilegiada: o texto.
Preferência pelos exercícios estruturais, de identificação e classificação de unidades/funções morfossintáticas e correção.	Preferência por questões abertas e atividades de pesquisa, que exigem comparação e reflexão sobre adequação e efeitos de sentido.

FONTE: Mendonça, 2006, p. 207.

Neste momento você pode estar se perguntando: "Como seria trazer isso para a prática em sala de aula?". Pois bem, acreditamos que, quando o professor está diante de novas teorias, ele acaba tendo dificuldades, no início, de pensar em como transpor essas ideias para a prática pedagógica. Por isso, na sequência apresentamos alguns exemplos de encaminhamentos voltados para análise linguística a fim de oferecer algumas possibilidades de trabalho.

Como vimos anteriormente neste capítulo, o ensino de LP precisa pautar-se em práticas discursivas que envolvem oralidade, escrita e leitura. O primeiro passo a ser dado é o professor selecionar o gênero textual que pretende trabalhar e, com base nisso, elaborar propostas de análise que envolvam o reconhecimento do gênero discursivo e suas condições de produção, circulação, interlocução etc., bem como suas marcas linguísticas. Ressaltamos que o ensino, diante dessa perspectiva, precisa valorizar a língua em uso, ou seja, não deve acontecer recorrendo ao uso de frases isoladas e descontextualizadas. É preciso partir de textos que circulam na sociedade ou de textos produzidos pelos próprios alunos. A fim de sistematizar algumas práticas que podem ser utilizadas pelos professores em sala de aula, o documento das DCE-PR (Paraná, 2008a) apresenta sugestões, destacadas no quadro a seguir.

Quadro 4.6 – Sugestões de encaminhamentos envolvendo análise linguística

Práticas discursivas	Encaminhamentos para análise linguística
Oralidade	*Analisar...* • as variedades linguísticas e a adequação da linguagem ao contexto de uso: diferentes registros, grau de formalidade em relação ao gênero discursivo; • os procedimentos e as marcas linguísticas típicas da conversação (como a repetição, o uso das gírias, a entonação), entre outros; • as diferenças lexicais, sintáticas e discursivas que caracterizam a fala formal e a informal; • os conectivos como mecanismos que colaboram com a coesão e coerência do texto, uma vez que tais conectivos são marcadores orais e, portanto, devem ser utilizados conforme o grau de formalidade/informalidade do gênero etc.
Leitura	*Analisar...* • as particularidades (lexicais, sintáticas e textuais) do texto em registro formal e do texto em registro informal; • a repetição de palavras (que alguns gêneros permitem) e o efeito produzido; • o efeito de uso das figuras de linguagem e de pensamento (efeitos de humor, ironia, ambiguidade, exagero, expressividade etc.); • léxico; • progressão referencial no texto; • os discursos direto, indireto e indireto livre na manifestação das vozes que falam no texto.

(continua)

(Quadro 4.6 – continuação)

Práticas discursivas	Encaminhamentos para análise linguística
Escrita	*Refletir e analisar aspectos...* • discursivos (argumentos, vocabulário, grau de formalidade do gênero); • textuais (coesão, coerência, modalizadores, operadores argumentativos, ambiguidades, intertextualidade, processo de referenciação); • estruturais (composição do gênero proposto para a escrita/oralidade do texto, estruturação de parágrafos); • normativos (ortografia, concordância verbal/nominal, sujeito, predicado, complemento, regência, vícios da linguagem...); Outras sugestões com base em Antunes (2007) que envolvam a análise: • dos recursos gráficos e efeitos de uso, como: aspas, travessão, negrito, itálico, sublinhado, parênteses etc.; • da pontuação como recurso sintático e estilístico em função dos efeitos de sentido, entonação e ritmo, intenção, significação e objetivos do texto; • do papel sintático e estilístico dos pronomes na organização, retomadas e sequenciação do texto; • do valor sintático e estilístico dos modos e tempos verbais em função dos propósitos do texto, estilo composicional e natureza do gênero discursivo; • do efeito do uso de certas expressões que revelam a posição do falante em relação ao que diz – expressões modalizadoras (ex.: felizmente, comovedoramente etc.);

(Quadro 4.6 – conclusão)

Práticas discursivas	Encaminhamentos para análise linguística
	• da associação semântica entre as palavras de um texto e seus efeitos para coesão e coerência pretendidas; • dos procedimentos de concordância verbal e nominal; • da função da conjunção, das preposições, dos advérbios na conexão do sentido entre o que vem antes e o que vem depois em um texto.

FONTE: Elaborado com base em Paraná, 2008a, p. 79-80.

quatropontocinco
Avaliação no ensino de língua portuguesa

A avaliação é uma prática que se faz presente no cotidiano escolar e apresenta diferentes funcionalidades. Assim como a concepção de língua que temos afeta nossas práticas pedagógicas, a forma como entendemos o processo avaliativo terá efeito nos tipos de atividades, propostas e abordagens avaliativas que vamos desenvolver dentro dessas práticas.

Para que o trabalho com linguagem seja significativo, precisamos atrelar as formas de avaliar as práticas discursivas que o aluno vai aprimorar no contexto escolar com suas atividades de linguagem fora da escola. O que queremos dizer é que o processo avaliativo precisa promover o contato com gêneros textuais que façam sentido para a vida do aluno, permitindo que ele possa recorrer aos conhecimentos desenvolvidos fora do espaço escolar.

Os processos avaliativos podem ser classificados em três espécies de acordo com as funções a serem desempenhadas: diagnóstica, formativa e classificatória (Bloom, 1981, citado por Sant'Anna, 2009). A avaliação diagnóstica serve para verificar se ocorreu ou não o aprendizado de determinado conteúdo a fim de compreender se o aluno se encontra apto para o contato com os próximos conteúdos. Esse tipo de avaliação também auxilia na identificação de possíveis dificuldades no rendimento do aluno, comprovando hipóteses feitas pelo professor de aspectos observados em sala de aula.

A avaliação formativa comunica tanto o aluno quanto o professor sobre os resultados que estão sendo obtidos com base na realização das atividades propostas. Esse tipo de avaliação ocorre de forma processual e gradativa, razão pela qual o aluno é informado constantemente sobre seu rendimento. Nesse sentido, os alunos encontram-se mais engajados em seu processo de aprendizagem e, por isso, podem analisar se os objetivos propostos estão ou não sendo atingidos. Essa concepção de avaliação aproxima-se do que é proposto pelo art. 24, inciso V, da LDB (Lei n. 9.394/1996): "V – a verificação do rendimento escolar observará os seguintes critérios: a) avaliação contínua e cumulativa do desempenho do aluno, com prevalência dos aspectos qualitativos sobre os quantitativos e dos resultados ao longo do período sobre os de eventuais provas finais" (Brasil, 1996).

Como podemos observar, a LDB valoriza aspectos qualitativos no processo avaliativo e, dessa forma, compreende o espaço da sala de aula como um ambiente repleto de desafios pedagógicos, privilegiando a construção de saberes de forma gradual e colaborativa. Assim, entende-se que os erros são inerentes à aprendizagem, já que, por meio deles, podemos analisar se os objetivos pretendidos estão sendo alcançados. Nesse sentido, o erro passa a ser "considerado como efeito da própria prática, ou seja, resultado do processo de aquisição de uma [nova] língua. Dessa forma, ele deve ser visto como um passo para que a aprendizagem se efetive e não como um obstáculo" (Morosov; Martinez, 2008, p. 125).

Por fim, a avaliação *classificatória*, como o próprio nome já diz, tem a função de classificar o aluno segundo o nível de aproveitamento ou rendimento alcançado dentro de determinado período. Luckesi (2005) critica a prática pedagógica que se volta para essa visão de avaliação que se aproxima ao que ele nomeia de *pedagogia do exame*, em outras palavras, uma pedagogia que valoriza a nota, dá atenção demasiada a provas e utiliza-as como instrumento de ameaça e tortura em casos de indisciplina, por exemplo. Essa perspectiva de avaliação valoriza o produto final (nota) e não o processo de aprendizagem.

O Quadro 4.7, proposto por Sant'Anna (2009), sintetiza os principais aspectos de cada tipo de avaliação ao sinalizar seus propósitos, a época de aplicação e os instrumentos utilizados.

Quadro 4.7 – Os três principais tipos de avaliação

	Diagnóstica	Formativa	Classificatória
Propósitos	• Determinar a presença ou ausência de habilidades e/ou pré-requisitos. • Identificar as causas de repetidas dificuldades na aprendizagem.	• Informar professor e aluno da aprendizagem durante o desenvolvimento das atividades escolares. • Localizar deficiências na organização do ensino de modo a possibilitar reformulações no mesmo e aplicação de técnicas de recuperação do aluno.	• Classificar os alunos ao fim de um semestre, ano ou curso, segundo níveis de aproveitamento.
Objeto de medida	• Comportamento cognitivo.	• Comportamento cognitivo, afetivo e psicomotor.	• Geralmente comportamento cognitivo, às vezes comportamento psicomotor e ocasionalmente comportamento afetivo.

(continua)

(Quadro 4.7 – conclusão)

	Diagnóstica	Formativa	Classificatória
Época	<ul><li>No início de um semestre, ano letivo ou curso.</li><li>Durante o ensino, quando o aluno evidencia incapacidade em seu desempenho escolar.</li></ul>	<ul><li>Durante o ensino.</li></ul>	<ul><li>Ao final de um semestre, ano letivo ou curso.</li></ul>
Instrumentos	<ul><li>Pré-teste.</li><li>Teste padronizado de rendimento.</li><li>Teste diagnóstico.</li><li>Ficha de observação.</li><li>Instrumento elaborado pelo professor.</li></ul>	<ul><li>Instrumentos especificamente planejados de acordo com os objetivos propostos.</li></ul>	<ul><li>Exame, prova ou teste final.</li></ul>

FONTE: Sant'Anna, 2009, p. 38.

Alguns autores têm se debruçado sobre a questão da avaliação para buscar formas de pensá-la numa visão mais participativa e inclusiva. Hoffmann (2003), por exemplo, sugere a adoção da avaliação como mediadora do processo educacional. Para isso, propõe alguns princípios orientadores:

- Oportunizar aos alunos muitos momentos de expressar suas ideias;
- Oportunizar discussão entre os alunos a partir de situações desencadeadoras;
- Realizar várias tarefas individuais, menores e sucessivas, investigando teoricamente, procurando entender razões para as respostas apresentadas pelos estudantes;
- Ao invés do certo/errado e da atribuição de pontos, fazer comentários sobre as tarefas dos alunos, auxiliando-os a localizar as dificuldades, oferecendo-lhes oportunidades de descobrirem melhores soluções;
- Transformar os registros de avaliação em anotações significativas sobre o acompanhamento dos alunos em seu processo de construção de conhecimento. (Hoffmann, 2003, p. 58)

Dentro da proposta da autora, verificamos que a participação ativa dos alunos no processo de aprendizagem é bastante valorizada. Ao possibilitar que os estudantes expressem suas ideias, bem como suas dificuldades, o professor faz com que eles se sintam mais engajados. A forma como os alunos respondem às atividades propostas fornece importantes informações que podem servir para que o professor planeje e desenvolva os conteúdos em seus respectivos encaminhamentos.

Na proposta de Hoffman (2003), os instrumentos avaliativos precisam ser diversificados para que se tenha uma noção mais ampla do processo. O *feedback* também precisa ser significativo, e uma das estratégias para que isso se efetive é a adoção da prática de fazer comentários sobre as produções. Sabemos que esse tipo de prática demanda um tempo maior dos professores, mas em momentos em que eles não dispuserem de tempo para redigi-los, podem substituir os comentários escritos por comentários orais, por exemplo.

Um *feedback* significativo auxilia o aluno a compreender a avaliação não como um produto que gera uma nota ao final de um determinado período. Se não há como escaparmos da nota, uma vez que estamos inseridos em sistemas educacionais que, em sua grande maioria, requerem a atribuição de notas para a aprovação dos educandos, é preciso torná-la representativa, e não uma estratégia com um fim em si mesma.

Para Brown (2004), os professores precisam pensar em formas alternativas de avaliar a fim de torná-las mais autênticas, ou seja, mais próximas dos usos da linguagem em situações reais. Sob essa perspectiva, o autor elaborou um comparativo que sintetiza a concepção de avaliação tradicional e alternativa, apresentado no Quadro 4.8.

Quadro 4.8 – Diferenças entre a avaliação tradicional e a alternativa

Avaliação tradicional	Avaliação alternativa
Estanque, testes padronizados	Continuada, avaliação em longo prazo

(continua)

(Quadro 4.8 – conclusão)

Avaliação tradicional	Avaliação alternativa
Com tempo controlado, questões de múltipla escolha	Sem tempo controlado, respostas com formato mais aberto
Itens descontextualizados	Tarefas comunicativas contextualizadas
Pontuação fornece o feedback	Feedback individualizado/ impacto
Pontuação pautada em normas	**Pontuação pautada em critérios**
Foco na resposta correta	Em aberto, respostas criativas
Somativa	**Formativa**
Orientada pelo produto	Orientada pelo processo
Performance não interativa	**Performance interativa**
Alimentada pela motivação extrínseca	Alimentada pela motivação intrínseca

FONTE: Brown, 2004, p. 13, tradução nossa*.

---

* Tradução de: "Traditional Assessment – One-shot, standardized exams; timed, multiple-choice format; decontextualized test items; scores suffice for feedback; norm-referenced scores; focus on the 'right' answer; summative; oriented to product; non-interactive performance; foster extrinsic motivation. / Alternative Assessment – Continuous long-term assessment; untimed, free-response format; contextualized communicative tasks; individualized feedback and washback; criterion-referenced scores; open-ended, creative answers; formative; oriented to process; interactive performance; fosters intrinsic motivation".

Brown (2004) nos alerta para o fato de que seu comparativo é uma generalização que deve ser interpretada com cautela. Ele explica que é difícil traçar de forma precisa esse paralelo, pois há casos em que algumas formas de avaliar podem recair em ambas as concepções ou serem combinadas. Por exemplo, é possível utilizar uma proposta de avaliação somativa e estar, ao mesmo tempo, recorrendo a uma proposta formativa. Além disso, como próprio Brown (2004) pontua, o intuito não é propor uma avaliação alternativa como a salvação dos problemas, mas sim como o próprio nome já sugere, propor alternativas que podem ser incorporadas em nossa sala de aula de línguas.

Como já discutimos brevemente neste capítulo (o que será ampliado no Capítulo 5), as tendências educacionais recentes precisam se preocupar com as novas configurações propostas pelas tecnologias digitais incorporando práticas que ampliem a visão de letramento. Nesse sentido, as práticas avaliativas também precisam acompanhar essas mudanças. Duboc (2015) sugere que, tomando como base os estudos dos multiletramentos, pensemos em práticas avaliativas que perpassem por três dimensões: a estética, a ética e a estratégica.

Na dimensão estética, o aluno vai desenvolver habilidades de identificação, uso, manipulação, contraste e comparação de textos digitais e impressos carregados de múltiplas linguagens e semioses, buscando se apropriar, reconhecer e avaliar os diferentes efeitos de sentido.

Na dimensão ética, o trabalho recai em interpretar, respeitar, reconhecer, problematizar, elaborar e posicionar-se diante de diferentes pontos de vista e gostos. Os alunos deverão ser capazes de avaliar possíveis estereótipos e preconceitos veiculados e aspectos relacionados à propriedade intelectual, assumindo uma postura crítica diante das práticas de letramento nas quais se inserem.

Por fim, com relação à dimensão estratégica, o aluno deverá ser capaz de distribuir, compartilhar, colaborar e experimentar o conhecimento em diferentes formatos e mídias buscando atuar de forma autônoma e criativa. Observe o Quadro 4.9 a seguir.

QUADRO 4.9 – DIMENSÕES DAS PRÁTICAS AVALIATIVAS

Dimensão estética	Dimensão ética	Dimensão estratégica
• Habilidade de usar o gênero de forma apropriada a uma determinada situação comunicativa. • Habilidade de usar semioses ou modalidades apropriadas a um determinado gênero discursivo. • Habilidade de manipular, criar e remixar diferentes textos (impressos e digitais). • Habilidade de identificar a multiplicidade de valores e gostos nos usos das linguagens.	• Habilidade de interpretar diferentes pontos de vista. • Habilidade de respeitar diferentes valores e gostos circulantes nas mídias digitais. • Habilidade de reconhecer e problematizar veiculações de estereótipos e preconceitos. • Habilidade de problematizar a propriedade intelectual e o direito autoral.	• Habilidade de distribuir conhecimento em diferentes mídias (impressas e digitais). • Habilidade de compartilhar em diversos formatos midiáticos. • Habilidade de trabalhar de forma colaborativa. • Habilidade de experimentar de forma autônoma e criativa na ausência de modelos predefinidos.

(continua)

(Quadro 4.9 – conclusão)

Dimensão estética	Dimensão ética	Dimensão estratégica
♦ Habilidade de comparar e contrastar os efeitos de sentido na utilização de cada modo semiótico.	♦ Habilidade de elaborar citações e referências. ♦ Habilidade de posicionar-se criticamente nas práticas de letramento das quais participa.	

FONTE: Duboc, 2015, p. 679.

Duboc (2015) ressalta uma questão bastante pertinente sobre avaliação na perspectiva dos multiletramentos. A autora leva em consideração que os estudantes estão em constante contato com diferentes linguagens e tecnologias disponíveis para que construam sentidos "na ausência de modelos previamente definidos, [...] [portanto, essa proposta] não poderia partir da prévia determinação de descritores, cabendo a cada professor desenhá-los a contento de sua realidade local e coerentemente com a proposta curricular que orienta sua práxis pedagógica" (Duboc, 2015, p. 683).

As discussões ora apresentadas nesta seção não encerram a complexidade de questões que envolvem o processo avaliativo. Você, leitor e/ou professor em formação, já deve ter percebido a grande responsabilidade que existe de pensar nas práticas avaliativas. Avaliar faz parte de um processo cotidiano, e não apenas de um dia ou de uma determinada aula marcada. Ensino e avaliação andam juntos, pois a forma como nossos alunos respondem às atividades propostas diz muito sobre o papel do professor. Precisamos ficar atentos a essas respostas para fazer o exercício constante de refletir sobre a prática docente e buscar alternativas para os problemas que emergem nos contextos de ensino.

Síntese

Neste capítulo, traçamos um panorama sobre a disciplina de LP, sua inserção no currículo escolar e os objetivos sinalizados pelos documentos oficiais de ensino. Fizemos uma análise das práticas discursivas – leitura, oralidade e escrita – a fim de demonstrar que usamos a língua não de forma fragmentada, mas sim de forma integrada. Examinamos também alguns aspectos mais específicos do ensino com ênfase na gramática normativa e na prática de análise linguística, além de pontos sobre as implicações de adotar uma ou outra abordagem. Vimos ainda a discussão sobre a questão dos gêneros textuais e suas configurações no meio digital e as mudanças que eles acarretam no ensino. Por fim, voltamos nossa atenção para as práticas avaliativas, buscando entender diferentes funções e concepções a fim de pensar sobre alternativas para que a avaliação se torne mais autêntica e significativa para a vida do aluno. No próximo capítulo, daremos continuidade às reflexões sobre ensino de línguas voltando-nos para as línguas estrangeiras. Alguns aspectos trabalhados neste capítulo serão retomados e ampliados.

Indicações culturais

Luiz Antônio Marcuschi foi um dos grandes pesquisadores brasileiros, com reconhecimento nacional e internacional, que deixou um grande legado sobre reflexões a respeito do ensino que envolve gêneros textuais e linguagem falada. Infelizmente, o professor Marcuschi faleceu no mês de setembro de 2016, aos 70 anos de idade, em Recife, Pernambuco. Para que você aprofunde algumas reflexões trazidas por Marcuschi, sugerimos que assista a estes três vídeos que tratam sobre as principais diferenças entre a fala e a escrita, bem como sobre gêneros textuais e multimodalidade.

FALA e escrita – parte 01. Disponível em: <https://www.youtube.com/watch?v=XOzoVHyiDew>. Acesso em: 7 jan. 2019.

FALA e escrita – parte 02. Disponível em: <https://www.youtube.com/watch?v=6y9xK-9bbcw>. Acesso em: 7 jan. 2019.

FALA e escrita – parte 03. Disponível em: <https://www.youtube.com/watch?v=UqSfGyR1ERA>. Acesso em: 7 jan. 2019.

Atividades de autoavaliação

1. Sobre as diferenças entre o ensino da gramática e a prática de análise linguística, indique V para as afirmações verdadeiras e F para as falsas. Depois, assinale a alternativa que apresenta a sequência correta:
   ( ) Dentro do ensino com viés gramatical, entende-se língua como um sistema, uma estrutura inflexível e invariável.
   ( ) Nas práticas de análise linguística, a centralidade está na norma-padrão.

( ) Na abordagem gramatical, dá-se preferência aos exercícios estruturais, de identificação e classificação de unidades/funções morfossintáticas e correção.
( ) Nas práticas de análise linguística, o texto figura-se como unidade privilegiada.

a. F, V, V, F.
b. V, V, F, V.
c. V, F, V, V.
d. V, F, V, V.
e. F, V, F, V.

2. Sobre as diferentes concepções de leitura – tradicional, crítica e letramento crítico –, indique V para as afirmações verdadeiras e F para as falsas. Depois, assinale a alternativa que apresenta a sequência correta:

( ) Para o letramento crítico, o texto é visto como um objeto a ser decodificado. Os sentidos são dependentes apenas do texto, e o sujeito leitor não contribui para que eles sejam construídos.
( ) Na concepção tradicional de leitura, o papel do professor é decodificar os sentidos do texto para o aluno, já que este é visto de forma passiva.
( ) Na leitura crítica, o papel do professor é auxiliar os alunos a detectarem as intenções do autor à medida que vão atingindo níveis mais altos de leitura e interpretação textual.
( ) No letramento crítico, valoriza-se a intenção do autor e a verdade que ele procurou transmitir por meio de seu texto, desprezando as leituras que o leitor transfere para o mesmo texto.

a. F, V, V, F.
b. V, V, F, F.
c. F, V, V, V.
d. F, V, F, V.
e. V, F, V, F.

3. Em relação às concepções de avaliação, assinale a alternativa incorreta:
a. A avaliação classificatória acontece geralmente ao fim de um semestre, ano ou curso, segundo níveis de aproveitamento.
b. A avaliação formativa está em consonância com o que propõe a LDB (Lei n. 9.394/1996), pois visa informar tanto o professor e o aluno com relação ao processo de aprendizagem durante o desenvolvimento das atividades escolares.
c. A avaliação diagnóstica serve para verificar se ocorreu ou não o aprendizado de determinado conteúdo, a fim de compreender se o aluno se encontra apto para desenvolver-se nos próximos conteúdos.
d. O objetivo da avaliação classificatória é identificar as causas de repetidas dificuldades na aprendizagem.
e. A avaliação diagnóstica auxilia na identificação de possíveis dificuldades no rendimento do aluno, comprovando hipóteses feitas pelo professor de aspectos observados em sala de aula.

4. Em relação à concepção de gêneros textuais, assinale a alternativa incorreta:
a. Os gêneros são relativamente estáveis porque possuem um formato, uma estrutura composicional que dá sua caracterização de *gêneros*.

b. Como exemplos de gêneros textuais, podemos citar a carta, o *e-mail*, a notícia, a reportagem etc.
c. As tecnologias digitais possibilitaram a ampliação e o surgimento de novos gêneros textuais.
d. Os gêneros textuais servem apenas como apoio para o professor de línguas, pois o ideal para iniciar uma aula é partir sempre da gramática.
e. Nossas práticas de linguagem sempre estão vinculadas a algum gênero textual, seja ele oral, seja escrito ou multimodal.

5. Sobre as diferenças entre o texto oral e o texto escrito, indique V para as afirmações verdadeiras e F para as falsas. Depois, assinale a alternativa que apresenta a sequência correta:
( ) O texto oral apresenta frases mais longas e complexas e um vocabulário mais formal.
( ) O texto escrito pode ser moldado ou recapitulado com base na percepção de que o interlocutor não o compreende.
( ) O texto oral apresenta frases mais curtas, de estrutura mais simples, além de um vocabulário mais coloquial.
( ) O texto escrito permite mais tempo entre a elaboração da mensagem e sua produção se comparado ao texto oral.

a. F, V, V, F.
b. V, V, F, F.
c. F, V, V, V.
d. F, V, F, V.
e. V, F, F, F.

Atividades de aprendizagem

Questões para reflexão

1. Diante da gama de possibilidades de trabalho envolvendo gêneros textuais do meio digital, quais seriam os desafios a serem enfrentados pelos professores em relação à incorporação desses gêneros em sala de aula na educação básica? Trabalhar com gêneros digitais requer as mesmas habilidades que gêneros de fora desse meio envolveriam? Você acredita que os professores estão preparados para esse tipo de trabalho?

2. Você já fez análise de uma proposta curricular de LP? Que concepções de língua, avaliação e ensino estavam presentes nessa proposta? Que impactos essas concepções trazem para as práticas pedagógicas na educação básica?

Atividade aplicada: prática

1. Selecione um gênero textual que você acredite ser pertinente para trabalhar em uma sala e elabore um plano de aula envolvendo os aspectos aprendidos nesse capítulo. Elabore uma proposta didática envolvendo as quatro etapas trabalhadas na subseção sobre ensino da escrita. As atividades precisam envolver o reconhecimento de aspectos composicionais do gênero, seus interlocutores, esfera de circulação, conteúdo temático, entre outros aspectos que estudamos. Lembre-se de elaborar atividades de análise linguística para que os alunos possam se apropriar também desses aspectos. Não se esqueça de propor como será a avaliação dessa

produção. Mostre o que produziu para um colega ou para alguém que atue em sala de aula a fim de ter um *feedback* sobre a sua proposta e para analisar as possibilidades de aplicação.

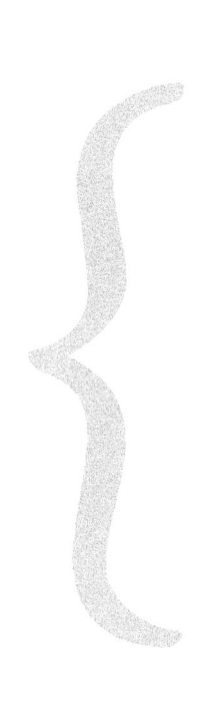

{

um	Percurso histórico da Linguística Aplicada (LA)
dois	A LA na contemporaneidade
três	Fazer pesquisa em LA
quatro	LA e o ensino de língua materna
# cinco	**LA e o ensino de línguas estrangeiras (LE)**
seis	LA e sua relação com a sociedade e com a formação docente

> *A única forma de sermos puros é sermos híbridos.*
> *A verdade é que só seremos um se formos muitos.*
> *E só seremos felizes se abraçarmos identidades plurais, capazes de reinventarem e se misturarem em imprevisíveis simbioses e combinações.*
>
> Mia Couto, 2009, p. 20-21.

❦ NESTE CAPÍTULO, ABORDAREMOS algumas questões relacionadas ao ensino de línguas estrangeiras no cenário brasileiro. Vamos discutir como as mudanças histórico-políticas têm afetado o papel das línguas estrangeiras no currículo e os desafios que os professores têm enfrentado em razão dessas mudanças. Trataremos das políticas linguísticas e políticas de ensino e da expansão nas pesquisas sobre o assunto em LA. Vamos conversar um pouco sobre um aspecto bastante emergente, que é o *status* da língua inglesa como língua franca/global/internacional. Outro ponto-chave desse capítulo são os letramentos e a maneira como eles têm impactado na forma pela qual ensinamos uma língua no contexto escolar. Por fim, vamos tratar da noção de práticas translíngues e de sua relação com o ensino e com a LA. Esperamos que este capítulo possa provocar reflexões frutíferas em você!

cincopontoum
Percurso histórico do ensino de línguas estrangeiras no Brasil

Ao analisarmos o ensino de línguas estrangeiras no Brasil dentro de uma perspectiva histórica, notamos que a inserção ou a retirada de uma língua do currículo sempre esteve vinculada a interesses políticos. Para entendermos um pouco melhor essa questão, será necessário resgatarmos algumas questões históricas. Começamos com o período colonial. De acordo com o documento das DCE-PR de Língua Estrangeira Moderna (Paraná, 2008b), a história do ensino de LE no Brasil iniciou-se no período colonial, época em que as disciplinas dominantes eram o grego e o latim. Em razão do interesse do Estado português de favorecer o processo de dominação e expansão do catolicismo, os jesuítas se responsabilizaram pela evangelização e pelo ensino do latim aos povos que ali habitavam. De acordo com Leffa (1999, p. 3), "durante o período colonial, antes e depois da expulsão dos jesuítas pelo Marquês de Pombal, o grego e o latim eram as disciplinas dominantes".

Segundo o documento das DCE-PR (Paraná, 2008b), foi no período da União Ibérica, que compreendeu os anos de 1581 a 1640, que os jesuítas foram considerados pelos espanhóis os principais incentivadores da resistência contra aos nativos que se encontravam aldeados na demarcação do Tratado de Madri. Foi por essa razão, e também pelo desejo de enfraquecer o poder da Igreja Católica sobre a Colônia, que os padres jesuítas acabaram sendo expulsos dos territórios portugueses na América. Em consequência, o ensino régio*, instituído em 1759 por Marquês de Pombal, atribuía ao Estado a responsabilidade pela contratação de professores desvinculados de instituições religiosas. Nesse período, o latim e o grego continuavam a integrar o currículo, visto que eram disciplinas "consideradas de suma importância para o desenvolvimento do pensamento e da literatura" (Paraná, 2008b, p. 38).

A chegada da família real ao Brasil, em 1808, marcou o início de uma valorização voltada para o ensino de línguas estrangeiras. A criação de cadeiras de línguas inglesa e francesa ocorreu no ano seguinte com a assinatura em decreto pelo príncipe D. João VI. A inserção dessas línguas no currículo estava relacionada às demandas de abertura dos portos ao comércio. De acordo com Gileno (2013, p. 16), nessa época o ensino de inglês estava restrito a "objetivos mais imediatos – instrumento de comunicação nas relações comerciais da nação portuguesa com a inglesa, justificadas, principalmente, pelo aumento do tráfico – [e] não teve o mesmo prestígio que o francês já que [...] não era exigido para o ingresso nas academias", tendo passado a ser visto apenas como uma disciplina complementar.

---

* Segundo Camargo (2013): "A criação das aulas régias marcou o surgimento do ensino público oficial e laico visto que, até então, a educação formal em todos os seus níveis estava sob o controle da Igreja, que também detinha grande influência sobre outras áreas da cultura, como as artes e a impressão de livros". Para mais informações, consulte o texto "Aulas régias" em: <http://mapa.an.gov.br/index.php/dicionario-periodo-colonial/137-aulas-regias>. Acesso em: 7 jan. 2019.

Inspirada no ideário francês de cultura e civilização, em 1837, a primeira instituição de ensino secundário foi fundada – o Colégio Pedro II, referência curricular para outras instituições de ensino por quase um século. Disciplinas como Retórica, Geografia, História, Filosofia, Zoologia, Botânica, Química, Física, Aritmética, Álgebra e Astronomia estavam presentes na grade curricular. Com relação às línguas estrangeiras, entre as opções de oferta estavam o francês, o inglês, o alemão (até 1929) e o italiano (a partir de 1931) (Paraná, 2008b). Para compreender melhor o período de 1890 a 1931 no que se refere ao ensino de línguas estrangeiras, vamos analisar a Tabela 5.1.

Tabela 5.1 – O ensino das línguas de 1890 a 1931 em horas de estudo

Ano	Latim	Grego	Francês	Inglês		Alemão	Italiano	Espanhol	Total em horas
1890	12	8	12	11	ou	11	–	–	43
1892	15	14	16	16		15	–	–	76
1900	10	8	12	10		10	–	–	50
1911	10	3	9	10	ou	10	–	–	32
1915	10	–	10	10	ou	10	–	–	30

(continua)

(Quadro 5.1 – conclusão)

Ano	Latim	Grego	Francês	Inglês	Alemão	Italiano	Espanhol	Total em horas
1925	12	–	9	8 ou 8		2 F*	–	29
1931	6	–	9	8	6 F	–	–	23

FONTE: Leffa, 1999, p. 7

Para Leffa (1999, p. 4), o ensino de línguas estrangeiras durante o Império sofria dois grandes problemas:

falta de metodologia adequada e sérios problemas de administração. A metodologia para o ensino das chamadas línguas vivas era a mesma das línguas mortas: tradução de textos e análise gramatical. A administração, incluindo decisões curriculares, por outro lado, estava centralizada nas congregações dos colégios, aparentemente com muito poder e pouca competência para gerenciar a crescente complexidade do ensino de línguas.

Além desses problemas, Leffa (1999) ainda pontua que o ensino de línguas estrangeiras estava passando por uma espécie de decadência em razão de reformas que alteravam a carga horária, o tempo de curso e a quantidade de línguas a serem ensinadas. Assim: "Embora o número de línguas ensinadas tenha permanecido praticamente o mesmo, o número de horas dedicadas ao

---

* F = facultativo

seu estudo foi gradualmente reduzido, chegando a pouco mais da metade no fim do império" (Leffa, 1999, p. 5).

Avançando um pouco mais em nosso percurso histórico sobre o ensino de línguas, vamos analisar algumas mudanças em termos de metodologias que foram sendo adotadas. A abordagem pedagógica tradicional, também conhecida como *gramática-tradução*, implementada desde a "educação jesuítica com o ensino dos idiomas clássicos – Grego e Latim –, prevaleceu no ensino das línguas modernas" (Paraná, 2008b, p. 39). A concepção de *língua* adotada nessa abordagem era a do estruturalismo – sobre o qual tratamos no Capítulo 1 –, sob influência da publicação da obra de Saussure em 1916, *Curso de linguística geral* (Saussure, 1999). A metodologia, que fazia parte da corrente linguística predominante na época, havia ganhado, portanto, fundamentação teórica para se sustentar.

Aumento populacional, desemprego, crise na agricultura e períodos de guerra e pós-guerra marcaram a Europa entre o fim do século XIX e o início do século XX. Por essa razão, os europeus, atraídos pelas propagandas do governo brasileiro, viam no país uma possibilidade de recomeço. A instalação desses imigrantes possibilitou a criação de colônias. De acordo com as DCE-PR (Paraná, 2008b, p. 39), objetivando a preservação de suas culturas, "muitos colonos se organizaram para construir e manter escolas para seus filhos, uma vez que a escolarização já fazia parte da vida dessas populações em países de origem e o Estado brasileiro não ofertava atendimento escolar a todas as crianças". As colônias no Sul do país eram constituídas por italianos, alemães, ucranianos, japoneses, russos e poloneses, razão pela qual a língua portuguesa era considerada estrangeira para esse público.

Os ideais do nacionalismo que pairavam na sociedade brasileira em 1910 influenciaram nas decisões do campo educacional, visando à preservação de valores culturais para as futuras gerações. Isso pode ser confirmado com o fechamento de escolas estrangeiras e de imigrantes que ocorreu em 1917 e com a incorporação de medidas educacionais como "o respeito aos feriados nacionais; o ensino de Língua Portuguesa, ministrado por professores brasileiros natos; a proibição do ensino de Língua Estrangeira para crianças menores de dez anos, que ainda não dominassem corretamente o português" (Paraná, 2008b, p. 40). Esses ideais permaneceram durante a gestão de Getúlio Vargas e, com o golpe de 1937, acabaram se intensificando.

Segundo Gileno (2013), no período de 1890 a 1930 houve um declínio das línguas estrangeiras após a extinção ou a limitação da oferta de algumas línguas, por exemplo, o grego e o italiano, bem como a redução da carga horária de estudos pela metade. Em 1930, o governo de Getúlio Vargas criou o Ministério da Educação e Cultura, o que desencadeou novas reformas no sistema educacional brasileiro. A Reforma Francisco de Campos, em 1931, instituiu um marco com relação à "centralização das decisões educacionais no governo Federal [que atingiu] todas as escolas do país. Esta primeira iniciativa se acentuou após o golpe de 1937, já que a educação representava um meio pelo qual o Brasil poderia atingir a modernidade" (Paraná, 2008b, p. 40). Ela teve como referencial a industrialização dos Estados Unidos da América e dos países europeus.

5.1.1 Mudanças nas abordagens pedagógicas

No âmbito das línguas estrangeiras, um diferencial das novas reformas foi o estabelecimento de um método oficial de ensino: o método direto, cujo objetivo se relacionava à indução do aprendiz ao acesso direto dos sentidos, sem intervenção da tradução, fazendo-o, dessa forma, raciocinar na língua estrangeira (Mulik, 2012). O método direto tem como base a teoria associacionista da psicologia da aprendizagem, inspirada na filosofia empirista e positivista e dá "prioridade ao oral, com uma escuta dos enunciados sem o auxílio do escrito e uma grande atenção à boa pronúncia" (Martinez, 2009, p. 52). Nesse sentido, "a criação de um ambiente monolinguístico como tentativa de imitar uma situação de imersão vinha de encontro com o pressuposto de que a total exposição à língua em estudo traria resultados superiores ao trabalho que até então vinha sendo desenvolvido em ambientes escolares" (Morosov; Martinez, 2008, p. 27).

O professor Carneiro Leão foi uma figura importante na reforma Francisco de Campos, pois foi o responsável por introduzir o método direto no Colégio Pedro II no ano de 1931, cuja experiência foi relatada em um livro intitulado *O ensino das línguas vivas*, citado por Leffa (1999), publicado no ano de 1935. Destacamos alguns pontos dos 33 artigos nos quais o método se baseava:

- *A aprendizagem da língua deve obedecer à sequência ouvir, falar, ler e escrever.*
- *O ensino da língua deve ter um caráter prático a ser ministrado na própria língua, adotando-se o método direto desde a primeira aula.*

- O significado das palavras deve ser transmitido não pela tradução, mas pela ligação direta do objeto a sua expressão, usando-se para isso ilustrações e objetos do mundo real.
- As noções gramaticais devem ser deduzidas pela própria observação e nunca apresentadas sob a forma teórica ou abstrata de regras.
- A leitura será feita não só nos autores indicados, mas também nos jornais, revistas, almanaques ou outros impressos, que possibilitem aos alunos conhecer o idioma atual do país. (Leffa, 1999, p. 8)

Leffa (1999) lembra que, nesse período, não apenas ocorreram mudanças metodológicas como também alterações nas divisões de turmas, a seleção de novos professores e renovações nos materiais didáticos. Em contraposição ao método gramática-tradução, o novo método procurava

> atender aos novos anseios sociais impulsionados pela necessidade do ensino das habilidades orais, visando à comunicação na língua alvo. No método anterior, essas habilidades não eram contempladas, pois se privilegiava somente a escrita, visto que a língua não era ensinada como instrumento de comunicação. (Paraná, 2008b, p. 41)

Uma vez que o principal objetivo, com o uso do método direto, era desenvolver a competência linguística dos alunos, principalmente a oralidade, similar à de um falante nativo, dava-se preferência à contratação de professores considerados fluentes ou nativos.

Com a Reforma Capanema, em 1942, a solidificação dos ideais nacionalistas foi reforçada por meio dos currículos oficiais e conteúdos que favoreciam a valorização da história do Brasil e seus heróis. Isso ocasionou um movimento de aversão ao estrangeiro, razão pela qual "muitas escolas, principalmente de colônias alemãs, foram fechadas ou perderam sua autonomia" (Paraná, 2008b, p. 41). Nesse período, atribuiu-se ao ensino um caráter patriótico por excelência, que atrelava a todos os conteúdos a visão de nacionalismo. Em termos de organização:

> *O ensino médio ficava dividido em um primeiro ciclo, denominado "ginásio", com duração de quatro anos, e um segundo ciclo, com duas ramificações, uma denominada "clássico", com ênfase no estudo de línguas clássicas e modernas, e outra denominada "científico", com ênfase maior no estudo das ciências (física, química, biologia, matemática etc.). (Leffa, 1999, p. 9-10)*

Assim, o prestígio das LE foi mantido no ginásio. O francês ainda se sobressaía em relação ao inglês, o espanhol foi introduzido como matéria obrigatória alternativa ao ensino do alemão e o latim permaneceu como língua clássica (Paraná, 2008b). O uso do método direto ainda prevalecia, apesar dos ideais da reforma estarem embasados em um ensino com fins educacionais e não apenas instrumentais.

Após a criação do Ministério da Educação, os rumos educacionais se centralizaram nesse órgão do governo federal, "de onde partiam praticamente todas as decisões, desde as línguas que deveriam ser ensinadas, a metodologia a ser empregada pelo professor e o programa que deveria ser desenvolvido em cada série do ginásio e em cada ano do colégio" (Leffa, 1999, p. 11). O comprometimento para com os ideais nacionalistas se mantinha e, portanto, a disciplina de LE deveria "contribuir para a formação do aprendiz quanto ao conhecimento e à reflexão sobre as civilizações estrangeiras e tradições de outros povos" (Paraná, 2008b, p. 42). A língua espanhola passou a ser permitida oficialmente no currículo dos cursos secundários, a qual, até então, era disciplina restrita em razão da presença de imigrantes da Espanha no Brasil. Segundo Leffa (1999), ao fazer uma análise histórica, os anos 1940 e 1950, paradoxalmente, podem ser considerados os anos dourados para as LE, já que, segundo Leffa (1999, p. 11-12):

> *Todos os alunos, desde o ginásio até o científico ou clássico, estudavam latim, francês, inglês e espanhol. Muitos terminavam o ensino médio lendo os autores nos originais e, pelo que se pode perceber através de alguns depoimentos da época, apreciando o que liam, desde as éclogas de Virgílio até os romances de Hemingway.*

Por ocasião da Segunda Guerra Mundial, o Brasil acentuou sua dependência econômica para com os EUA, ampliando então a necessidade do aprendizado a língua inglesa (Paraná, 2008b). Assim, surgiram os métodos áudio-oral, ou *audiolingual*, e audiovisual, que pressupunham que todo ser humano é capaz de falar uma segunda língua, desde que seja submetido a uma constante repetição de exercícios. Em contrapartida, o método audiovisual não se utilizava apenas de sentenças isoladas, sem contextualização alguma, recorrendo, portanto, a diálogos e a outros recursos didáticos, como gravadores, gravações de falantes nativos, projeção de *slides*, cartões ilustrativos, filmes e laboratórios audiolinguais (Paraná, 2008b).

Esse método emergiu da necessidade de formar falantes de outras línguas que atuassem na guerra. Nesse período – por volta dos anos 1950 –, a linguística se fundou como ciência, o que ocasionou uma ampliação pelo interesse no aprendizado de línguas. Linguistas da época, como Leonard Bloomfield, Charles Fries e Robert Lado, trabalhavam com a língua com base na forma para chegar ao significado e se apoiavam na psicologia behaviorista de Pavlov e Skinner, fazendo com que mudanças significativas ocorressem em relação às abordagens e aos métodos de ensino de LE (Paraná, 2008b).

Com o surgimento da teoria gerativista transformacional de Chomsky, em 1960, os pressupostos do behaviorismo para o ensino de línguas começaram a ser questionados. Chomsky reestruturou a visão de aquisição, tendo entendido que "a língua não poderia ser reduzida a um conjunto de enunciados a serem memorizados e repetidos, pois a língua é dinâmica e criativa, um sistema de comunicação com noções de um falante e um ouvinte ideal, concebida como parte do sujeito que nasce com um sistema linguístico internalizado" (Mulik, 2012, p. 19). Em sua teoria inatista de aquisição de linguagem, Chomsky postulou que o ser humano nasce com determinadas capacidades que serão desenvolvidas com o tempo. Assim, surgiram os conceitos de competência (aquilo que sabemos) e de *desempenho* (o que fazemos com o conhecimento adquirido), ambos caros à teoria gerativista.

> *A competência linguística é a porção do conhecimento do sistema linguístico do falante que lhe permite produzir o conjunto de sentenças de sua língua; é um conjunto de regras que o falante construiu em sua mente pela aplicação de sua capacidade inata para a aquisição da linguagem aos dados linguísticos que ouviu durante a infância. O desempenho corresponde ao comportamento linguístico, que resulta não somente da competência linguística do falante, mas também de fatores não linguísticos de ordem variada, como: convenções sociais, crenças, atitudes emocionais do falante em relação ao que ele diz, pressupostos sobre atitudes do interlocutor etc.* (Petter, 2008, p. 15)

No contexto brasileiro, em 1970, iniciaram-se discussões sobre as ideias cognitivistas e construtivistas de Piaget. Nessa perspectiva, "a aquisição da língua é entendida como resultado da interação entre o organismo e o ambiente, em assimilações e acomodações responsáveis pelo desenvolvimento da inteligência" (Paraná, 2008b, p. 45). No mesmo período, os postulados de Vygotsky também passaram a influenciar os educadores brasileiros. Nesse sentido, as ideias vygotskianas entendem que o "desenvolvimento da linguagem ocorre em duas instâncias, primeiramente externa ao indivíduo e depois interna. A primeira acontece nas trocas sociais, e a segunda num processo mental, nos qual as trocas sociais exercem um movimento de interiorização" (Paraná, 2008b, p. 45).

5.1.2 O surgimento da LDB

Um marco para o período foi a criação da Lei de Diretrizes e Bases da Educação – Lei n. 4.024, de 20 de dezembro de 1961 –, a qual instituía, no art. 35, parágrafo 1º, que "ao Conselho Federal de Educação compete indicar, para todos os sistemas de ensino médio, até cinco disciplinas obrigatórias, cabendo aos conselhos estaduais de educação completar o seu número e relacionar as de caráter optativo que podem ser adotadas pelos estabelecimentos de ensino" (Brasil, 1961). Para as línguas estrangeiras, essa LDB representou a não obrigatoriedade do ensino de LE no colegial e a instituição do ensino profissionalizante, compulsório, que substituiu os cursos clássico e científico. Nesse contexto, de acordo com Leffa (1999, p. 13), o "latim, com raras exceções, foi retirado do currículo, o francês quando não retirado, teve sua carga semanal diminuída, e o inglês, de um modo geral, permaneceu sem grandes alterações", o qual passou a ser mais valorizado graças às demandas voltadas para o mercado de trabalho. Para Leffa (1999, p. 13), marca-se o fim dos anos dourados das LE, pois reduzia-se "o ensino de línguas a menos de 2/3 do que foi durante a Reforma Capanema".

No ano de 1971, foi promulgada uma nova LDB – a Lei n. 5.692, de 11 de agosto de 1971 (Brasil, 1971). Ainda sob a égide da onda nacionalista, "o governo militar desobrigou a inclusão de línguas estrangeiras nos currículos de primeiro e segundo graus, sob o argumento de que a escola não deveria se prestar a ser porta de entrada de mecanismos de impregnação cultural estrangeira" (Paraná, 2008b, p. 45). Como impacto disso, "muitas escolas tiraram a língua estrangeira do 1º grau, e no 2º grau, não ofereciam mais do que uma hora por semana, às vezes durante apenas um ano. Inúmeros alunos, principalmente do supletivo, passaram pelo 1º e 2º graus, sem nunca terem visto uma língua estrangeira" (Leffa, 1999, p. 14). Essa não obrigatoriedade na educação básica levou o ensino de LE a ser considerado um instrumento das classes mais favorecidas, pois a grande maioria não tinha acesso a esse conhecimento (Paraná, 2008b).

Após 25 anos da promulgação da primeira LDB, em 20 de dezembro de 1996, tornou-se pública a LDB n. 9.394/1996, que apresenta avanços como a obrigatoriedade de pelo menos uma LE no currículo, cuja escolha estava atrelada às possibilidades existentes na comunidade escolar, visando atender aos interesses dela (art. 26, § 5º). Assim, instituiu-se o ensino de uma LE a partir da 5ª série do ensino fundamental e, no ensino médio, de uma obrigatória e outra facultativa. De acordo com Leffa (1999, p. 15), a ideia de único método de ensino a ser adotado foi deixada de lado, e o princípio do ensino de LE baseava-se no "pluralismo de ideias e concepções pedagógicas (art. 30, inciso III)". Vamos analisar a Tabela 5.2 a seguir.

Tabela 5.2 – O ensino das línguas de 1942 a 1996

Ano	Latim	Grego	Francês	Inglês	Alemão	Italiano	Espanhol	Total em horas*
1942	8	–	13	12	–	–	2	35
1961	–	–	8	12	–	–	2	22
1971	–	–	–	9	–	–	9	9
1996	–	–	6 e/ou	12 e/ou	–	–	6	18

FONTE: Leffa, 1999, p. 13*

Subsequentemente, dois anos mais tarde foram publicados os *Parâmetros Curriculares Nacionais* para o ensino de língua estrangeira (Brasil, 1998a). Como constitui-se em um documento orientador e não regulador do ensino, sugeria-se que o trabalho pedagógico adotasse a abordagem sociointeracional, cuja ênfase era na leitura, em razão das necessidades e condições de aprendizagem disponíveis. Veja o que diz o documento:

> *considerar o desenvolvimento de habilidades orais como central no ensino de Língua Estrangeira no Brasil não leva em conta o critério de relevância social para a sua aprendizagem. Com exceção da situação específica de algumas regiões*

---

* Segundo Leffa (1999), o número de horas nas reformas de 1961, 1971 e 1996 é estimativo, em valores aproximados, do que se considera a média nacional.

> *turísticas ou de algumas comunidades plurilíngues, o uso de uma língua estrangeira parece estar, em geral, mais vinculado à leitura de literatura técnica ou de lazer. [...]. Portanto, a leitura atende, por um lado, às necessidades da educação formal, e, por outro, é a habilidade que o aluno pode usar em seu contexto social imediato. Além disso, a aprendizagem de leitura em Língua Estrangeira pode ajudar o desenvolvimento integral do letramento do aluno. A leitura tem função primordial na escola e aprender a ler em outra língua pode colaborar no desempenho do aluno como leitor em sua língua materna.* (Brasil, 1998a, p. 20)

Moita Lopes (1996, p. 133) nos explica que o foco da leitura nas aulas de LE é derivado da "justificativa social do inglês no país e do fato de que um programa de ensino centrado nas quatro habilidades linguísticas como objetivos de ensino, é irrealizável no contexto da escola pública brasileira". Sob esse aspecto, o documento dos PCN (Brasil, 1998a, p. 21) expõem que é preciso considerar

> o fato de que as condições na sala de aula da maioria das escolas brasileiras (carga horária reduzida, classes superlotadas, pouco domínio das habilidades orais por parte da maioria dos professores, material didático reduzido a giz e livro didático etc.) podem inviabilizar o ensino das quatro habilidades comunicativas.

As orientações colocadas pelos PCN (Brasil, 1998a) sofreram inúmeras críticas por diferentes linguistas aplicados brasileiros. Consoante Leffa (1999, p. 17), ao dar ênfase a uma habilidade específica, "os Parâmetros restringem o espaço de ação do professor". Para Paiva (2003, p. 59), "é surrealista que um documento do próprio MEC reafirme a má condição do ensino no país e que se acomode a essa situação adversa em vez de propor políticas de qualificação docente e de melhoria do ensino". A autora ainda reforça que essa visão nega o direito do aluno ao aprendizado de outras habilidades, pois

> *estar preparado para o exercício da cidadania e ter qualificação para o trabalho deveria incluir o conhecimento de uma língua estrangeira não só para a leitura de documentos como também para a interação com falantes na modalidade oral ou escrita em função da forte presença da Internet nas diversas instituições.* (Paiva, 2003, p. 59)

Para compreendermos algumas das alterações com base neste percurso histórico, retomamos a LDB n. 9.394/1996. Com relação ao ensino de LE, haveria então a possibilidade de escolha da língua que seria ensinada a cargo da comunidade escolar. Depois, após a implementação da Lei n. 11.161, de 5 de agosto de 2005* (Brasil, 2005), tornou-se obrigatória a oferta da disciplina

---

* Esta lei sofreu alterações e foi revogada pela Lei n. 13.415, de 16 de fevereiro de 2017 (Brasil, 2017a). Conferir: <http://legislacao.planalto.gov.br/legisla/legislacao.nsf/Viw_Identificacao/lei%2013.415-2017>. Acesso em: 8 jan. 2019.

de Língua Espanhola, bem como o crescimento das relações comerciais do Brasil com países latino-americanos e com a Espanha. Nesse momento, o espanhol ganhou espaço, porém distante de se aproximar do lugar da língua inglesa, que predomina como língua estrangeira a ser ensinada no cenário nacional.

No entanto, a Lei n. 13.415/2017 altera os textos anteriores e dispõe: "§ 5º No currículo do ensino fundamental, a partir do sexto ano, será ofertada a língua inglesa" (Brasil, 2017a). Por sua vez, especificamente para o ensino médio, a orientação da lei é a seguinte:

> § 4º *Os currículos do ensino médio incluirão, obrigatoriamente, o estudo da língua inglesa e poderão ofertar outras línguas estrangeiras, em caráter optativo, preferencialmente o espanhol, de acordo com a disponibilidade de oferta, locais e horários definidos pelos sistemas de ensino.* (Brasil, 2017a)

A alteração feita na LDB n. 9.394/1996 traz implicações significativas para os currículos das escolas brasileiras. Inicialmente, o componente de língua estrangeira estava na chamada *parte diversificada* do currículo, ou seja, na parte do currículo que permite variações de uma região para a outra do país. Dentro dessa proposta, notamos a autonomia dada pela legislação ao permitir que o sistema educacional se adéque às especificidades e às demandas locais. É claro que sabemos que nas escolas brasileiras isso não ocorre efetivamente, pois nem sempre é possível atender a essas demandas em virtude de fatores como a contratação de profissionais, salas de aula disponíveis, materiais etc.

5.1.3 Os desafios da área no século XXI

A posição que a língua inglesa passa a ocupar no currículo com a Lei n. 13.415/2017 nega a noção plurilíngue que vem sendo trazida nas pesquisas em LA. Professores e pesquisadores são responsáveis por problematizar essas mudanças políticas nas práticas pedagógicas e nos espaços formativos. Rocha (2012, p. 45) sugere a adoção da abordagem dialógica bakhtiniana como forma de "superação de perspectivas educacionais calcadas na monologia, na prescrição e na normatividade, na medida em que traz para o cerne de qualquer relação, evento ou fenômeno, a heterogeneidade e o inacabamento".

> Como podemos analisar ao longo da história do ensino de línguas estrangeiras no Brasil, não existiu (nem vai existir!) um método perfeito ou algo que possa dar conta de todo o contexto de ensino.

O desafio, então, é superar a visão romantizada que tem sido defendida na lógica monolíngue de que o inglês vai nos auxiliar no processo de "entrelaçar culturas diferentes e de pacificamente colocar indivíduos que falam diferentes línguas em contato, atribuindo, dessa forma, uma natureza essencialmente informativa aos aspectos linguíticos-culturais" (Rocha, 2012, p. 47). Conscientes do trabalho pedagógico, é preciso ter em mente que, "com o advento da globalização e a crescente mobilidade das pessoas, produtos e capital, a natureza multílingue e multicultural das sociedades nacionais tem se tornado tanto mais predominante quanto mais visível" (Kramsch, 2014, p. 9). Portanto, o desafio da escola é preparar os aprendizes para lidar com a diversidade linguística, cultural e social, entendendo que seu papel não é saber fornecer ou exigir respostas prontas, mas ensinar estratégias que auxiliem os estudantes a lidarem com as constantes mudanças e a serem sujeitos responsáveis pelas escolhas que fazem de forma crítica.

Diante do que foi exposto, quais seriam então os conhecimentos que se deve desenvolver nas práticas educativas de LE para responder a um projeto educacional que atenda às demandas da sociedade contemporânea e, ao mesmo tempo, promova uma aprendizagem significativa?

Como sugestão para lidar com essa questão, longe de encerrar a discussão, trazemos alguns aspectos apresentados no *Caderno Linguagens* – Pacto Nacional do Ensino Médio* (Brasil, 2013), que defende que precisamos mobilizar conhecimentos que se refiram:

a. *à organização e ao uso crítico das diferentes linguagens;*
b. *à cultura patrimonializada local, nacional e internacional;*
c. *à diversidade das linguagens;*
d. *à naturalização/desnaturalização das linguagens nas práticas sociais;*

---

* O Pacto Nacional pelo Fortalecimento do Ensino Médio foi instituído por meio da Portaria Ministerial n. 1.140, de 22 de novembro de 2013 (Brasil, 2013), tendo por objetivo a busca pela qualidade do ensino médio ofertado no território brasileiro. Entre suas ações está a formação continuada dos professores e coordenadores pedagógicos ofertada por meio de cursos e grupos de estudo.

e. à autoria e ao posicionamento na realização da própria prática;

f. ao mundo globalizado, transcultural e digital e às práticas de linguagem. (Bonini et al., 2014, p. 20)

Como podemos analisar ao longo da história do ensino de línguas estrangeiras no Brasil, não existiu (nem vai existir!) um método* perfeito ou algo que possa dar conta de todo o contexto de ensino. Hoje vivenciamos um movimento nos estudos do ensino de línguas chamado de *pós-método* (ou *post-method condition*). A condição pós-método enfatiza o empoderamento (*empowering*) dos professores, dando-lhes o poder de tomar decisões (*decision-making*) sobre suas práticas, o que os leva também a se tornar "geradores" de teorias que levam em conta os contextos locais de ensino. Assim, o desafio lançado com o pós-método é fazer com que o professor se torne um pesquisador de sua sala de aula. Nessa perspectiva, a pesquisa não se configura na necessidade de formulações acadêmicas apenas, mas também se dá no olhar do professor como aquele que entende sua sala de aula como

---

* Há diferentes concepções do que se caracteriza por *método* e *abordagem* e não é o objetivo desta obra fazer uma discussão sobre esses termos. No entanto, faz-se necessário mencionar como estamos entendendo tais conceitos quando utilizados. Como *método* entende-se o conjunto de técnicas ou procedimentos, bem como recursos, estratégias e atividades utilizadas pelo professor para se atingir determinado propósito. Já *abordagem* é um termo mais abrangente e envolve os pressupostos teóricos de como se entende ensino, língua e linguagem. A título de exemplo, são os letramentos, discutidos nesta obra, que se caracterizam como uma abordagem, e não o método, já que envolvem concepções teóricas, e não procedimentos de aplicação.

um espaço em que se pode testar diferentes práticas e estratégias de ensino – um lugar onde teorias não são apenas aplicadas, mas também reformuladas e reconstruídas.

Notamos também que, assim como a sociedade muda, novos estudos sobre a linguagem são desenvolvidos e novas propostas surgem como tentativa de suprir as necessidades de cada época. No entanto, mesmo não podendo acompanhar todas essas mudanças em termos de pesquisa, o professor de línguas do século XXI precisa estar atento às necessidades de seus estudantes na qualidade de aprendizes, buscando refletir sobre as particularidades do seu contexto com intuito de promover uma educação crítica para o desenvolvimento humano de modo ético. Nossa conversa sobre os desafios para o ensino de LE no século XXI não se encerra por aqui. Ao longo deste capítulo ampliaremos essa discussão.

cincopontodois
Políticas linguísticas e políticas de ensino

Temáticas voltadas para políticas linguísticas e políticas de ensino têm feito parte das discussões recentes na LA (Monte Mor, 2013a; Maciel, 2013, 2014). No ano de 2013, realizado na cidade do Rio de Janeiro, o Congresso Brasileiro de Linguística Aplicada (CBLA) teve como tema "Políticas e Políticas Linguísticas". Desde então, a temática tem repercutido de forma significativa no cenário brasileiro de pesquisas em LA. No bojo das discussões que circundam a área, aparecem termos como *políticas de ensino, políticas linguísticas* e *planejamento linguístico* (Maher, 2013; Rajagopalan, 2013). Há os que preferem fazer distinção entre os termos de forma mais estrita, porém há os que entendem que eles devem ser vistos como "processos inseparáveis", utilizando-os tanto para o "estabelecimento de objetivos (sócio)linguísticos, quanto aos modos de concretização dos mesmos" (Maher, 2013, p. 120).

Quando pensamos a respeito da noção de políticas que envolvem línguas, precisamos considerar que sempre existiram (e existirão) forças relacionadas ao poder político para determinar a língua que será ensinada ou até mesmo a imposição de uma língua a ser usada em determinado Estado ou comunidade (Calvet, 2007). Como discutimos no início deste capítulo, o ensino de LE no território brasileiro passou por diversas mudanças tanto em termos das línguas quanto na forma (método) como deveriam ser ensinadas. Ao trazermos à tona essas mudanças, percebemos que nossa prática docente não se resume à aula que ministramos, pois por trás de todo nosso sistema educacional está um jogo de interesses que precisamos conhecer. Rajagopalan (2014, p. 81), ao discutir o papel do professor de LE, defende que este

> *não pode e não deve abrir mão de seu direito e de sua responsabilidade de tentar influenciar as decisões tomadas nas mais altas esferas do poder político. Isso que se espera dele enquanto cidadão. [...] É importante que ele perceba, antes de qualquer outra coisa, as implicações políticas da profissão que ele exerce.*

Para Bohn (2000, p. 129-130), podemos caracterizar como política de ensino bem-sucedida aquela na qual:

1. Haja uma boa circulação de informações e de decisões entre os diversos "estratos" (intelectuais) que participam da política de ensino – entre professores e pesquisadores particularmente;
2. Os processos decisórios não forem repressivos e conservadores, mas progressistas e democráticos buscando claramente elevar o nível de participação e a qualidade desta participação entre os membros;
3. Os participantes do grupo se sintam deliberadores e não meros executores de tarefas e normas prescritas pelos intelectuais tradicionais ou pelas instituições.

Observamos que os três aspectos pontuados por Bohn (2000) valorizam o papel ativo dos sujeitos quanto às decisões a serem tomadas como política de ensino de forma engajada e democrática; porém, nem sempre esse tipo de prática acontece. Se fizermos uma análise da própria história do ensino de línguas em nosso país, perceberemos que os processos de inclusão e retirada de determinadas línguas ocorreu de cima para baixo, ou seja, aqueles que realmente estão envolvidos com o ensino acabaram não participando das discussões e tampouco das decisões, o que revela que os interesses políticos têm prevalecido.

Voltando à nossa discussão sobre a concepção de políticas linguísticas, encontramos em Rajagopalan (2013, p. 21) a seguinte definição: uma política linguística pode ser entendida como "a arte de conduzir reflexões em torno de línguas específicas, com o intuito de conduzir ações concretas de interesse político relativo à(s) língua(s) que incorporam para o povo de uma nação, de um estado ou ainda, instâncias transnacionais maiores". Para o autor, as políticas linguísticas têm relação direta com a política "entendida como atividade na qual todo o cidadão tem o direito e o dever de participar em condições de absoluta igualdade" (Rajagopalan, 2013, p. 22).

Uma questão interessante trazida para a conceituação de políticas linguísticas defendida por Maher (2013, p. 120) é o aspecto da localidade, ou seja, "uma escola ou uma família, por exemplo, podem estabelecer – e colocar em prática – planos para alterar uma certa situação (sócio)linguística, mesmo que isso nem sempre seja explicitado". A autora também relaciona os termos *políticas linguísticas* e *políticas de identidade*, uma vez que ambos envolvem processos que nunca são "neutros, apolíticos ou isentos de conflitos" (Maher, 2013, p. 121).

As ações políticas relacionam-se com a presença de um agente, uma vez que requerem tomada de decisões. Portanto, ser agente não é apenas ser um "sujeito de linguagem", mas alguém distinto por apresentar "vontade própria de se autoafirmar e marcar seu posicionamento, independentemente do grau do sucesso que ele tem na ousadia" (Rajagopalan, 2013, p. 35). Ou seja, é ser "alguém capaz de furar o cerco da estrutura que o esmagava e tolhia sua autonomia e desejo de agir conforme seu próprio livre arbítrio" (Rajagopalan, 2013, p. 35).

Em seus escritos, Maciel (2014) faz a distinção entre três termos: *planejamento linguístico, política linguística e política linguística crítica*. O primeiro diz respeito aos debates relacionados à educação e ao "questionamento sobre que variedade deveria ser usada como meio de instrução em uma determinada comunidade, ou ainda, que línguas estrangeiras deveriam ser obrigatórias no currículo escolar" (Maciel, 2014, p. 102). O segundo, por sua vez, relaciona-se com a compreensão sobre o papel da língua na reprodução de desigualdades sociais e econômicas, levando em conta um aporte teórico voltado para as teorias críticas e pós-modernas. Em termos práticos, "as políticas linguísticas se materializam em documentos, em leis e em regulamentações" (Maciel, 2014, p. 103). Por fim, o terceiro termo investiga as formas de promoção de ideologias, à medida que analisa o modo pelo qual as "fronteiras linguísticas são criadas na tentativa de se ter línguas puras, de se provocar inclusão ou marginalização de grupos, entre outros aspectos que violam os direitos pessoais e promovem práticas não democráticas" (Maciel, 2014, p. 104).

Como forma de ampliar esse debate, Maciel (2014) sugere o acréscimo de um quarto termo: o *letramento crítico das políticas linguísticas*, o qual define como "o estudo das políticas linguísticas e para a formação de professores comprometidos em investigar de que maneira elas são interpretadas, negociadas, resistidas ou reconceituadas conforme a tradução do conhecimento local/contextual" (Maciel, 2014, p. 106). Além disso, para citar mais uma vez o autor, o letramento crítico das políticas linguísticas volta-se para a "preocupação ética com postura autocrítica do pesquisador em assumir as suas próprias interpretações como parte integrante do processo interpretativo durante a relação colaborativa com o outro" (Maciel, 2014, p. 106).

Ao refletirmos sobre o papel do professor de línguas e do linguista aplicado diante das políticas linguísticas e de ensino, concordamos com Bohn (2000, p. 129) quando este pontua que cada um desses profissionais "deve ser considerado um 'intelectual' importante, porque [...] não é mero executor de um projeto, de uma política, mas [...] colabora efetivamente para a consolidação dos objetivos da vontade coletiva, contribuindo para aquilo que Aristóteles denominava de 'bem viver'".

cincopontotrês
O *status* de inglês como língua internacional

Quando ensinamos uma língua estrangeira, precisamos atentar para questões ideológicas que permeiam a língua em questão. A língua inglesa carrega atribuições que precisam ser problematizadas em sala de aula, num contexto em que equiparar o *status* de uma língua estrangeira a outra descaracteriza seu peso ideológico. Com isso, queremos dizer que ensinar espanhol, por exemplo, é muito diferente de ensinar inglês, o que ocorre em razão não apenas da natureza e das especificidades das línguas, mas também do reconhecimento de que a "a linguagem tem natureza política em função das relações de poder nela presentes" (Monte Mor, 2013b, p. 42).

De acordo com Moita Lopes (2008, p. 315), "o avanço do inglês tem sido fonte de preocupação da parte de governos e da mídia, embora, contraditoriamente, muitos governos, ao mesmo tempo, invistam cada vez mais no ensino dessa língua". Moita Lopes (2008) também explica que países como a França e o Brasil têm medido esforços para barrar a invasão do inglês e a suposta destruição que este estaria imprimindo às línguas nacionais. O autor menciona exemplos dessas iniciativas. Na França, as propagandas que apresentem conteúdo em inglês devem ser traduzidas. No Brasil, por sua vez, Moita Lopes (2008) nos lembra do projeto de lei do deputado Aldo Rebelo, em 2000, que apresentava como pauta a proibição do uso de palavras estrangeiras em documentos oficiais, impondo a tradução desses vocábulos presentes em painéis de propagandas e determinando que especialistas criassem novas palavras em português que fossem equivalentes às expressões estrangeiras usadas em áreas de inovação tecnológica.

Em tempos de globalização e internacionalização das instituições de ensino, a necessidade de problematizar o papel da língua tem sido bastante evidenciado, pois o inglês é visto como a língua que possibilita ascensão social e permite o ingresso e a manutenção no mercado de trabalho; ao mesmo tempo, carrega uma "imposição supostamente decorrente de um imperialismo linguístico alimentado pelas estruturas coloniais" (Jordão; Martinez, 2015, p. 68).

De acordo com Calvo e El Kadri (2011, p. 19), "conceber o inglês como língua franca e não apenas como uma língua estrangeira traz implicações educacionais com repercussões para a escolha das variedades a serem ensinadas, para o papel da cultura no ensino da língua". Em outras palavras, quando pensamos na língua inglesa e no seu processo de ensino-aprendizagem, não podemos interpretá-los dentro de uma lógica que reflete neutralidade, pois essa língua carrega questões políticas e ideológicas que precisam ser debatidas.

Siqueira (2012) nos chama a atenção para a ideia de que, por estar demasiadamente vinculada a uma "aura da modernidade", a língua inglesa assume-se como neutra. No entanto, é fundamental que os professores assumam uma postura crítica para que as salas de aula não se tornem "um espaço idealizado, uma verdadeira 'ilha da fantasia'" (Siqueira, 2012, p. 321).

Na LA, há diversos pesquisadores que analisam as implicações da noção de inglês como língua franca, *World English* ou língua internacional/global. Um exemplo é David Crystal (2003), que discute em sua obra *English as a Global Language* como o inglês passou a atingir *status* de língua global. Segundo a opinião dele, uma língua não atinge tal *status* em razão de seu poderio econômico e militar apenas, mas também pelas relações de poder que são construídas e pelo poder que seus usuários dão a ela. Ainda segundo Crystal (2003), o crescimento de falantes de inglês nos mostra que o fenômeno está em expansão. Em 2000, um quarto da população mundial era considerada fluente em inglês, o que representava 1,5 bilhão de pessoas. Dados mais recentes apontam que uma a cada cinco pessoas fala inglês, ou como nativo, ou como segunda língua, ou como língua estrangeira (Spirandeo, 2013). Nesse contexto, vale dizer, cerca de 430 milhões de falantes são nativos e 950 milhões não são nativos. Ao combinar falantes nativos e não nativos do inglês, estima-se que a Índia tenha a maior quantidade de pessoas que entendem ou falam inglês se comparada a outros países do mundo (EdirEnglishblog, 2012).

Alguns autores preferem utilizar o termo *língua franca*, entendida como "uma língua que serve como meio de comunicação entre falantes de diferentes línguas maternas... uma língua que não possui um falante nativo" (Pederson, 2011, p. 59, tradução nossa*). Pederson (2011) explica que esse seria um conceito tradicional de língua franca e que, em uma visão mais contemporânea, existem também nativos da língua inglesa que a estão utilizando como *inglês como língua franca* (ILF) – *English as Lingua Franca* (ELF), já que participam cada vez mais de interações permeadas de cruzamentos culturais (*cross-cultural interactions*).

Nessa perspectiva, um conceito que se faz importante é o da inteligibilidade. A inteligibilidade é entendida como a habilidade de negociar sentidos dentro de diferentes contextos sociais. Portanto, o que prevalece na comunicação é a capacidade do falante de se fazer compreendido por seu interlocutor recorrendo a diferentes estratégias. Assim, a noção de erro é ressignificada e passa a valorizar as interações interculturais proporcionadas pelo ato comunicativo entre os usuários da língua.

Rajagopalan (2011a, p. 52) utiliza a nomenclatura *World English* (WE) para se referir ao fenômeno língua franca e defende-o como algo "cultural por excelência, um fenômeno produzido pela geopolítica do mundo pós-colonial, pós-Guerra Fria.

---

* Tradução de: "is a language that serves as the means of communication between speakers of different first languages... a language with no native speakers".

Ele é fruto do trabalho do homem que precisa se comunicar com seus pares, a longas distâncias e contra as barreiras de toda a sorte – cultural, social e nacional". O autor também menciona que há vários fatores que colaboram para que o fenômeno seja compreendido de forma equivocada e que a nossa visão de língua está atrelada a isso. Um dos equívocos é pensar o WE como um "quebra-galho", ou seja, um arranjo de palavras utilizadas para dar conta de uma determinada situação comunicativa. Nesse sentido, embora o fenômeno também abranja essa necessidade comunicativa, há estudos que demonstram que houve mudanças de ordem lexical, fonológica e inclusive sintáticas em variedades do inglês em contextos pós-coloniais (Rajagopalan, 2010), como *Indian English*, *Kenyan English*, *Ghanaian English* etc.

De acordo com Rajagopalan (2015, p. 20), "estima-se que quase 80% da produção mundial em matéria de pesquisa científica é veiculada em inglês". Ele ainda reitera que esse número pode variar a depender da área acadêmica em que se pretende focar. Por esse motivo, o autor atenta para o fato de que "quem não domina o inglês está sendo obrigado a sentir-se acuado e com a sensação, hoje em dia, de estar praticamente isolado do convívio dos pares no mundo acadêmico [...] graças a [sic] transnacionalização da academia".

Ao tratar sobre a noção de inglês como língua internacional, Canagarajah (2014) aponta três implicações pedagógicas: 1) consciência linguística (*language awareness*); 2) sensibilidade retórica (*rhetorical sensitivity*); e 3) estratégias de negociação (*negotiation strategies*). A primeira diz respeito ao conhecimento sobre o funcionamento gramatical nas línguas. No entanto, esse conhecimento não é necessariamente explícito, podendo ser implícito, desenvolvido nas experiências cotidianas com a linguagem. Na verdade, todos somos dotados de uma consciência sobre o idioma baseada na capacidade que temos para nos comunicar desenvolvida em nossas práticas sociais. Canagarajah (2014) ressalta que essa consciência linguística só será desenvolvida se o professor não impuser uma única variante linguística como a correta.

A segunda implicação está relacionada ao tipo de inglês que será utilizado nas diversas e diferentes práticas sociais, por exemplo, o inglês que seria mais apropriado para escrever um *post* em um *blog* ou o mais adequado à escrita de um artigo acadêmico. Nesse sentido, a sensibilidade retórica é uma consciência sobre os gêneros, suas convenções e contextos, alterando também sutilmente esses padrões para atender aos seus próprios interesses.

Por fim, as estratégias de negociação vinculam-se às formas comunicativas a que os usuários recorrem para se fazer compreendidos. Como exemplo, Canagarajah (2014) cita a solicitação de confirmação (*confirmation check*), repetição e esclarecimentos para reestabelecer possíveis quebras comunicativas em razão de diferenças linguísticas. O autor reforça que essas estratégias envolvem colaboração, paciência e solidariedade entre os usuários.

Kumaravadivelu (2006, p. 135) defende que, "da mesma forma que temos que lidar com o uso global da língua inglesa, também temos de tratar de sua colonialidade". Para Pennycook (1998b), a questão do colonialismo deve não apenas ser vista como um período histórico, mas também compreendida em aspectos que perpassam o legado cultural e de pensamento europeu. Para o autor, é crucial levar em consideração a relação que o ensino de língua inglesa tem com a ideia de colonialidade:

> *Quero argumentar que as teorias e práticas de ELT [English Language Teaching] que emanam das antigas potências coloniais ainda trazem os vestígios dessas histórias coloniais tanto por causa da longa história de conexões diretas entre ELT e o colonialismo quanto em razão de essas teorias e práticas derivarem de culturas e ideologias europeias mais amplas que são, elas próprias, produtos do colonialismo. Em certo sentido, então, ELT é um produto do colonialismo não apenas porque é o colonialismo que produziu as condições iniciais para a disseminação global do inglês, mas porque foi o colonialismo que produziu muitas das formas de pensar e comportar-se que ainda fazem parte das culturas do Ocidente.* (Pennycook, 1998b, p. 19, tradução nossa*)

Jordão e Martinez (2015, p. 62), seguindo a lógica de Pennycook (1998b), recorrem à crítica de Kumaravadivelu (2006)

---

* Tradução de: "I want to argue that ELT theories and practices that emanate from the former colonial powers still carry the traces of those colonial histories both because of the long history of direct connections between ELT and colonialism and because such theories and practices derive from broader European cultures and ideologies that themselves are products of colonialism. In a sense, then, ELT is a product of colonialism not just because it is colonialism that produced the initial conditions for the global spread of English but because it was colonialism that produced many of the ways of thinking and behaving that are still part of Western cultures".

e à noção de método afirmando que esta última transmite a ideia de "marginalidade que posiciona conhecimentos locais e os sujeitos que os produzem como subordinados, secundários e inferiores aos conhecimentos e sujeitos da metrópole". Ou seja, quando pensamos no papel do professor de inglês como mero aplicador de práticas sugeridas nos métodos de ensino, reforçamos a visão de colonialidade. Kumaravadivelu (2012) sugere aos professores de língua inglesa uma ruptura epistemológica (*epistemick break*) como forma de romper com a dependência do Ocidente. Nesse sentido, o autor aponta alguns aspectos que podem colaborar para essa ruptura.

O primeiro aspecto seria com relação à noção de falante nativo e à competência de falante nativo. Kumaravadivelu (2012) nos convida a pensar os impactos que a centralidade no falante nativo pode desencadear, já que esse se torna um ideal, ou seja, a autoridade máxima ou o exemplo a ser conquistado na aprendizagem de língua inglesa. Na qualidade de professor, é preciso problematizar essa noção com os nossos alunos, procurando quebrar, por exemplo, ideias vendidas por cursos de idiomas cujas propagandas atestam qualidade por anunciarem que as aulas são ministradas por professores nativos.

O segundo aspecto vinculado a essa ruptura epistêmica seriam as terminologias que acabam por servir de mantenedoras da noção de falante nativo, como ESL, EFL, WE, ELF*, dentre outras. Os professores, então, precisam assumir uma postura a

---

* ESL – *English as a Second Language*; EFL – *English as a Foreign Language*; WE – *World English*; ELF – *English as Lingua Franca*.

respeito da perspectiva que trabalham, lembrando sempre que "simplesmente escolher um termo e defendê-lo como preferível em relação a outros não contribui para uma análise crítica, podendo inclusive encobrir a variedade de sentidos possíveis e suas implicações ontológicas" (Jordão, 2014, p. 35).

O terceiro aspecto a ser rompido relaciona-se à produção de conhecimento que se centraliza na cultura ocidental. Kumaravadivelu (2012) coloca que os estudos sobre aquisição de segunda língua têm trabalhado fortemente com noções como interlíngua, fossilização, aculturação, competência comunicativa e intercultural, que reforçam uma epistemologia voltada para o falante nativo. Ao fazermos pesquisa, temos de ter "clareza sobre as implicações éticas de nossas escolhas teóricas" (Moita Lopes, 2006a, p. 98). Não só como pesquisadores, mas como professores, precisamos entender que a forma como vemos língua e os aspectos relacionados à aprendizagem impacta no modo como pensamos e conduzimos nossas aulas. Para Kumaravadivelu (2012), essa ruptura epistêmica com relação ao conhecimento pode se dar por meio da pesquisa proativa (*proactive research*), a qual ele entende como aquela que

> *envolve prestar atenção às particularidades do aprendizado/ ensino nos países periféricos, identificando questões pesquisáveis, investigando-os com utilização de métodos de pesquisa adequados, produzindo conhecimento original e aplicando-os*

em contextos de sala de aula. (Kumaravadivelu, 2012, p. 8, tradução nossa*)

A fim de superar essas visões da língua inglesa voltadas para uma lógica de colonialidade, De Lissovoy (2010, p. 280, tradução nossa) sugere que recorramos às teorias decoloniais, que "se preocupam em confrontar, desafiar e desfazer a força predominante e assimiladora do colonialismo como um processo histórico e contemporâneo e o eurocentrismo cultural e epistemológico que o subscreve"**. Mignolo (2013, p. 131, tradução nossa) diz que o pensamento decolonial está preocupado com a "igualdade global e a justiça econômica, mas também declara que a democracia e o socialismo ocidentais não são os dois únicos modelos que orientam nossos pensamentos e ações"***. Nessa lógica, concordamos com Andreotti et al. (2016, p. 138) quando afirmam que a "educação tem um papel fundamental [no provimento das] ferramentas necessárias para que as pessoas consigam pensar além da realidade aparente [de modo que possam]

---

* Tradução de: "Proactive research involves paying attention to the particularities of learning/teaching in periphery countries, identifying researchable questions, investigating them using appropriate research methods, producing original knowledge and applying them in classroom contexts".

** Tradução de: "Decolonial theory is concerned with confronting, challenging, and undoing the dominative and assimilative force of colonialism as a historical and contemporary process, and the cultural and epistemological Eurocentrism that underwrites it".

*** Tradução de: "global equality and economic justice, but it also asserts that Western democracy and socialism are not the only two models to orient our thinking and our doing".

viver no mundo para além dos limites impostos pelo pensamento abissal da modernidade".

cincopontoquatro
Letramentos: significados e ressignificações

O termo *letramento* pode ser interpretado de diferentes maneiras a depender da perspectiva teórica a que está vinculado. É importante destacar que os letramentos não estão apenas relacionados ao ensino de LE ou LP. Por se tratar de uma abordagem educacional, esta pode ser expandida para o ensino de qualquer componente curricular. Soares (2009) afirma que a noção de letramento passou a ser utilizada no contexto brasileiro em meados dos anos 1980, tendo sido originária do termo em inglês *literacy*. Segundo a autora, o livro *No mundo da escrita: uma perspectiva psicolinguística*, publicado em 1986 por Mary Kato, registra umas das primeiras ocorrências do uso do termo. É válido ressaltar que letramento envolve práticas sociais de leitura e de escrita e que dele existem diferentes formas e "abordagens que aparentemente são semelhantes, mas que encerram pressupostos bastante diversos" (Jordão, 2013a, p. 69).

Monte Mor (2017) nos explica que, no Brasil, os estudos voltados para a noção de letramento podem ser divididos em três gerações. A primeira delas diz respeito à noção de letramento vinculado ao processo de alfabetização, ou seja, à inserção do sujeito em práticas de leitura e escrita. Nessa geração já havia a crítica de que não bastava alfabetizar, uma vez que era preciso inserir os sujeitos em práticas letradas, pois de nada adianta o aluno saber ler e escrever se não souber utilizar esse conhecimento em sua vida. Por essa razão, coloca-se que ser alfabetizado não é o mesmo que ser letrado. A diferença está no uso da língua, já que um indivíduo letrado é capaz de colocar em prática o que aprendeu ao preencher um formulário ou um cadastro, por exemplo.

A segunda geração está vinculada aos estudos em língua materna, os quais entendem que propiciar práticas de letramento é tarefa da disciplina de LP, e não das línguas estrangeiras. É válido destacar que, nessa geração, a noção de texto estava bastante ligada a aspectos verbais, contexto no qual a multimodalidade tinha pouco espaço. Autores como Brian Street (2014) ganham espaço e fazem distinção entre duas importantes noções: o **letramento autônomo** e o **letramento ideológico**. O modelo autônomo (logocêntrico) entende que o letramento ocorre por meio da linguagem, mas desconsidera o contexto e a natureza sócio-histórica dos sentidos, razão pela qual a leitura é um processo neutro e os leitores, passivos, já que não interferem no processo de interpretação. Em oposição, o letramento ideológico entende o texto e sua natureza sócio-histórica. A leitura e a escrita são compreendidas como práticas sociais situadas em contextos culturais específicos. Inserir os sujeitos em práticas de letramento é possibilitar-lhes a percepção das estruturas de poder de uma sociedade, auxiliando-os na mudança de suas condições sociais.

Na terceira geração encontramos a noção de letramento como projeto educacional e seus diferentes movimentos: novos letramentos, multiletramentos e letramento crítico (LC). Nessa geração, a sala de aula de LE também é vista como espaço para a promoção de letramentos. A concepção de texto abrange não apenas o verbal, mas as multimodalidades e as diferentes formas de construir sentidos. Logo, o leitor passa a ser visto em seu papel agentivo, atuante na relação autor-texto-leitor na construção de sentidos. Além disso, segundo Monte Mor (2017), a terceira geração de letramentos é marcada por trazer à baila das discussões os efeitos e impactos do fenômeno da globalização, da comunicação e da linguagem digital. Vamos analisar a Figura 5.1.

Figura 5.1 – As três gerações dos letramentos

1ª Geração – Letramento como alfabetização
2ª Geração – Estudos voltados para o letramento em língua materna
3ª Geração – Letramento como proposta educacional – engloba também as línguas estrangeiras (novos letramentos, letramentos críticos e multiletramentos)

FONTE: Monte Mor, 2017.

Duboc (2012) atenta para essa questão terminológica que envolve a noção de letramento. Para ela, as diferentes terminologias têm um ponto comum, ou seja, "a ruptura com o conceito liberal-humanista de letramento, fundamentado em preceitos biológicos" (Duboc, 2012, p. 74). Em outras palavras, essas diferentes formas de compreender o sentido de letramento se instauram dentro do paradigma da pós-modernidade (o qual discutimos no

Capítulo 3) e se relacionam a elementos como "diversidade, descontinuidade, conflito e contradição, tomados como aspectos inerentes a qualquer fenômeno social" (Duboc, 2012, p. 74). Para que compreendamos as nuanças de cada terminologia, faz-se necessário discorrer brevemente sobre cada uma delas.

Sobre a noção de novos letramentos, Lankshear e Knobel (2003) nos explicam que se refere a uma nova forma de olhar para a ideia de letramento. Os novos letramentos se distinguem do conceito até então trabalhado pelo fato de abandonarem "velhas" abordagens, geralmente baseadas em paradigmas psicolinguísticos ou tecnicistas entendidos como "um conjunto de habilidades cognitivas ou psicológicas que as pessoas possuem, e que podem ser ensinadas de maneira neutra em contextos formais ou informais de ensino" (Mattos, 2014, p. 108). Os novos letramentos procuram trazer um olhar para novas formas de produção de leitura e escrita ao buscar romper com essa visão tradicional bastante limitadora. Dentro dessa proposta, os letramentos referem-se a

> um conjunto de práticas culturais que são construídas e reconstruídas por interesses socioculturais em permanente conflito, em meio a relações de poder, descartando a expectativa de neutralidade convencionada por leituras tradicionais e grafocêntricas, normalmente, seguindo o movimento da esquerda para a direita e de cima para baixo. Assim sendo, os textos são estruturados por domínios socioeconômicos, representando, portanto, as perspectivas de alguns grupos sociais ao mesmo tempo em que acabam silenciando outras interpretações. Nesse sentido, percebe-se

que a natureza hipermodal da linguagem permite instanciarmos outros posicionamentos, evidenciando as visões dominantes e, ao mesmo tempo, possibilitando que esses sejam criticados e reinterpretados constantemente. (Takaki, 2012, p. 13)

Os novos letramentos nos permitem pensar as relações textuais de forma mais aberta, deixando de lado a ideia de um sentido único a ser desvelado, geralmente vinculado à intencionalidade do autor. Além disso, eles ampliam as formas de produção de sentidos, já que se prendem não ao verbal, mas à incorporação de outras semioses. A linguagem é vista como prática social e como mecanismo para que os sujeitos problematizem as relações de poder e desenvolvam a criticidade. O letramento, aqui, é entendido não mais como uma habilidade cognitiva, mas sim como um construto social, passando a ser visto em sua natureza plural ancorada em uma abordagem sociocultural de aprendizagem.

As transformações relacionadas à expansão das tecnologias digitais de informação e comunicação trouxeram à tona o desenvolvimento do conceito de multiletramentos. E, ao pensar nesse conceito, o Grupo de Nova Londres – *The New London Group* (Cope; Kalantzis, 2000) é um nome que não podemos deixar de mencionar. Estudiosos de Nova Londres – Connecticut/Estados Unidos da América –, após realizarem um colóquio em 1996, publicaram um manifesto intitulado "Pedagogia dos multiletramentos", no qual pontuavam a necessidade de uma escola capaz de incorporar a diversidade de culturas e de tecnologias emergentes na sociedade contemporânea. Colocou-se que os jovens já faziam uso de ferramentas de comunicação e informação cada vez mais multimodais e multissemióticas. Assim, para abranger "esses dois multi – a multiculturalidade característica das sociedades globalizadas e a multimodalidade dos textos por meio dos quais a multiculturalidade se comunica e informa, o grupo cunhou um termo ou conceito novo: multiletramentos" (Rojo, 2012, p. 13). Dentre as discussões do grupo, estavam em pauta questões como:

> + As tensões pedagógicas entre imersão e modelos explícitos de ensino;
> + O desafio com relação às diversidades cultural e linguística;
> + Os proeminentes modos de comunicação e as tecnologias;
> + A reestruturação e os usos de textos em locais de trabalho.

Como discutimos no capítulo anterior sobre a questão dos gêneros digitais, na concepção dos multiletramentos, a escola precisa pensar sobre formas de incorporar em suas práticas pedagógicas essas novas experiências com a linguagem. Na verdade, se formos analisar com precisão, essas formas não são tão novas assim, uma vez que nossos alunos já estão em contato constante com textos multimodais nos *smartphones*, nos *videogames*, nas redes sociais, entre outras formas de comunicação via internet ou outras mídias. No entanto, pode existir um distanciamento quanto à maneira pela qual a escola está olhando para esses usos da linguagem,

> Os novos letramentos nos permitem pensar as relações textuais de forma mais aberta, deixando de lado a ideia de um sentido único a ser desvelado, geralmente vinculado à intencionalidade do autor.

talvez pela dificuldade de promover atividades que envolvam esses usos, quer por falta de recursos e infraestrutura dessa tecnologia, quer pela falta de reconhecimento da necessidade dessa mudança. Para Rojo (2012, p. 16), o papel da escola requer

> *uma nova ética e novas estéticas. Uma nova ética que já não se baseie tanto na propriedade (de direitos de autor, de rendimentos que se dissolveram na navegação livre da web), mas no diálogo (chancelado, citado) entre novos interpretantes (os remixers[*], mashupers[**]). Uma nova ética que, seja na recepção, seja na produção ou design, baseie-se nos letramentos críticos [...].*

Portanto, cabe à escola desenvolver letramentos críticos que possibilitem transformar os alunos para além de "consumidores acríticos", isto é, que permitam torná-los "analistas críticos". Na Figura 5.2 podemos compreender melhor essa questão.

---

* Um *remix* constitui-se em uma mídia que teve seu estado original modificado mediante processos de adição, remoção ou apagamento de trechos ou partes. A característica básica de um *remix* ocorre nesse processo de alteração que faz gerar um novo produto cultural, ou seja, uma nova música, um novo livro, uma nova imagem, um novo vídeo etc.
** O *mashup*, também chamado de *mescla-musical*, caracteriza-se como uma composição criada que toma como ponto de partida a mistura de duas ou mais músicas já preexistentes.

Figura 5.2 – Esquema dos tipos de alunos
e os multiletramentos

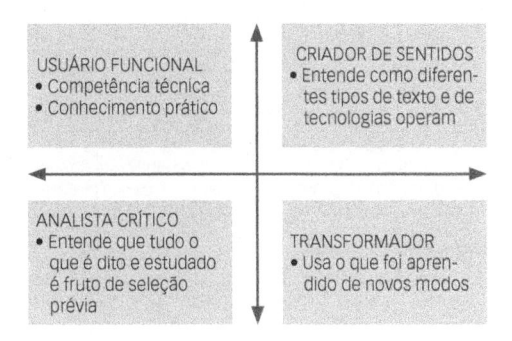

USUÁRIO FUNCIONAL
- Competência técnica
- Conhecimento prático

CRIADOR DE SENTIDOS
- Entende como diferentes tipos de texto e de tecnologias operam

ANALISTA CRÍTICO
- Entende que tudo o que é dito e estudado é fruto de seleção prévia

TRANSFORMADOR
- Usa o que foi aprendido de novos modos

FONTE: Rojo, 2012, p. 29.

O conceito de *design*, mencionado por Rojo (2012), é bastante representativo nos estudos dos multiletramentos. Cope e Kalantzis (2000) defendem o papel da escola como formadora de *designers* de significados, ou seja, de sujeitos capazes de construir, representar e transformar significados – linguísticos, visuais, gestuais, audiovisuais, ou quaisquer outros. A ideia de *design* aqui se divide em três espécies: os *available designs* – ou *designs* disponíveis –, que são recursos disponíveis para a construção de significados; o *designing* – ou desenho –, trabalho realizado nos processos de produção de sentido e apropriação desses *designs* disponíveis; e *the redesigned* – ou redesenho –, que é como os sujeitos e o mundo são transformados durante esse processo. A Figura 5.3 resume nosso exemplo.

Figura 5.3 – O conceito de *design* e seus processos

Available designs: recursos encontrados que estão disponíveis – gêneros textuais ou outros modos de representação, cultura e contexto.

Designing: o ato de construir sentidos, ou seja, o trabalho realizado em/com os *designs* disponíveis para representar o mundo.

The redesigned: ação ou produto – como o mundo e o sujeito (aprendizagem) foram transformados por meio dos *designs* disponíveis, constituindo-se em um novo *available design*.

FONTE: Elaborado com base em Cope; Kalantzis, 2009b, p. 176, tradução nossa*.

Podemos pensar em uma atividade prática dentro da proposta que Cope e Kalantzis (2009b) trazem. Quando os alunos realizam a leitura de uma obra literária, é bastante comum que professores solicitem como avaliação final uma resenha sobre o livro em questão. Inseridos nas teorias sobre os multiletramentos

---

* Tradução de: "Available Designs: Found and findable resources for meaning: culture, context and purpose specific patterns and conventions of meaning making. / Designing: The act of meaning: work performed on/with Available Designs in representing the world or other's representations of it, to oneself or others. / The Redesigned: The world transformed, in the form of new Available Designs, or the meaning designer who, through the very act of Designing, has transformed themselves (learning)".

e na ideia de *design*, poderíamos ressignificar essa atividade solicitando então que o aluno produzisse uma resenha em formato de vídeo. Tomamos como *designs disponíveis* o livro lido e o gênero resenha (a qual pode ser feita no formato escrito ou em vídeo para que o aluno possa reconhecer seus elementos composicionais). A tarefa a ser realizada pelo aluno está vinculada ao *designing*, ou seja, às escolhas lexicais, composicionais, visuais e sonoras que serão feitas pelo aluno em questão a fim de que ele construa os sentidos em sua resenha. Por fim, o produto resenha em vídeo será *the redesigned*, mas não com um fim em si mesmo, uma vez que aquilo que o aluno aprendeu com a atividade e os ganhos que teve em termos de aprendizagem também o transformou em um novo sujeito.

Como discutimos até aqui, a questão dos letramentos tem acompanhado as mudanças impostas pelas tecnologias digitais, bem como pelo advento da globalização. Monte Mor (2013c, p. 31) afirma que os debates educacionais recentes têm se atentado para habilidades a serem desenvolvidas nos sujeitos inseridos nessa nova esfera social, reconhecendo que "o desenvolvimento crítico vem a ser uma dessas habilidades" e que, para o LC, a questão da criticidade é determinante.

O LC, comentado brevemente no capítulo 4, caracteriza-se como uma abordagem educacional e, uma vez que se trata de uma abordagem e não de um método, não trabalha com concepções prescritivas, tampouco se volta para resultados mensuráveis (Jordão, 2016). Fruto de teorias pós-estruturalistas e pós-modernas, o LC não tem um representante único que possa ser considerado responsável por seu arcabouço teórico. O LC busca olhar para uma formação educacional que não visa fornecer respostas prontas e acabadas, mas sim problematizar a prática cotidiana a fim de compreender melhor nosso presente incerto que é vivenciado nas relações pedagógicas. O exercício de problematização precisa se fazer constante, e o espaço escolar precisa ser visto como um ambiente colaborativo.

Para Pennycook (2003, p. 35), três aspectos são cruciais para entender a proposta do LC: 1) o letramento é sempre político; 2) os textos e as práticas de letramento são "permanentemente imbricados, [...] pré-textualmente (historicamente, contextualmente), intertextualmente (por meio de textos) e pós-textualmente (discursivamente, subtextualmente)"; 3) os textos não têm sentidos em si mesmos, uma vez que eles são atribuídos no momento em que são interpretados.

Ler e interpretar são atividades indissociáveis do processo de desenvolvimento da criticidade e integram toda e qualquer prática pedagógica. Os apontamentos de Pennycook (2003) nos ajudam a refletir sobre o processo interpretativo e o seu impacto na construção da realidade ou *realidades*. Logo, "o real não é transparente para o mundo" (McLaren; Lankshear, 1993, p. 382, tradução nossa*). A realidade é algo historicamente contingente e emerge nas condições sociais, razão pela qual é possível pensar no uso da palavra *realidade* no plural. Isso quer dizer que o ato de ler está atrelado às possibilidades de leitura sugeridas pelo próprio texto, bem como aos discursos que circulam socialmente e que influenciam a construção de sentidos feita pelo leitor (McLaren;

---

* Tradução de: "the real is not transparent to the world".

Lankshear, 1993), ou seja, numa perspectiva de leitura discursiva leva-se em consideração tanto a história de leitura dos textos como a história de leitura do leitor (Orlandi, 1996). Portanto, "todas as nossas experiências estão compreendidas dentro de um sistema particular de interpretações; elas não são livres de restrições políticas, econômicas, sociais e linguísticas" (McLaren; Lankshear, 1993, p. 406, tradução nossa*). Nessa perspectiva, como apontam McLaren e Lankshear (1993), educadores envolvidos em pesquisas críticas nos recordam que as pessoas não possuem poder, mas o produzem nas relações sociais mediante práticas discursivas.

Para o LC, "a legitimação de um conhecimento sobre outro é produzida por mecanismos de controle e procedimentos de exclusão" (Rocha; Maciel, 2013, p. 14). Esses mecanismos de controle estão intrinsecamente relacionados à questão discursiva citada anteriormente. A língua é o que permeia as relações sociais e é o que permite que realidades sejam construídas. Como as relações sociais estão atreladas a relações de poder, a legitimação dos conhecimentos e saberes vai se dar nessas relações. Rocha e Maciel (2013, p. 14), fazendo alusão a Foucault, acrescentam que a legitimação de um conhecimento pode acontecer "por um conjunto de práticas que reforça e valoriza um determinado saber para a sociedade por meio da pedagogia".

Vasquez (2017, p. 3-5, tradução nossa) nos apresenta alguns pontos-chave para compreendermos como texto, discurso e multimodalidade são entendidos dentro da perspectiva do LC:

---

* Tradução de: "all our experiences are held accountable within a particular system of interpretations; they are not free of political, economic, social, and linguistic constraints".

Texto: o mundo é visto como um texto socialmente construído, que pode ser lido. Como tal, nenhum texto é neutro. O que isso significa é que todos os textos são criados com base em uma perspectiva particular com a intenção de transmitir mensagens específicas. Tais textos colaboram para posicionar os leitores de determinadas formas. Logo, precisamos questionar outras perspectivas. Quanto antes os alunos sejam introduzidos a essa noção, mais cedo eles conseguirão compreender o que significa ser pesquisador de linguagem e explorar formas em que os textos podem ser revisados, reescritos ou reconstruídos para mudar ou reformular a(s) mensagem(ns) transmitida(s).*

Discurso: são formas de ser, fazer e agir – mediar nossas vidas. Isso significa que nós vivemos com base em nossa compreensão do mundo, e as perspectivas, ideologias e crenças é que moldam essa compreensão. As maneiras pelas quais atribuímos sentido no mundo acontecem por meio dessas formas de ser, fazer e atuar.**

---

* Tradução de: "Text: the world is seen as a socially constructed text that can be read. As such no text is ever neutral. What this means is that all texts are created from a particular perspective with the intention of conveying particular messages. Such texts work to position readers in certain ways. We therefore need to question the perspectives of others. The earlier students are introduced to this idea, the sooner they are able to understand what it means to be researchers of language and explore ways texts can be revised, rewritten, or reconstructed to shift or reframe the message(s) conveyed".

** Tradução de: "Discourses: ways of being, doing, and acting—mediate our lives. This means we live our lives based on our understanding of the world and the perspectives, ideologies, and beliefs that shape that understanding. How we make meaning in the world happens through these ways of being, doing, and acting".

[Multimodalidade]: o design e a produção, a criação ou construção de textos multimodais e as decisões que fazem parte desse processo são essenciais para o trabalho de letramento crítico e podem proporcionar oportunidades de transformação. Isso inclui a noção de que não basta simplesmente criar textos para "praticar uma habilidade". Se os alunos devem criar textos, eles devem ser capazes de fazer com que esses textos realizem o trabalho pretendido. Por exemplo, se os alunos estão escrevendo pesquisas ou criando petições, estes devem ser feitos com a intenção da vida real, com o objetivo de lidar com um problema real. Se os alunos escrevem petições, eles deveriam poder enviá-las a quem eles pretendiam.*

Partimos dos textos, dos discursos e das multimodalidades para pensarmos que no LC não existe uma realidade dada ou pronta. A realidade é uma construção feita por meio da linguagem – escrita, oral ou multimodal. O mundo então seria uma grande narrativa que os sujeitos constroem com base em suas experiências de vida. A respeito disso, Jordão (2014, p. 198), nesse contexto, coloca que "não é possível vermos as coisas como

---

* Tradução de: "Text design and production, the creation or construction of multimodal texts, and the decisions that are part of that process are essential to critical literacy work and can provide opportunities for transformation. This includes the notion that it is not sufficient to simply create texts for the sake of "practicing a skill." If students are to create texts, they ought to be able to let those texts do the work intended. For instance, if students are writing surveys or creating petitions, they should be done with real-life intent for the purpose of dealing with a real issue. If students write petitions, they should be able to send them to whomever they were intended".

elas são: sempre vemos como achamos que elas são, com base nas narrativas de nossas culturas, famílias, escolas, de nossas vidas, enfim, com base em nossas crenças". Como forma de sintetizar alguns dos pressupostos vinculados ao LC, vamos analisar o Quadro 5.1 a seguir.

Quadro 5.1 – Pressupostos do LC

Conceito	Visão no LC
Aprendizagem	Capacidade de agir no mundo
Ensino	Formação de cidadãos/cidadãs capazes de agir socialmente
Avaliação	Contínua e formativa, com o objetivo de orientar a ação pedagógica; foco nos resultados sociointeracionais alcançados, não na correção conceitual
Criticidade	Reflexividade sobre a construção dos significados
Cultura	Entendimento de processos de (re)produção e circulação de discursos
Estudantes e professor	Usuários reflexivos do discurso; agência
Língua	(Um dos) sistema(s) de construção de significados no discurso
Linguagem	Multiletramentos
Significado	Construção e negociação na interação social

FONTE: Tílio, 2015, p. 208; Tílio, 2017, p. 27.

Ressaltamos que a noção de letramentos, como pudemos acompanhar, perpassa por diferentes discussões e abordagens e é algo bem mais complexo do que foi possível trabalhar nas poucas páginas desta seção. O intuito, portanto, foi aproximar você, leitor, desses conceitos a fim de que lhe desperte o interesse para aprofundar-se na temática.

cincopontocinco
Multimodalidade

A multimodalidade, ou *multissemiose*, pode ser entendida como "textos compostos de muitas linguagens (ou modos, ou semioses) e que exigem capacidades e práticas de compreensão e produção de cada uma delas (multiletramentos) para fazer significar" (Rojo, 2012, p. 19). O gênero *capa de revista* se enquadra como um exemplo de texto multimodal. Nele temos a linguagem verbal, a diagramação (disposição das informações na página) e as imagens (que geralmente passam por um processo de tratamento).

Outro exemplo que se enquadra nessa categoria é a reportagem televisiva, na qual há a presença do áudio como semiose verbal que incorpora as falas dos jornalistas, do narrador, do âncora e dos entrevistados, e a semiose verbal, em que aparecem a data, o título da reportagem e a legenda sobre quem está sendo entrevistado, por exemplo. Outras semioses que integram as reportagens são as imagens filmadas ou digitalizadas, bem como as imagens estáticas que podem ser incorporadas à edição, como documentos, fotos, mapas, gráficos, diagramas, entre outros.

Quando analisamos um texto multimodal, podemos perceber que a construção de sentidos ocorre na junção de todos os elementos presentes no texto. Sobre esse aspecto e a copresença de modos distintos de comunicação, Hemais (2015, p. 32) afirma:

> *O que é mais importante assinalar é como os modos interagem na construção dos significados da comunicação social, e cada modo contribui para os significados de acordo com sua capacidade de criar significados. O texto verbal em um anúncio, por exemplo, cria parte dos significados por meio de escolhas de elementos gramaticais e lexicais que expressam os conteúdos. De modo diferente, a foto de uma celebridade no anúncio constrói parte dos significados por meio da organização espacial e do olhar da pessoa que está na foto. O verbal e o visual se complementam, e potencializam os efeitos de sentido para o leitor.*

Diante do que Hemais (2015) nos explica, a comunicação humana é essencialmente multimodal. Tanto a fala quanto a escrita se caracterizam por formas distintas de construção de sentidos. Para expandirmos um pouco mais essa noção, vale destacar mais alguns aspectos com exemplos. Em uma aula expositiva ou uma conversa, por exemplo, os interlocutores podem se utilizar de gestos e de expressões faciais distintas que são elementos constitutivos da materialidade da informação. Quando interpretamos as informações nas relações comunicativas, não podemos ignorar esses elementos.

A multimodalidade não se resume ao fato de o texto apresentar imagens, fotos, pinturas ou outros elementos gráficos, pois a própria disposição dos elementos gráficos em uma página de revista ou jornal já é caracterizado como multimodalidade – assim como em nossa fala, que é permeada de gestos e outras linguagens que influenciam na construção de sentidos e no processo interpretativo.

O conhecimento sobre aspectos composicionais e multimodais é fator primordial para a realização das nossas atividades de linguagem cotidianas. Um exemplo seriam as placas de trânsito. Elas apresentam a disposição das informações bastante semelhante entre si e, mesmo que alguém que precise chegar a determinado destino se depare com uma placa em outro idioma, por exemplo, poderá recorrer a seu conhecimento prévio sobre esse gênero para acessar as informações de que necessita.

Kress e Van Leeuwen (2006) apresentam uma gramática do *design visual* como subsídio teórico a ser utilizado para interpretarmos textos multimodais. O termo *gramática*, dentro de concepções mais atreladas à linguística, é visto como conjunto de regras ou a forma pela qual o léxico é combinado dentro das sentenças. No entanto, para Kress e Van Leeuwen (2006), o termo é compreendido em função das formas pelas quais elementos como pessoas, lugares e coisas são combinados em "enunciados" visuais dentro de relações de maior ou menor complexidade. Os autores afirmam que, "assim como

> Quando analisamos um texto multimodal, podemos perceber que a construção de sentidos ocorre na junção de todos os elementos presentes no texto.

as estruturas ou enunciados linguísticos, os enunciados visuais apontam para interpretações particulares de experiência e de interação social" (Kress; Van Leeuwen, 2006, p. 2, tradução nossa*).

Outro argumento para que os autores se distanciem da concepção de gramática como *regra* diz respeito à noção de "quebra da regra". Para eles, apenas uma pequena parcela da sociedade pode romper com certos padrões. Porém, a comunicação visual atinge domínios mais populares, o que, segundo Kress e Van Leeuwen (2006, p. 3, tradução nossa), quer dizer que "não ser visualmente letrado vai começar a atrair sanções sociais. O letramento visual começará a ser uma questão de sobrevivência, especialmente no local de trabalho"**.

Construir sentidos tem relação direta com questões culturais. As formas pelas quais determinados conteúdos são ou podem ser transmitidos carregam aspectos culturais e históricos específicos. Um exemplo seriam a própria convenção de a escrita ser realizada da esquerda para a direita nas culturas ocidentais e a forte influência dessa disposição e desse direcionamento nas composições visuais. Assim, as escolhas entre utilizar ou não a linguagem verbal, a cor, e a própria composição de determinadas estruturas podem fazer toda a diferença na elaboração de um conteúdo (Kress; Van Leeuwen, 2006).

---

* Tradução de: "like linguistic structures, visual structures point to particular interpretations of experience and forms of social interaction".
** Tradução de: "Not being visually literate will begin to attract social sanctions. Visual literacy will begin to be a matter of survival, especially in the workplace".

Para Kress e Van Leeuwen (2006), o processo de construção de sentidos que envolve os textos multimodais apresenta-se em três princípios:

a. Valor da informação – O lugar em que os elementos (participantes e sintagmas relacionados uns com os outros e com aquele que está recepcionando/vendo/lendo o texto) aparecem em função das informações específicas ligadas às várias "zonas" (ou áreas) da imagem: direita ou esquerda, acima ou abaixo e centro e margem.

b. Saliência – Os elementos (participantes como representações e interações entre os sintagmas) são elaborados para atrair a atenção do leitor em diferentes níveis, podendo ser percebidos pela disposição em primeiro ou segundo plano, o tamanho relativo, contrastes de tons (cores), diferentes formatos etc.

c. Enquadramento – A presença ou a ausência de dispositivos de enquadramento (realizados mediante elementos que criam linhas de divisão ou linhas reais) que conectam ou desconectam elementos da imagem, o que faz com que se perceba se pertencem ou não a outros elementos na construção de sentidos.

Como os autores mencionam, esses elementos servem para serem aplicados não apenas a imagens ou composições visuais, mas também a outras combinações que envolvam elementos gráficos, que podem ser uma página em tela de computador, televisão, *tablet*, *smartphone* etc. Nesse sentido, são princípios que se aplicam à elaboração de *layouts* também.

O objetivo da teoria desses autores seria romper com as barreiras existentes ao olhar para a imagem e o verbal como sistemas separados, ou seja, promover a

> *ruptura das fronteiras disciplinares entre o estudo da língua e o estudo das imagens, e [procurar], tanto quanto possível, usar uma linguagem e terminologia compatível para tratar de ambos, pois em situações de comunicação real os dois, e de fato muitas outras semioses, se juntam para compor os textos.* (Kress; Van Leeuwen, 2006, p. 177, tradução nossa*)

Cope e Kalantzis (2009a, p. 363, tradução nossa) também trabalham com o conceito de gramática visual ou multimodal e explicam as maneiras pelas quais as imagens trabalham como linguagem: "Ação expressada por verbos em sentenças pode ser expressada por vetores em imagens. Preposições locativas são como primeiro plano ou segundo plano em imagens. Comparativos são como as dimensões e a disposição em imagens"**. Cope e Kalantzis (2009a, p. 365, tradução nossa) também sinalizam que os elementos da linguagem ou semioses podem estar atrelados a níveis ou categorias como os seguintes:

---

* Tradução de: "we seek to break down the disciplinary boundaries between the study of language and the study of images, and we seek, as much as possible, to use compatible language, and compatible terminology to speak about both, for in actual communication the two, and indeed many others, come together to form integrated texts".
** Tradução de: "Action expressed by verbs in sentences may be expressed by vectors in images. Locative prepositions in language are like foregrounding or backgrounding in images. Comparatives in language are like sizing and placement in images.

- *Representacional* – A que os significados se referem?
- *Social* – Como os significados conectam as pessoas que eles envolvem?
- *Organizacional* – Como as significações se conectam?
- *Contextual* – Como é que os significados se encaixam no mundo mais amplo da significação?
- *Ideológico* – Os significados estão inclinados a servir os interesses de quem?*

Rose (2007) afirma que a questão visual é fundamental para a construção cultural nas sociedades ocidentais contemporâneas. As imagens não são transparentes, mas sim formas de interpretar e representar o mundo. Oferecem, portanto, visões particulares de como se pensa questões de gênero, raça, classe social, poder e assim por diante (Rose, 2007). Por isso, a autora faz uma distinção do que seria visão (*vision*) e visualidade (*visuality*). A visão está relacionada às capacidades fisiológicas que o ser humano é capaz de realizar. A visualidade, por sua vez, diz respeito às formas "pelas quais vemos" ou pelas quais nos permitimos ver, em outras palavras, como nosso olhar é construído culturalmente (Rose, 2007). A autora coloca que se tem argumentado sobre a caracterização da sociedade como ocularcêntrica não apenas porque o visual se articula com nossas práticas cotidianas de linguagem,

---

* Tradução de: "Representational – What do the meanings refer to?; Social – How do the meanings connect the persons they involve?; Organisational – How do the meanings hang together?; Contextual – How do the meanings fit into the larger world of meaning?; Ideological – Whose interests are the meanings skewed to serve?

mas porque nossas interações se constroem constantemente em interações visuais.

No que tange ao trabalho com imagens, Rose (2007) aponta para a necessidade de uma abordagem crítica (*critical approach*) para a interpretação das informações visuais, o que envolve os seguintes aspectos:

- Levar a sério a informação visual, uma vez que as representações visuais têm seus próprios efeitos de sentido.
- Pensar sobre as condições sociais e os efeitos dos objetos visuais: "As práticas culturais assim como as representações visuais dependem de produções de inclusão e exclusões, razão pela qual é preciso haver um olhar crítico a respeito dessas práticas e dos efeitos e sentidos culturais" (Rose, 2007, p. 15-16, tradução nossa*).
- Considerar o próprio olhar quanto à forma de interpretar imagens: as formas de interpretar estão ligadas a aspectos históricos, geográficos, culturais e sociais específicos, razão por que acabamos nos tornando responsáveis pela forma como vemos as coisas, pois isso está relacionado à maneira por que nosso olhar foi condicionado durante a nossa experiência de vida.

Segundo Rose (2007), os significados de uma imagem são produzidos em três dimensões: (1) na produção da imagem; (2) na própria imagem; e (3) na audiência, podendo ser analisados em relação às seguintes modalidades:

---

* Tradução de: "Cultural practices like visual representations both depend on and produce social inclusions and exclusions, and a critical account needs to address both those practices and their cultural meanings and effects".

a. **Tecnológica** – Do papel à televisão, bem como a internet.
b. **Composicional** – Qualidade de materiais específicos de uma imagem ou objeto visual e o uso de estratégias como cor, organização espacial, por exemplo.
c. **Social** – Uma gama de relações econômicas, sociais e políticas, instituições e práticas que cercam a imagem e a maneira como é vista e utilizada.

5.5.1 Leitura de textos multimodais e audiovisuais

O processo de compreensão de um texto, seja em língua materna, seja em língua estrangeira, envolve a análise não apenas dos seus aspectos verbais. Como já mencionamos anteriormente, a informação visual pode ter seus próprios sentidos. Portanto, o processo de leitura envolve um olhar crítico que visa à desconstrução de um "olhar treinado" (Duboc; Ferraz, 2011). *Imagens* são produtos culturais, políticos e ideológicos e requerem exercícios de leitura que vão além da decodificação; ou seja, há momentos em que o leitor precisa fazer inferências para extrapolar a superficialidade do texto. Walsh (2004, p. 2, tradução nossa) defende que a "leitura crítica é uma parte importante para o leitor identificar diferentes discursos e compreender as ideologias que são apresentadas"*.

O processo de leitura e construção de sentidos que toma como referência a concepção de língua como discurso e não como código permite que se ensine a ler discursos ou palavras-mundo

---

* Tradução de: "Critical reading is an important part of the reader identifying different discourses and understanding what ideologies are presented".

construídos "pelo uso social da língua, um sistema complexo de produção de sentidos que constrói significados em práticas ideológicas" (Jordão, 2013b, p. 358). Portanto, ler é capacitar pessoas a "lerem o mundo e a lerem também os processos de ler usados pelos outros e por si mesmas; é enfocar os procedimentos interpretativos que atuam em si e à sua volta, de forma crítica e reflexiva" (Jordão, 2013b, p. 358).

Com relação à leitura de textos multimodais, Walsh (2004) lança o seguinte questionamento: A leitura de textos multimodais ocorre em um processo distinto da leitura de textos impressos? O autor responde colocando que textos multimodais exigem diferentes formas de conceituações e de pensamento. Na escrita, existe uma lógica voltada para o discurso, que envolve tempo, sequência etc., enquanto que a lógica da imagem requer a apresentação do espaço e da simultaneidade.

Para Xavier e Soledade (2013, p. 3), a formação de leitores audiovisuais é necessária "para que o princípio da cidadania seja efetivo, uma vez que os indivíduos conhecerão os processos de comunicação de massa estimulando o seu lado crítico e enriquecendo as experiências e práticas do meio". Por sua vez, Cerigatto e Casarin (2015) defendem que as produções audiovisuais na escola podem servir como fonte de informação e pesquisa, assim como para a apreciação de elementos estéticos.

O aproveitamento dos recursos midiáticos em sala de aula, feito de forma consciente e reflexiva, pode auxiliar na melhor análise de algumas contraposições generalizadas, como a de que a escola educa e a mídia "deseduca" (Cerigatto; Casarin, 2015). As autoras também apontam em seu estudo a necessidade de utilizar produções audiovisuais para além da mera ilustração de conteúdos, uma vez que esse tipo de trabalho limita as possibilidades de análise e leitura críticas.

cincopontoseis
Práticas translíngues

Se alguém perguntasse a você qual é a língua dominante na internet, que resposta daria? Fishman (1998) afirma que mais de 80% do conteúdo disponível na internet está em inglês. Com base nesse mesmo raciocínio, Crystal (2003, p. 117, tradução nossa) defende que o "inglês continua a ser a principal língua franca da internet – uma posição que, durante a década de 1990, começou a ser reconhecida na mídia popular"*. Como já discutimos anteriormente nesse mesmo capítulo, a língua inglesa tem assumido o *status* de língua global por estar presente nas mais variadas relações comunicativas de falantes de diferentes partes do mundo. Porém, mesmo com sua franca expansão, o uso do inglês na internet tem decaído. Lee e Barton (2015) afirmam que, no ano de 1998, o percentual de conteúdos em inglês na *web* era de 80% e, em 2012, ficou em 55%. Esse é um dos fatores que tem chamado a atenção de estudiosos da linguagem que querem compreender como têm sido desenvolvidas as práticas de letramento no que tange à diversidade linguística no meio virtual.

---

* Tradução de: "English continues to be the chief lingua franca of the Internet – a position which during the 1990s began to be acknowledged in the popular media".

Lee e Barton (2015) defendem que a internet multilíngue nos faz deixar de lado a importância de identificar qual é a língua mais utilizada para começar a olhar para as formas pelas quais os usuários estão inseridos em práticas multilíngues. Um exemplo disso seria o uso recorrente de tradutores automáticos para interações instantâneas. Para Lee e Barton (2015), essas práticas multilíngues fazem parte do que é chamado hoje de *práticas translíngues*.

A noção de práticas translíngues têm emergido na LA como forma de combater orientações monolíngues para o ensino de língua estrangeira. Embora seja bastante recorrente nos estudos recentes, não podemos considerar que a noção de prática translíngue seja algo novo, já que o debate com relação à mistura e à diversidade linguística já existe há um bom tempo (Rocha; Maciel, 2015). O termo *translíngue* tem sido definido, de acordo com Canagarajah (2013, p. 1-2, tradução nossa), como uma "competência comunicativa que não se restringe aos significados predefinidos de linguagens específicas, tendo a capacidade de unir diferentes recursos linguísticos nas interações situadas para construção de novos significados"*. Essa competência não se caracteriza como a soma do uso dos recursos disponíveis nas diversas línguas, mas sim como a capacidade transformativa desses recursos para a construção de novas formas criativas e novos significados.

---

* Tradução de: "communicative competence as not restricted to predefined meanings of individual languages, but the ability to merge different language resources in situated interactions for new meaning construction".

Assim como defendem Rocha e Maciel (2015, p. 424), entendemos que a noção de práticas translíngues precisa ser compreendida a fim de que redesenhemos nossas práticas pedagógicas e revisitemos "noções como negociação, estratégias, língua-padrão e comunicação, a partir de um olhar marcado pela complexidade, mobilidade e descentralização". Investigar as práticas translíngues e a forma como elas permeiam as práticas sociais e pedagógicas é mais um dos desafios que a LA tem incorporado em sua agenda de pesquisa, buscando valorizar a pluralidade linguística e desconstruir visões de língua como sistemas fechados.

Síntese

Neste capítulo, tratamos de temáticas emergentes no ensino de línguas estrangeiras. Inicialmente, traçamos um percurso histórico sobre o ensino de línguas estrangeiras no Brasil e das diferentes línguas que integraram o currículo. Em seguida, apresentamos discussões sobre as políticas linguísticas e de ensino e sobre o papel do professor de línguas e do linguista aplicado nesse contexto. Na sequência, analisamos especificamente a questão da língua inglesa como língua global e as suas relações de colonialidade. Depois, trouxemos a questão dos letramentos, multiletramentos, novos letramentos e do letramento crítico, olhando também para a multimodalidade e a leitura desse tipo de texto. Por fim, analisamos a questão das práticas translíngues que têm emergido nas pesquisas recentes em LA.

Indicações culturais

Como forma de ampliar as discussões sobre ensino de língua estrangeira na contemporaneidade, recomendamos que você assista a duas entrevistas realizadas com professores da Universidade de São Paulo (USP) e autores das *Orientações Curriculares para o Ensino Médio – Linguagens, códigos e suas tecnologias* (especificamente o Capítulo 3, referente aos conhecimentos de língua estrangeira) (Brasil, 2006):

1) *Entrevista com o Prof. Lynn Mario Menezes de Souza:*

PROF. RUBERVAL Macial entrevista Prof. Lynn Mario. Disponível em: <https://www.youtube.com/watch?v=NztRaJQTFLU>. Acesso em: 10 jan. 2019.

2) *Entrevista com a Prof. Walkyria Monte Mor:*

ENTREVISTA Profa. Dra. Walkyria Monte Mor – Ocem (Parte I). Disponível em: <https://www.youtube.com/watch?v=zwcxfy6zON4>. Acesso em: 9 jan. 2019.

PROF. RUBERVAL Maciel entrevista Profª Dra. Walkyria Monte Mor (Parte 2). Disponível em: <https://www.youtube.com/watch?v=z08yqYLOtPM>. Acesso em: 9 jan. 2019.

Atividades de autoavaliação

1. A respeito do conceito de *letramento*, indique V para as afirmações verdadeiras e F para as falsas. Depois, assinale a alternativa que apresenta a sequência correta:

(   ) O conceito de letramento não mudou desde sua proposta inicial, que era voltada para a questão da alfabetização.
(   ) O Grupo de Nova Londres (*The New London Group*) foi um dos primeiros a se preocupar com o conceito de multiletramentos.
(   ) As terminologias diferenciadas que a noção de letramento pode assumir estão instauradas no paradigma da pós-modernidade.
(   ) O letramento crítico concebe o texto como algo construído socialmente e a linguagem como discurso.

a. V, F, V, V.
b. F, V, V, V.
c. F, V, V, F.
d. F, F, V, V.
e. V, F, F, V.

2. Assinale a alternativa incorreta com relação ao conceito de *design*:

a. Os *designs* disponíveis – *available designs* – são recursos disponíveis para a construção de significados, ou seja, o produto final desse processo.
b. O *designing* constitui-se o trabalho realizado nos processos de produção de sentido e apropriação dos *designs* disponíveis.
c. O redesenho, ou *the redesigned*, diz respeito à forma pela qual os sujeitos e o mundo foram transformados durante esse processo.
d. Os *designers* de significados são os sujeitos capazes de construir, representar e transformar significados – linguísticos, visuais, gestuais, audiovisuais, ou quaisquer outros.
e. É papel da escola a formação de *designers* de significados, ou seja, de sujeitos capazes de construir, representar e transformar significados – linguísticos, visuais, gestuais, audiovisuais, ou quaisquer outros.

3. Sobre a história do ensino de línguas no contexto brasileiro, indique V para as afirmações verdadeiras e F para as falsas. Depois, assinale a alternativa que apresenta a sequência correta:

( ) A Reforma Capanema pode ser considerada como representativa dos anos dourados para o ensino de línguas estrangeiras.

( ) Em 1917, o governo federal fechou escolas estrangeiras e de imigrantes e, no ano seguinte, criou escolas primárias custeadas pelo governo dos estados.

( ) Na Reforma Francisco de Campos, o método para o ensino de línguas era o audiolingual.

( ) O método direto surgiu durante a Segunda Guerra Mundial com o objetivo de ampliar o número de falantes de línguas estrangeiras.

a. F, F, V, V.
b. V, F, V, F.
c. V, F, F, F.
d. V, V, F, F.
e. F, V, F, F.

4. Com relação ao *status* da língua inglesa como língua franca/global, assinale a alternativa correta:

a. Conceber o inglês como língua franca e não apenas como uma língua estrangeira traz implicações educacionais como a escolha das variedades a serem ensinadas.

b. É a partir dos falantes nativos que uma língua pode adquirir o *status* de língua global, pois é a quantidade de falantes o fator mais importante para essa definição.

c. Não é equivocado pensar o inglês como um "quebra-galho", ou seja, um arranjo de palavras utilizadas para dar conta de uma determinada situação comunicativa.

d. O colonialismo deve ser visto apenas como um período histórico que reflete os aspectos que perpassam o legado cultural e de pensamento europeu.

e. O inglês como língua franca não reflete uma lógica de neutralidade, tampouco acarreta em questões políticas e ideológicas.

5. No que se refere aos documentos oficiais de ensino e a LDB, indique V para as afirmações verdadeiras e F para as falsas. Depois, assinale a alternativa que apresenta a sequência correta:

( ) A LDB n. 9.394/1996 possibilitava a escolha da língua que seria ensinada, o que ficaria a cargo da comunidade escolar.

( ) A Lei n. 13.415/2017, impõe a oferta da língua inglesa no currículo do ensino fundamental a partir do sexto ano.

( ) A ênfase dada ao ensino da leitura nos PCN de 1998 é justificada pela impossibilidade de realizar outras práticas discursivas no contexto da escola pública brasileira.

( ) Com a LDB n. 5.692/1971, o governo militar obrigou a inclusão de línguas estrangeiras nos currículos de primeiro e segundo graus.

a. V, V, V, F.
b. V, F, V, V.
c. F, V, V, F.
d. F, F, V, V.
e. V, F, F, F.

Atividades de aprendizagem

Questões para reflexão

1. Quais são os desafios que os professores podem enfrentar ao propor um trabalho voltado para o desenvolvimento dos letramentos (críticos/multimodais) em sala de aula?

2. Quais são as implicações para o ensino nas escolas brasileiras de educação básica em pensar o inglês como língua franca/global/internacional? De que forma isso pode impactar na formação de professores? E na elaboração de materiais didáticos?

Atividades aplicadas: práticas

1. Procuramos tratar um pouco neste capítulo sobre o ensino de línguas estrangeiras e a questão da multimodalidade e dos letramentos. Com base nessas reflexões, elabore uma proposta de atividade voltada para o ensino de LE dando ênfase ao que estudamos. Lembre-se de mencionar o público a que se direciona essa atividade e procure registrar suas expectativas quanto à aplicação. Caso seja possível, procure desenvolver sua proposta em uma aula de estágio supervisionado ou em sua prática profissional, se for o caso.

2. Selecione alguns livros didáticos de língua estrangeira mais recentes que contenham o Manual do Professor. Leia a fundamentação teórico-metodológica utilizada pelos autores e procure avaliar a compatibilidade dessa fundamentação com as atividades

propostas nos livros. Faça um levantamento das teorias mais presentes nesses materiais selecionados a fim de perceber quais são as tendências educacionais no ensino de línguas estrangeiras.

{

um	Percurso histórico da Linguística Aplicada (LA)
dois	A LA na contemporaneidade
três	Fazer pesquisa em LA
quatro	LA e o ensino de língua materna
cinco	LA e o ensino de línguas estrangeiras (LE)
# seis	**LA e sua relação com a sociedade e com a formação docente**

> *Fazer LA é, em suma, relacionar-se com outras áreas, outros conhecimentos, outras metodologias, outras visões, estabelecendo práticas multifacetadas, plurais, contingentes que se contrastam e contrapõem, exigindo uma abertura constante para negociações. Fazer LA é tomar estradas principais e também secundárias, seguir rumos legitimados e também marginais, andar pelas estradas e pelas picadas, seguindo rumos e abrindo passagens–sempre. Lidando com presenças e ausências – sempre.*
>
> Jordão, 2016, p. 13.

❰ DEPOIS DO PERCURSO que fizemos sobre a concepção da LA como campo de estudos, sobre suas raízes históricas, sobre as formas de fazer pesquisa e produzir conhecimento na área e de compreendê-la nos espaços de ensino de língua materna e estrangeira, chegou o momento de pensarmos sobre LA e sua relação com a sociedade e a formação docente. Neste capítulo, trazemos discussões sobre o papel social do linguista aplicado, sobre a LA no contexto global e digital e sobre as contribuições e os desafios da área na formação de professores. Por fim, vamos refletir sobre a LA como atitude responsiva.

seispontoum
LA, educação e sociedade

> *A educação é comunicação, é diálogo, na medida em que não é a transferência de saber, mas um encontro de sujeitos interlocutores que buscam a significação dos significados.*
>
> Freire, 1985, p. 46.

Ao analisarmos o papel da LA desde sua constituição como área de estudos, notamos forte vinculação entre ela e a questão educacional. Sem dúvida, a educação é uma das áreas que mais estão presentes nas pesquisas em LA quando tomamos por base contextos, sujeitos e temáticas múltiplas. Trazer um retorno de melhoria à sociedade é uma obrigação de toda área do conhecimento, e com a LA não é diferente. Para Leffa (2001), a LA é uma prestadora de serviços quando dá assessoria para o professor na elaboração e na análise de seu material didático destinado ao ensino de línguas ou quando subsidia o trabalho do tradutor com relação aos instrumentos que podem ser utilizados em sua prática.

Acrescentamos ainda outros exemplos, seguindo o raciocínio de Leffa (2001): acreditamos que a LA cumpre seu papel quando ajuda a fomentar as discussões a respeito da formação de professores; quando nos auxilia a pensar sobre as tendências educacionais e o modo pelo qual elas afetam nossas práticas pedagógicas; quando nos auxilia a desenhar políticas de ensino e de planejamento linguístico, seja para compor um quadro curricular, seja para elaborar um curso de idiomas para imigrantes refugiados, dentre outros. Como podemos perceber, são infinitas as formas com que a LA colabora para que possamos buscar soluções para nossos problemas atrelados à linguagem e vinculados à vida social.

Moita Lopes (2006a, p. 97) defende que o compromisso da LA com a sociedade ocorre na produção de conhecimento que seja responsivo à vida social, entendendo-a não como uma mera disciplina, mas como "área de estudos, na verdade, como áreas tais como estudos feministas, estudos *queer*, estudos sobre negros, estudos afro-asiáticos etc.". Nesse sentido, ele coloca a LA como uma indisciplina. Isso quer dizer que a LA deve ser tratada não dentro de limites disciplinares, mas sim como postura política, fazendo com que suas pesquisas contemplem "outras histórias sobre quem somos ou outras formas de sociabilidade que tragam para o centro de atenção vidas marginalizadas do ponto de vista dos atravessamentos identitários de classe social, raça, etnia, gênero, sexualidade, nacionalidade etc." (Moita Lopes, 2006b, p. 27).

Incorporar essas outras vozes, na perspectiva do autor, pode nos ajudar a pensar na construção de uma "agenda anti-hegemônica" de nosso mundo globalizado, ampliando as formas de conhecimento sobre a vida social. Sobre as formas de dar visibilidade ao nosso trabalho dentro dessa proposta, Pennycook (1998a, p. 24) nos diz o seguinte:

> *Como linguistas aplicados, estamos envolvidos com linguagem e educação, uma confluência de dois dos aspectos mais essencialmente políticos da vida, na minha visão, as sociedades são desigualmente estruturadas e são dominadas por culturas e ideologias hegemônicas que limitam as possibilidades de refletirmos*

sobre o mundo e, consequentemente, sobre as possibilidades de mudarmos esse mundo. Também estou convencido de que a aprendizagem de línguas está intimamente ligada tanto à manutenção dessas iniquidades quanto às condições que possibilitam mudá-las. Assim, é dever da Linguística Aplicada examinar a base ideológica do conhecimento que produzimos.

Podemos pensar no papel social da LA seguindo a analogia de Leffa (2001). O autor compara a sociedade a um grande laboratório. Nesse contexto, nós, quando pesquisadores, não criamos nossos problemas de pesquisa, uma vez que eles já existem. Nosso papel é diferente da ciência feita em outras áreas, pois

> *não trazemos o problema para o laboratório, limpo e desinfetado, cuidadosamente desembaraçado de todas as variáveis que possam atrapalhar ou sujar nossas hipóteses. Fazemos o caminho inverso. Saímos do laboratório e vamos pesquisar o problema onde ele estiver: na sala de aula, na empresa ou na rua. Figurativamente falando, sujamos as mãos na pesquisa.* (Leffa, 2001, p. 7)

O compromisso social da LA está bastante atrelado às nossas escolhas teóricas, razão pela qual precisamos retomar o que discutimos no Capítulo 3 sobre epistemologias. Esse cuidado recai no distanciamento de discursos e práticas que reproduzem a lógica da colonialidade, ou seja, que remetam a *categorias de classificação e de exclusão entre "ocidentais" e "não ocidentais" [...] (re)produzindo hierarquias, como as conhecidas matrizes binárias e excludentes que compõem a produção do conhecimento nos estudos de linguagens, a exemplo de científico/não científico, verdadeiro/falso e correto/errado.* (Zolin-Vesz, 2016, p. 7)

Portanto, nosso compromisso é fazer oposição a essa lógica excludente e recorrer à noção de descolonialidade que se abre para a diversidade epistêmica, sem que nós nos prendamos a purismos ou fundamentalismos, a fim de que sejamos capazes de exercer nosso papel social e de produzir conhecimento de forma engajada, seja em nossas pesquisas, seja em nossas salas de aula.

seispontodois
LA na era digital e na globalização

A globalização é, sem dúvida, um fenômeno que tem atraído pesquisadores das mais diversas áreas na busca pela compreensão de suas implicações na vida social. Pensar na LA e na sua relação com a globalização é algo essencial. Para isso, no entanto, precisamos compreender algumas questões que permeiam esse fenômeno.

Moita Lopes (2008) explica que há pelo menos duas leituras do processo de globalização. A primeira seria aquela que interpreta que esse processo se iniciou com "as conquistas coloniais de Portugal e Espanha no final do século XV e século XVI" (Moita

Lopes, 2008, p. 318), figurando-se na "construção do ocidentalismo ou da construção da Europa como Ocidente, resultado de um grande movimento de colonização e subjugação do chamado mundo novo, no qual esteve envolvida a maioria das nações europeias" (Moita Lopes, 2008, p. 318). O autor explica que esse processo teve continuidade com "a Revolução Industrial até a Segunda Guerra Mundial, quando o mundo, durante a chamada Guerra Fria, passa a ser dividido em dois grandes blocos de interesse, União Soviética e Estados Unidos, com a vitória do segundo, como grande força imperial [...]" (Moita Lopes, 2008, p. 318).

Em oposição à visão trazida pela primeira, a segunda leitura, de acordo com Moita Lopes (2008, p. 319), tem relação não com o imperialismo, mas com uma noção de desterritorialização cujo poder "não se encontra em um território fixo, mas é orquestrado com as nações ricas e as instituições financeiras internacionais".

De acordo com Kumaravadivelu (2006), ao recorrer ao relatório "United Nations Report on Human Development"*, a globalização, em sua fase atual, está modificando o mundo de três maneiras: 1) a distância espacial está diminuindo, ou seja, as pessoas e a vida social são afetadas não apenas pelas relações locais, mas também por questões que ocorrem do outro lado do mundo; 2) a distância temporal está diminuindo, já que os mercados, bem como a tecnologia, modificam-se de forma muito rápida e constante; e 3) as fronteiras geográficas estão desaparecendo,

---

* É um relatório independente encomendado pelo Programa das Nações Unidas para o Desenvolvimento (PNUD) – United Nations Development Programme (UNDP).

pois se dissolvem tanto em aspectos comerciais e econômicos quanto em relação a ideias, valores e culturas.

Diante desses três aspectos, Kumaravadivelu (2006) destaca que, sem a comunicação eletrônica, no caso, a internet, essas mudanças não ocorreriam, tampouco teriam o alcance tão surpreendente que têm tido agora. O autor não só aponta para a necessidade de os estudiosos da LA olharem para o fenômeno da globalização cultural, como também recorre à literatura da sociologia para explicar as três escolas de pensamento que se posicionam sobre tal fenômeno.

A primeira delas tem como representantes Barber e Ritzer, os quais defendem que "algum tipo de homogeneização cultural está ocorrendo e que, nela, a cultura norte-americana de consumo constitui o centro dominante" (Kumaravadivelu, 2006, p. 132). Tal pensamento é explicado em uma lógica equacional e direta: "globalização = ocidentalização = norte-americanização = McDonaldização" (Kumaravadivelu, 2006, p. 132).

Como já mencionamos, há diferentes perspectivas teóricas para se posicionar sobre a globalização. Assim, com relação à homogeneização aparente que a globalização pode desencadear, Canclini (2007) nos lembra que pensar o global exige duas posturas: a que entende a globalização com paradigma único e irreversível e a da não possibilidade de integração de todos. Portanto, é preciso buscar entender o que a globalização abandona para que possa se estabelecer.

Diante disso, Canclini (2007, p. 44) aponta a própria fragmentação como um aspecto estruturante da globalização: "para dizê-lo de maneira mais clara, o que se costuma chamar de 'globalização' apresenta-se como um conjunto de processos de homogeneização e, ao mesmo tempo, de fragmentação articulada do mundo que reordenam as diferenças e desigualdades sem suprimi-las".

Retomando a hierarquia de escolas de pensamento, a segunda delas, de acordo com Kumaravadivelu (2006), é a representada pelo sociólogo Giddens e o crítico cultural Tomlison. Diferentemente da escola anterior, eles acreditam que "certo tipo de heterogeneização está ocorrendo, na qual a cultura local e as identidades religiosas estão sendo fortalecidas principalmente como resposta à ameaça representada pela globalização" (Kumaravadivelu, 2006, p. 133). Na acepção de Giddens (2007, p. 26), o mundo está em descontrole, o que desencadeia um processo de colonização reversa, isto é, "países não ocidentais influenciam desenvolvimentos no Ocidente. Os exemplos são muitos, como latinização de Los Angeles, a emergência de um setor de alta tecnologia globalmente orientado na Índia, ou a venda de programas de televisão brasileiros para Portugal".

Por sua vez, a terceira escola tem como representante o crítico cultural Appadurai e o sociólogo Roland Robertson, que não defendem nem a homogeneização nem a heterogeneização, mas sim que ambos os processos têm ocorrido de forma simultânea, levando a um fenômeno chamado de *glocalização*. Nesse sentido, "o global está localizado e o local está globalizado [...], [assim] a transmissão cultural é um processo de dois modos, no qual as culturas em contato modelam e remodelam umas às outras diretas ou indiretamente" (Kumaravadivelu, 2006, p. 134).

Appadurai (2000, p. 5, tradução nossa) entende que tratar da globalização é tratar de movimentos de fluxos e aponta para as disjunções que esta pode desencadear:

> *Os vários fluxos que vemos – de objetos, pessoas, imagens e discursos – não são contemporâneos, convergentes, isomórficos ou espacialmente consistentes. Eles estão no que chamo de relações de disjunção. Com isso, quero dizer que os caminhos ou vetores adotados por esses tipos de coisas têm diferentes velocidades, eixos, pontos de origem e terminação, e relações variadas com estruturas institucionais em diferentes regiões, nações ou sociedades. Além disso, essas disjunções causam vários tipos de problemas e atritos em diferentes situações locais. Na verdade, são as disjunções entre os vários vetores que caracterizam esse mundo em movimento, que produzem problemas fundamentais de subsistência, equidade, sofrimento, justiça e governança.**

Para Appadurai (2000), o local e o global não são opositivos, uma vez que se inserem em uma rede de fluxos bastante complexa que desemboca em questões de identidades culturais. A mídia tem

---

* Tradução de: "The various flows we see – of objects, persons, images, and discourses – are not coeval, convergent, isomorphic, or spatially consistent. They are in what I have elsewhere called relations of disjuncture. By this I mean that the paths or vectors taken by these kinds of things have different speeds, axes, points of origin and termination, and varied relationships to institutional structures in different regions, nations, or societies. Further, these disjunctures themselves precipitate various kinds of problems and frictions in different local situations. Indeed, it is the disjunctures between the various vectors characterizing this world-in-motion that produce fundamental problems of livelihood, equity, suffering, justice, and governance".

essa função de divulgar imagens de culturas de migrantes, por exemplo, que se encontram distantes de sua terra natal, criando assim uma noção de proximidade e identificação que não passam de construções imaginárias, já que esses migrantes não podem reviver ou praticar seus hábitos culturais onde se encontram. Nessa perspectiva, o autor alerta para o papel da mídia na construção de mundos imaginários e o estabelecimento das relações globais, nacionais e locais, sugerindo, para a compreensão dessa complexidade, um olhar sobre cinco ferramentas conceituais que se voltam para cinco dimensões de fluxos culturais: etnopaisagens, mediapaisagens, tecnopaisagens, financiopaisagens e ideopaisagens. A noção de paisagem (traduzida do inglês *scape*) vincula-se à noção de fluidez das relações sociais na globalização.

A etnopaisagem diz respeito à

> *paisagem de pessoas que constituem o mundo em deslocamento que habitamos: turistas, imigrantes, refugiados, exilados, trabalhadores convidados e outros grupos e indivíduos que em movimento constituem um aspecto essencial do mundo e parecem afetar a política das nações (e entre as nações) a um grau sem precedentes.* (Appadurai, 2004, p. 51)

O seu movimento constitui um aspecto que parece afetar a política das nações (e entre as nações).

A mediapaisagem e a ideopaisagem estão relacionadas entre si, já que a primeira refere-se à "distribuição da capacidade eletrônica para produzir e disseminar informação (jornais, revistas, estações de televisão e estúdios de produção de filmes)

(Appadurai, 2004, p. 53)", fornecendo "vastos e complexos repertórios de imagens, narrativas e etnopaisagens a espectadores de todo o mundo, e nelas estão profundamente misturados o mundo da mercadoria e o mundo das notícias e da política" (Appadurai, 2004, p. 54). Isso torna confuso o que pode ser caracterizado como paisagens realistas e ficcionais.

Por sua vez, a tecnopaisagem está atrelada à configuração global da tecnologia, que se movimenta de forma muito rápida, atravessando fronteiras das mais diversas naturezas.

Por fim, a financiopaisagem é colocada como uma paisagem mais misteriosa, graças à disposição do capital global, "rápida e mais difícil de seguir do que nunca, já que os mercados de capitais, as bolsas nacionais e a especulação comercial se movem nas placas giratórias nacionais a uma velocidade estonteante" (Appadurai, 2004, p. 53).

As relações que se estabelecem entre as paisagens propostas por Appadurai (2004) mostram a complexidade destas e exigem uma investigação mais aprofundada sobre os encadeamentos históricos e globais que operam na construção da localidade. Kumaravadivelu (2006) explica que os membros da terceira escola solicitam que os educadores recorram à criação de estratégias para o enfrentamento da globalização cultural, preparando as disciplinas para tal. Nesse sentido, "ao preparar sua disciplina acadêmica para enfrentar o mundo globalizado, aqueles que fazem LA têm uma responsabilidade especial por que, em grande parte, lidam com uma língua[*] que têm tanto características globais como coloniais" (Kumaravadivelu, 2006, p. 135).

---

* O autor se refere à língua inglesa especificamente.

seispontotrês
LA e suas contribuições para a formação de professores: tendências em curso

A relação da LA com a formação de professores é tão próxima quanto o é com a área de ensino de línguas. Formar professores na contemporaneidade tem sido uma tarefa bastante desafiadora, haja vista as mudanças recorrentes no âmbito social, cultural e político de nosso país. As políticas de ensino e a forma como elas têm sido desenhadas nos mostram que, muitas vezes, a voz do professor não se faz ouvida quando se pensa nas propostas educacionais que temos visto.

Gimenez (2017, p. 45), ao tratar sobre a formação de professores, nos lança o seguinte questionamento: "Nos dias atuais, o que significa ser um professor que se engaja com ensino-aprendizagem de uma língua em perspectiva crítica?".

Fornecer uma resposta para tal questionamento não é tarefa simples, mas a LA nos possibilita algumas reflexões bastante pertinentes quanto ao papel do professor na contemporaneidade.

A preocupação para com a área de formação de professores faz parte dos cursos de licenciaturas, que buscam preparar profissionais que atuem nos diferentes contextos e modalidades de ensino. No entanto, pensar esse objetivo, que é comum a esses cursos, não é uma tarefa tão simples, já que as demandas e os contextos são múltiplos, assim como a velocidade em que a sociedade se transforma. Como já discutimos anteriormente no Capítulo 5, somamos a esses aspectos as questões políticas e o *status* da língua que se ensina ou se pretende ensinar (Mateus, 2013).

A formação de professores no cenário brasileiro pode ser dividida em dois grandes momentos: a **formação reflexiva**, que parte de práticas de empoderamento à luz das teorias cognitivistas, e a **formação colaborativa**, que objetiva cumprir agendas anti-hegemônicas (Mateus, 2013).

No primeiro momento, o professor era visto como responsável pela preparação de indivíduos que atuassem em um projeto de reconstrução social. Disso surgiu a necessidade de equipar e instrumentalizar os professores para se tornarem agentes da construção de uma nova ordem social em que "pesava o modelo progressista de cultivo à autodisciplina para a promoção de uma melhor civilização" (Mateus, 2013, p. 28). Por esse motivo, era bastante comum que alguns autores se voltassem para a produção de listas de habilidades básicas a serem divulgadas àqueles profissionais interessados em se tornar "pensadores críticos". A respeito disso, podemos analisar uma dessas listas, criada por Perrenoud (2001, p. 1-2), que elencou dez competências profissionais:

> A preocupação para com a área de formação de professores faz parte dos cursos de licenciaturas, que buscam preparar profissionais que atuem nos diferentes contextos e modalidades de ensino. No entanto, pensar esse objetivo, que é comum a esses cursos, não é uma tarefa tão simples, já que as demandas e os contextos são múltiplos, assim como a velocidade em que a sociedade se transforma.

1. Organizar e estimular situações de aprendizagem.
2. Gerar a progressão das aprendizagens.
3. Conceber e fazer com que os dispositivos de diferenciação evoluam.
4. Envolver os alunos em suas aprendizagens e no trabalho.
5. Trabalhar em equipe.
6. Participar da gestão da escola.
7. Informar e envolver os pais.
8. Utilizar as novas tecnologias.
9. Enfrentar os deveres e os dilemas éticos da profissão.
10. Gerar sua própria formação contínua.

Para Nóvoa (2009), o conceito de competências assumiu um papel importante, sobretudo nas reformas educacionais, mas estava muito radicado às abordagens comportamentalistas com viés técnico e instrumental das quais nunca conseguiu se libertar. A grande crítica que se volta para a formação reflexiva, pautada no desenvolvimento de competências, seria o fato de que ela está situada em uma busca racional de alternativas para os problemas da prática docente, bastante centrada no desenvolvimento do indivíduo.

No campo da LA, quando pensamos em pesquisas voltadas para a questão da formação reflexiva, podemos encontrar investigações nas seguintes temáticas: processos cognitivos envolvidos nos planejamentos pré-aula e pós-aula; análise de tomadas de decisão em processos de interação em sala de aula; crenças do professor sobre o ensino-aprendizagem; estudos sobre o conhecimento prático e profissional do professor; e cultura sobre ensinar e aprender (Mateus, 2013).

No fluxo desses estudos, foi-se percebendo que a formação reflexiva não era suficiente para buscar alternativas para melhorar os contextos de trabalho do professor, o que acabou se mostrando como um projeto que se esgotava em si mesmo em termos de práticas transformadoras. Sobre isso, Mateus (2013, p. 32-33) comenta:

> Muitos cursos de programas de formação de professores, com o propósito de contribuir para que professores/as se tornassem críticos/as, tomaram a reflexão com fim em si mesma e desenvolveram práticas voltadas à técnica da reflexão, empenhando-se em "ensinar" aos/as professores os modos mais eficazes e apropriados de refletirem sobre seu trabalho. Uma reflexão que, esgotada de sua dimensão de ação, de sua função libertária, não poderia alcançar o projeto de agência docente.

Outro aspecto criticado na abordagem reflexiva foi um maior distanciamento entre a universidade e a escola, pois os professores formadores eram os responsáveis pela "geração de teorias" na resolução de problemas educacionais. Assim, pouco se tinha acesso ao que se produzia no espaço acadêmico, e, por conseguinte, os professores participantes das pesquisas acabavam não tendo acesso a esse conhecimento, já que a pesquisa não era realizada dentro de uma perspectiva colaborativa e dialógica.

O segundo momento, voltado para a formação colaborativa, foi tomado por iniciativas que buscavam a superação de "contradições entre teorias educacionais e práticas escolares, entre pesquisa e ensino" (Mateus, 2013, p. 34). Alguns conceitos começaram a emergir nesse processo, como colaboração, processos dialógicos, perspectivas socioculturais, comunidades de prática e parcerias. Ao contrário do que se propunha nas teorias cognitivistas, a formação era entendida dentro de um "processo dinâmico de transformação e envolvimento deliberado e consciente de professores e pesquisadores em práticas de transformação sócio-pedagógicas" (Mateus, 2013, p. 35).

A Fundação Victor Civita* (Davis et al., 2011), preocupada com a questão da formação continuada no contexto nacional, realiza estudos periódicos a fim de fazer um mapeamento de como essa formação ocorre nos diferentes estados brasileiros. Nesse estudo, identifica-se que ações são pensadas e desenvolvidas nas secretarias municipais e estaduais para atender às demandas educacionais. Via de regra, os resultados são divulgados em forma de relatório.

Diante do que foi apresentado no relatório de 2012, as perspectivas de formação de professores podem ser divididas em dois grandes grupos: as individualizadas e as colaborativas. No primeiro grupo, encontramos práticas de formação continuada que se configuram em cursos elaborados por especialistas, as quais visam ao aprimoramento dos saberes docentes. Contrariamente, no segundo grupo, as chamadas *perspectivas colaborativas* entendem a

---

* De acordo com informações disponíveis no *site* da Fundação Victor Civita, a fundação "é uma entidade sem fins lucrativos, focada na melhoria da Educação, por meio da valorização de bons professores e incentivo ao trabalho docente. Fundada em 1985, tem como principal iniciativa o Prêmio Educador Nota 10, que reconhece professores da Educação Infantil ao Ensino Médio e também coordenadores pedagógicos e gestores escolares de escolas públicas e privadas de todo o país" (Krause, 2018).

escola como "lócus de formação continuada permanente" (Davis et al., 2011, p. 74). Para ampliar sua compreensão sobre as práticas de formação que constituem cada um dos grupos, vamos analisar o Quadro 6.1 a seguir.

QUADRO 6.1 – SÍNTESE DAS PRINCIPAIS AÇÕES FORMATIVAS DAS SECRETARIAS BRASILEIRAS

	Perspectivas individualizadas	Perspectivas colaborativas
Ações formativas	• Cursos de curta e longa duração • Ações pontuais (palestras, frequência em congressos, seminários, jornadas e encontros pedagógicos) • Oficinas • Programas especiais que consideram o ciclo de vida e desenvolvimento profissional para o ingresso • Terceirização da formação continuada: pacotes de treinamento profissional e uso de materiais apostilados	• Grupos de estudos • Produção de materiais e publicações coletivas • Engajamento na elaboração de planejamentos, projetos de implementação e avaliações • Elaboração coletiva de projetos de implementação a partir de problemas localmente situados • Formação de redes virtuais de colaboração a apoio profissional

FONTE: Elaborado com base em Davis et al., 2011.

Ao analisarmos as propostas dentro de cada uma das perspectivas, podemos perceber que ambas são bastantes distintas entre si. O levantamento feito pela Fundação Victor Civita defende que as ações de formação continuada inseridas nas perspectivas colaborativas são mais eficazes, com destaque para alguns pontos:

- valorização dos conhecimentos e experiências dos professores;
- reconhecimento da escola como espaço de formação;
- continuidade das atividades;
- diagnóstico das necessidades locais;
- parcerias entre universidade e escolas;
- possibilidade de integração da formação inicial e da continuada.

A formação de professores necessita valorizar a escola como espaço para a formação, buscando parcerias com a universidade e ampliando as redes de contato com outros profissionais para a troca de experiências. Cada um dos contextos, embora apresentem aspectos semelhantes, carrega especificidades. Por isso, a formação de professores precisa olhar para o espaço escolar e seu potencial formativo levando em conta os problemas e as necessidades locais.

Outro aspecto pertinente que a LA procura levantar em suas pesquisas diz respeito à integração entre a formação inicial e continuada. Políticas públicas como o Programa Institucional de Bolsas de Iniciação à Docência (PIBID)* são um exemplo de como

---

* O PIBID é um programa instituído em 2010 pela Coordenação de Aperfeiçoamento de Pessoal de Nível Superior (CAPES) com o objetivo de fomentar a "iniciação à docência de estudantes de licenciatura plena das instituições de educação superior federais, estaduais, municipais e comunitárias sem fins lucrativos, visando aprimorar a formação dos docentes, valorizar o magistério e contribuir para a elevação do padrão de qualidade da educação básica" (Brasil, 2010).

essa integração pode ocorrer, rompendo a noção de conhecimento numa lógica hierárquica e promovendo relações mais horizontais.

Sobre o desenvolvimento de práticas pedagógicas que levem em consideração questões locais, Jordão (2013b, p. 367) sugere que essas últimas sejam construídas e baseadas em "decisões locais que levem em conta os contextos em questão e questionem e descontruam metodologias globais conforme sua adequação e possibilidade/necessidade contextual de adaptação ou descarte, e criação de metodologias locais".

A questão ética também perpassa pela formação de professores. Com relação a isso, Mateus (2013, p. 41) coloca que,

> se a busca é, de fato, por uma sociedade ética, mais participativa e com maiores possibilidades de crítica, parece essencial o comprometimento de preservar e fomentar o diálogo, com vistas à criação de projetos alternativos, em que vigorem nossa capacidade de dissenso, de ruptura, de inquietação, de resistência.

Esse é o papel que a LA tem exercido ao promover estudos que olham para a formação de professores, legitimando os saberes e as práticas locais e propondo diálogos mais horizontais entre a formação inicial e a continuada.

seispontoquatro
Desafios contemporâneos para o professor

As reflexões propostas nos capítulos anteriores possivelmente já forneceram algumas pistas sobre os desafios que os professores enfrentam e que ainda vão enfrentar no que diz respeito à escola contemporânea. As mudanças são constantes, o que nos mostra que não existem receitas prontas quando se trata da educação. Cada contexto, cada sala se aula, apresenta especificidades que não podemos ignorar quando pensamos em prática docente.

Você deve estar se perguntando: "Os professores nunca estarão prontos?". Embora a resposta para esse questionamento talvez gere um certo desconforto, acreditamos que os professores nunca poderão parar de buscar por formas de melhorar a prática e, consequentemente a qualidade da educação. Estar em constante formação faz parte da profissão, e é preciso levar em conta que as mudanças epistemológicas que estudamos no Capítulo 3 nos mostram que a forma como concebemos a sociedade reflete nas teorias e práticas educacionais, razão pela qual é tarefa do professor buscar compreender essas transformações.

Gimenez (2017, p. 49) defende que, para os professores, "o inglês como língua franca se apresenta como uma possibilidade de questionar pressupostos que sustentam ideologias linguísticas dominantes, contribuindo para desestabilizar a normatividade que separa usos idealizados e práticas vividas com a língua inglesa". Nesse sentido, faz-se necessário pensar sobre deslocamentos no ensino-aprendizagem, já que, quando se considera o inglês como língua franca, as práticas pedagógicas mudam substancialmente. Para que possamos estabelecer relações transversais, ou seja, que extrapolem a noção de inglês como mercadoria e que problematizem as implicações dessa visão de língua, Calvo, El Kadri e Gimenez (2014, p. 302-303) sugerem que consideremos alguns aspectos em nossos cursos de formação inicial e continuada:

1. *Ressignificação dos motivos de se aprender inglês, que passaram a enfatizar a ideia de que queremos nos comunicar com outros falantes não-nativos ao redor do mundo;*
2. *Incorporação de outras variedades de inglês que não apenas americana ou britânica nas habilidades receptivas e de compreensão;*
3. *Ampliação dos tópicos e temas trazidos para a sala de aula, abrangendo temas sociais de alcance global;*
4. *Conscientização sobre o papel das línguas nas sociedades e, especialmente, do inglês como língua de comunicação internacional, que nos permite acessar informações e interagir com pessoas ao redor do mundo;*
5. *Compreensão da expansão do inglês no mundo e sua vinculação com a globalização econômica;*
6. *Desenvolvimento de maior criticidade com relação à associação do inglês a americanos ou ingleses;*
7. *Possibilidade de se criar outros procedimentos interpretativos e novos sentidos para as práticas sociais envolvendo leitura, escrita e oralidade. Em outras palavras, considerar como*

legítimas formas de expressão tidas como "desviantes" das normas de falantes nativos.

Sem dúvida a formação de professores é algo bastante complexo e faz parte de um dos grandes desafios a serem enfrentados na contemporaneidade. Sobre esse aspecto, Gimenez (2005, p. 184) menciona os sete desafios que acredita fazer parte da formação de professores no campo da LA:

1. *Definição da base de conhecimento profissional*
2. *Relevância das pesquisas para a formação de professores*
3. *Abordagem articuladora da teoria/prática*
4. *Impacto e sustentabilidade das propostas resultantes das pesquisas*
5. *Relação das pesquisas com políticas públicas de formação de professores*
6. *Identidade profissional dos formadores*
7. *Integração das formações inicial e continuada*

Sobre o primeiro aspecto, a autora pontua a dificuldade de se estabelecer uma base de conhecimento nos cursos de Letras. Nosso país é bastante heterogêneo e diverso, razão por que, quando pensamos no estabelecimento de um currículo nacional para os cursos de licenciatura em Letras, precisamos levar em consideração que a base de conhecimento profissional não pode tratar as necessidades locais como algo homogêneo. Por essa razão, Gimenez (2005) alerta para a tomada de consciência de que os arranjos curriculares precisam considerar as condições em que os professores trabalham as necessidades desses sujeitos. Nesse quesito, a autora defende que a grande contribuição que a LA traz para os cursos de Letras é "a maneira como aborda questões de língua e linguagem, sua preocupação com questões práticas e as visões alternativas sobre o que seja língua na sociedade. Esta perspectiva pode fazer com que futuros professores construam suas visões sobre seu papel na educação pelas línguas" (Gimenez, 2005, p. 5).

Podemos pensar a respeito do segundo e do terceiro aspectos de forma conjunta. Sabemos que a LA tem se preocupado com pesquisas que enfatizam a formação de professores, mas é preciso ir além de um olhar apenas investigativo e buscar formas de desenhar pesquisas que busquem romper com essa visão dicotômica de teoria e prática. Algumas iniciativas, como o PIBID*, que mencionamos anteriormente, buscam essa articulação ao mostrar que o professor da educação básica também produz conhecimento e pode contribuir na formação inicial de estudantes.

Com relação ao quarto e ao quinto aspectos, podemos dizer que eles estão relacionados com os dois anteriores, uma vez que a pesquisa precisa retornar ao seu contexto de investigação, mas não apenas isso. É preciso, segundo Gimenez (2005, p. 9), propor práticas que possam ser sustentadas "mesmo após o término do projeto, criando condições para que profissionais possam continuar

---

* Para mais informações sobre pesquisas que envolvem o PIBID, sugerimos a leitura da dissertação intitulada *O Programa Institucional de Bolsas de Iniciação à Docência (PIBID) como espaço de formação continuada de professores de língua inglesa*, de Mulik (2014).

articulando teoria e prática fora dos ambientes formais de cursos". Além disso, há a necessidade de se estabelecer diálogos não apenas com os professores participantes das pesquisas, mas também

> com quem é responsável pelos programas de formação (inicial e continuada). São diálogos intra e inter-institucionais, com linguagens diferenciadas, mas que procurem salientar o caráter privilegiado de pesquisas com foco na solução de problemas de ensino/aprendizagem de línguas e suas relações com condicionantes sócio-políticos mais amplos. (Gimenez, 2005, p. 11)

Por fim, o sexto e sétimo desafios propõem que os professores se percebam nas próprias identidades profissionais, colocando-se como colaboradores do processo formativo não só deles, mas também dos colegas, dos estagiários, numa troca mútua de conhecimentos desprovidos de relações assimétricas. Para isso, Gimenez (2005, p. 13) defende a construção de

> relações diferenciadas, em que todos podem expressar como concebem o problema e a partir daí trabalham no sentido de construir um ponto em comum a partir do qual todos podem colaborar de alguma forma. Construir essas relações pode ser um grande desafio que requer humildade freireana e, talvez, franciscana.

Se pensarmos na LA como propulsora de mudanças, certamente esse papel pode ser transferido no que tange à formação de professores de línguas. Nossos desafios são reinventados diariamente, pois as transformações são constantes. No entanto, não podemos nos esquecer de nosso papel crítico ante as questões que nos circundam. Entendemos também que não é somente o professor o incumbido de toda essa carga de responsabilidade social.

Sabemos que, nesse contexto, ser professor não é algo que tem sido reconhecido e valorizado. Infelizmente nos encontramos em momento em que poucos são os que querem embarcar nessa profissão, pois sabem dos enfrentamentos que estão por vir. Nesse sentido é que cabe o exercício da resistência e da perseverança perante esses desafios.

seispontocinco
LA como atitude

Uma das formas de pensarmos na atitude responsiva do linguista aplicado está relacionada à sua prática de pesquisa engajada. O trabalho crítico precisa evitar o uso de modelos estáticos e buscar a construção de abordagens que sejam fluidas e que possam ser ressignificadas com base nos contextos em que são inseridas. Pennycook (2001) sugere quatro elementos a serem assumidos, os quais podemos analisar no Quadro 6.2 a seguir.

Quadro 6.2 – Os quatro elementos da LAC

	Diferença	Participação	Poder	Mudança
Os quatro elementos da pesquisa em Linguística Aplicada Crítica	Engajamento na diferença em oposição ao essencialismo	Trabalho com os interesses, desejos e vidas dos participantes	Foco no funcionamento das relações de poder nos contextos	Orientação para objetivos transformadores; validade catalítica

FONTE: Pennycook, 2001, p 161, tradução nossa*.

Seguindo a argumentação de Pennycook (2001), ao levarmos em conta a questão da diferença no trabalho com LA, entendemos que as identidades dos sujeitos são performáticas e ocorrem *na* e *pela* constituição da linguagem. Esse raciocínio nos ajuda a nos afastar de visões essencialistas que impedem que o debate sobre identidade de gênero, raça e classe seja pauta de investigação. A participação dos sujeitos no processo de pesquisa, de forma que possam trazer suas vozes e suas necessidades, faz-se essencial se queremos que nossas pesquisas realmente representem a sociedade que estamos investigando.

Por outro lado, se estamos pensando na concepção de língua como discurso, a qual constrói nossa realidade, precisamos

---

* Tradução de: "Four elements of Critical Applied Linguistics research. Difference: engaging with difference and opposing essentialism. Participation: working with participants' interests, desires, and lives. Power: a focus on the workings of power in context. Change: orientation toward transformative goals; catalytic validity".

olhar para o funcionamento e a manutenção das relações de poder existentes nas práticas sociais que investigamos. Não se trata de desvelarmos ideologias, mas sim de problematizarmos o papel da linguagem ante os interesses que ela sustenta. Por fim, o trabalho do linguista aplicado precisa ser orientado para gerar a mudança social.

Talvez neste ponto você esteja se perguntando como isso pode ser feito e qual garantia temos dessa mudança, não é mesmo? Os professores e pesquisadores nem sempre conseguem observar resultados tão nítidos com relação ao que ensinam ou investigam nas pesquisas. Essa mudança nem sempre vai ocorrer de forma materializada, mas ela tem que ser nossa orientação se desejamos a transformação social que pode acontecer numa nova forma de olhar o outro e o seu entorno, de usar a linguagem a favor da lógica do respeito, e não da promoção da cultura do ódio.

A atitude do linguista aplicado diante de sua posição de pesquisador pode se dar mediante uma agenda que procure romper com o

> *monopólio de saber das universidades e outras instituições que reúnem pesquisadores e intelectuais e toma como um de seus objetivos a elaboração de currículos que favoreçam, por um lado, a apropriação desses saberes por grupos na periferia dos centros hegemônicos e, por outro, a legitimação dos saberes produzidos por esses grupos.* (Kleiman, 2013, p. 41-42)

A ruptura dessa lógica de interesses que deseja a manutenção de currículos acadêmicos e o favorecimento de pesquisadores está longe de se aproximar de um trabalho ético dentro da LA. Isso exige do pesquisador o engajamento em questões que permeiam as arbitrariedades do mundo em que vivemos. Pensamos que as palavras de Pennycook (1998a, p. 46) resumem muito bem o que é ser linguista aplicado e assumir uma atitude responsiva: "creio que é hora de começarmos a assumir projetos políticos e morais para mudar essas circunstâncias. Isso requer que rompamos com os modos de investigação que sejam associais, apolíticos e a-históricos". Para isso, é preciso que o pesquisador opte por trazer à tona problemáticas que, por exemplo, deem voz a sujeitos marginalizados, que explorem contextos e temáticas que sejam mais sensíveis às questões sociais (Pennycook, 1998a).

Síntese

Neste capítulo, trouxemos detalhes da relação da LA com a sociedade e a formação de professores. Como uma área de estudos que se volta para práticas de linguagem, não foi possível deixar de tratar sobre o compromisso social que as pesquisas em LA carregam. Nesse sentido, abordamos o papel do linguista aplicado diante do exercício de rupturas de lógicas excludentes e marginalizadoras. Além disso, apresentamos alguns aspectos vinculados à postura da LA em relação ao fenômeno da globalização e a importância de olhar para esse fenômeno sob diferentes óticas. Na sequência, fizemos algumas reflexões sobre a LA e a formação de professores, bem como sobre os desafios a serem enfrentados na contemporaneidade. Por fim, trouxemos alguns apontamentos sobre a LA como atitude responsiva diante da produção do conhecimento.

Indicações culturais

Para aprofundar as discussões sobre os desafios do professor no século XXI, assista ao programa Pensar e Fazer Arte da TV PUC-SP (vídeos 13 e 14, nos quais foi realizada uma conversa com a Professora Maria Celani).

PENSAR e fazer arte – a formação de professores de inglês – 13. Disponível em: <https://www.youtube.com/watch?v=zTdUo34jHuQ>. Acesso em: 11 jan. 2019.

PENSAR e fazer arte – a formação de professores de inglês – 14. Disponível em: <https://www.youtube.com/watch?v=fEmyMUu1-wg>. Acesso em: 11 jan. 2019.

Atividades de autoavaliação

1. Retomando o papel da LA como prestadora de serviços de acordo com Leffa (2001), indique V para as afirmações verdadeiras e F para as falsas. Em seguida, assinale a alternativa que apresenta a sequência correta:
   (   ) A LA é uma prestadora de serviços quando dá assessoria para o professor na elaboração e na análise de seu material didático para o ensino de línguas.
   (   ) A LA cumpre seu papel quando subsidia o uso e a aplicação das teorias linguísticas para desenvolver pesquisas.
   (   ) A LA cumpre seu papel quando ajuda a fomentar as discussões a respeito das tendências na formação de professores.
   (   ) A LA é uma prestadora de serviços quando auxilia no desenho de políticas de ensino e de planejamento linguístico para compor um quadro curricular ou um curso de idiomas.

a. V, F, V, F.
b. F, V, V, V.
c. V, F, V, V.
d. V, F, F, V.
e. F, V, V, F.

2. Sobre a formação de professores e a LA, indique V para as afirmações verdadeiras e F para as falsas. Em seguida, assinale a alternativa que apresenta a sequência correta:
( ) Podemos dividir a formação de professores em dois momentos históricos: a formação reflexiva e a formação colaborativa.
( ) A necessidade de equipar e instrumentalizar os professores para se tornarem agentes na construção de uma nova ordem social fez parte do momento histórico da formação de professores de viés colaborativo.
( ) Percebeu-se ao longo do fluxo dos estudos que a formação colaborativa não era suficiente para que se buscassem alternativas para melhorar os contextos de trabalho do professor.
( ) O relatório da Fundação Victor Civita, ao avaliar as ações formativas no contexto brasileiro, identificou dois grandes grupos: as perspectivas individuais e as perspectivas colaborativas.
( ) Ações como a formação de grupos de estudos, produção de materiais e publicações coletivas e formação de redes virtuais de colaboração e apoio profissional podem ser enquadradas nas perspectivas individuais de formação de professores.
a. V, F, V, V, F.
b. F, V, V, V, F.
c. V, F, F, V, F.

d. F, F, V, V, F.
e. V, F, V, F, F.

3. A respeito de LA e formação de professores, indique o que não se configura como desafio contemporâneo de acordo com o que estudamos neste capítulo:

a. A forma de delimitar qual será a base de conhecimento profissional nos cursos de Letras.
b. A busca por pesquisas que articulem teoria e prática, bem como o retorno do que é pesquisado a seus respectivos contextos.
c. Formas de integração entre a formação inicial e a formação continuada nos mesmos espaços formativos.
d. Políticas de ensino que contemplem o provento de equipamentos tecnológicos mais sofisticados para os professores.
e. Práticas em que os professores se coloquem como colaboradores do processo formativo.

4. Levando em consideração as escolas de pensamento apontadas por Kumaravadivelu (2006) para compreendermos a LA e sua relação com a globalização, relacione a escola a sua respectiva característica e, depois, assinale a alternativa que apresenta a sequência correta:

1ª escola
2ª escola
3ª escola

( ) Tem como representantes Appadurai e Roland Robertson, que não defendem nem uma homogeneização nem uma heterogeneização, mas que ambos os processos ocorrem de forma simultânea, levando ao fenômeno da "glocalização".

( ) Tem como representantes Barber e Ritzer, os quais defendem que algum tipo de homogeneização cultural está ocorrendo, no qual a cultura norte-americana de consumo é o centro dominante.

( ) É representada pelo sociólogo Giddens e o crítico cultural Tomlison, que acreditam que certo tipo de heterogeneização está ocorrendo, na qual a cultura local está sendo fortalecida como resposta à ameaça representada pela globalização.

a. 1^a, 2^a, 3^a.
b. 3^a, 1^a, 2^a.
c. 2^a, 3^a, 1^a.
d. 3^a, 2^a, 1^a.
e. 2^a, 1^a, 3^a.

5. Sobre a LA e sua atitude responsiva, assinale a alternativa incorreta:

a. A atitude do linguista aplicado diante de sua posição de pesquisador exige uma ruptura do monopólio de saber das universidades.
b. O trabalho do linguista aplicado precisa ser orientado para gerar a mudança social.
c. O trabalho crítico precisa evitar o uso de modelos estáticos e essencialistas.
d. A participação dos sujeitos no processo de pesquisa não se faz necessária no que tange ao desenvolvimento da pesquisa em LA.
e. Ao assumir uma atitude responsiva, o linguista aplicado problematiza o papel da linguagem ante os interesses que ela sustenta.

Atividades de aprendizagem

Questões para reflexão

1. Leia o trecho de Jordão (2017, p. 191-192) a seguir e discorra sobre a relação do que é dito com os desafios da formação de professores no contexto brasileiro:

> Acho que o principal desafio está na nossa dificuldade de lidar com a multiplicidade e heterogeneidade constitutivas da atividade humana. Essa multiplicidade, que também existe nos processos de formação de professores é extremamente positiva, até porque só na pluralidade se pode ser crítico, mas é também e por isso mesmo um desafio. Os formadores precisam sentir-se minimamente confortáveis na coexistência de inúmeras orientações formativas, precisam saber transitar por entre elas. E precisam, sobretudo, considerar os professores com quem trabalham como seres inteligentes, capazes de criar, de interagir, de pensar, de sentir – sem isso, como disse Rancière (2004), não temos como nos relacionar uns com os outros de forma produtiva. A partir daí, estabelecem-se ações colaborativas, de parceria que, a meu ver, precisam se dar na dimensão das práxis, ou seja, partindo do pressuposto de que teoria e prática são integradas, e de que formadores e professores (afinal, somos todos professores, não é?) juntos podem melhorar o ensino-aprendizagem nas escolas – e fora delas.

2. O trabalho do linguista aplicado está atrelado ao compromisso social que ele tem com relação à pesquisa e à produção de conhecimento. Justifique essa afirmação recorrendo à base teórica trabalhada neste capítulo.

Atividade aplicada: prática

1. Para ampliar seus conhecimentos a respeito dos desafios da formação na contemporaneidade, entreviste dois professores: um em formação inicial, ou seja, que esteja no curso de Letras, e outro em formação continuada, que já atue em sala de aula. Após a entrevista, faça um comparativo das respostas apresentadas.

considerações finais

❰ FINALIZAR UM TEXTO é sempre desafiador, pois temos a sensação de que algo ficou incompleto... inacabado..., o que faz permanecer sempre a pergunta: "Será que não nos esquecemos de nada importante?". Mas, se esse sentimento não estivesse presente no momento de finalizar este livro, nada do que discutimos sobre a proposta da LA teria sentido, não é mesmo? Isso porque a LA nos convida a esse exercício constante de questionamento num contexto em que tudo é provisório e em que não há uma resposta única e definitiva para os problemas da vida social.

Iniciamos nossa conversa com a maneira pela qual a LA foi sendo concebida historicamente, percebendo que ela não pode ser entendida como algo fechado, já que busca a ruptura de modelos prontos. Daí sua ênfase no que é provisório, pois a LA constitui-se uma área de estudos que olha para questões sociais e, por essa razão, lida com o transitório, o dinâmico e o fluido.

Esse sentimento de incompletude traduz o trabalho desta autora como professora e pesquisadora na LA, já que somos sujeitos em constante transformação; seres cujas identidades são fragmentadas e alteradas pelos contextos e sujeitos com os quais temos contato diário e que nos fazem pensar sobre nossa incompletude.

Neste momento, pedimos licença para tomar esse espaço para refletir sobre a complexa tarefa que é ser pesquisador no Brasil. O noticiário nos informa diariamente sobre os cortes em investimento na pesquisa nas diversas instâncias e áreas do conhecimento. Não há bolsas de estudos para todos aqueles que se submetem a um programa de pós-graduação, razão pela qual nos tornamos estudantes-trabalhadores, pois precisamos "dar conta de tudo", trabalhar para poder investir em nosso sonho de fazer carreira como pesquisadores. Também não há vagas para todos aqueles que desejam seguir a carreira de pesquisador, ou seja, para o ingresso em um programa de pós-graduação. Há também escassez cada vez maior de vagas em concursos públicos para atuação como professor universitário. Esses e outros tantos problemas ilustram a dificuldade de ser pesquisador em nosso país.

Pensar sobre nossas dificuldades é também papel da LA, cuja grande missão tem sido olhar para problemas que envolvem a linguagem dos que estão à margem, dos que têm as vozes esquecidas, daqueles cujos saberes não são legitimados, dos que são invisíveis. É compromisso da LA trazer à baila problemas dos mais variados contextos sempre com foco no engajamento ético e na atitude responsiva.

Finalizar um texto é um exercício de entrega, pois deixamos de ser donos daquilo que escrevemos para permitirmos que o outro nos leia. O texto não é mais nosso, já que agora a interpretação dele é do outro, esse encontro entre o eu-autor com o eu-leitor que vai permitir o ato de construir os sentidos... (ou de não fazer sentido algum!). Concluir é também um exercício de ruptura, já que, por mais que tenhamos certa ansiedade por finalizar um artigo, um capítulo ou um livro, é algo sempre duro, uma vez que nos separamos daquilo em que investimos tanto tempo e leitura com o objetivo de que esses escritos deixem de ser nosso e se tornem do mundo.

Nestas considerações não poderíamos deixar de mencionar o grande desafio que foi a elaboração desta obra. Foram meses de intenso trabalho, pesquisa e leitura para que pudéssemos chegar ao resultado que você tem em mãos hoje. No entanto, esse esforço todo é recompensado quando pensamos que estamos tendo a maravilhosa oportunidade de compartilhar nosso conhecimento com você, leitor. Este é um princípio fundamental quando nos engajamos na tarefa de pesquisar: disseminar reflexões e problematizar sempre! Esperamos que a leitura tenha lhe proporcionado frutíferas reflexões e inspirado você a se engajar como linguista aplicado com intuito de olhar para a transformação social.

{

lista de siglas

AAAL	American Association for Applied Linguistics
AILA	Association Internationale de Linguistique Appliqueé
ALAB	Associação de Linguística Aplicada do Brasil
ANPOLL	Associação Nacional de Pós-Graduação e Pesquisa em Letras e Linguística
ASTP	Army Specialized Training Program
BAAL	British Association for Applied Linguistics
BNCC	Base Nacional Comum Curricular
CAPES	Coordenação de Aperfeiçoamento de Pessoal de Nível Superior
CBLA	Congresso Brasileiro de Linguística Aplicada
Celpe-Bras	Certificação de Proficiência em Língua Portuguesa para Estrangeiros)

CNE	Conselho Nacional de Educação
CNPq	Conselho Nacional de Desenvolvimento Científico e Tecnológico
DCE	Diretrizes Curriculares Estaduais
Delta	Documentação e Estudos em Linguística Teórica e Aplicada
EFL	English as a Foreign Language
ELF	English as Lingua Franca
ELT	English Language Teaching
ESL	English as a Second Language
ILF	Inglês como Língua Franca
LA	Linguística Aplicada
LAC	Linguística Aplicada Crítica
LAEL	Programa de Pós-graduação em Linguística Aplicada ao Ensino de Línguas
LC	Letramento crítico
LE	Língua estrangeira
LP	Língua portuguesa
MEC	Ministério da Educação
MRE	Ministério das Relações Exteriores
Ocem	Orientações Curriculares para o Ensino Médio
PCN	Parâmetros Curriculares Nacionais
PIBID	Programa Institucional de Bolsas de Iniciação à Docência)
PNUD	Programa das Nações Unidas para o Desenvolvimento
PPC	Proposta pedagógica curricular

PPG-LA	Programa de Pós-Graduação em Linguística Aplicada
PPP	Projeto político-pedagógico
PTD	Plano de trabalho docente
PUC-SP	Pontifícia Universidade Católica de São Paulo
RBLA	Revista Brasileira de Linguística Aplicada
UFMG	Universidade Federal de Minas Gerais
UNDP	United Nations Development Programme
Unicamp	Universidade Estadual de Campinas
WE	World English

{

referências

AGUIAR, M. J. D. de. Formação de professores e o ensino de leitura crítica de gêneros. Linguagens e Cidadania, v. 5, n. 1. jan./jun. 2003. Disponível em: <https://periodicos.ufsm.br/LeC/article/view/29196/16387>. Acesso em: 18 fev. 2019.

AILA – Association Internationale de Linguistique Appliquée. Disponível em: <https://aila.info/>. Acesso em: 15 jan. 2019.

AMORIM, M. Vozes e silêncio no texto de pesquisa em ciências humanas. Cadernos de Pesquisa, n. 116, p. 7-19, jul. 2002. Disponível em: <http://www.scielo.br/pdf/cp/n116/14396.pdf>. Acesso em: 15 jan. 2019.

ANDREOTTI, V. O. et al. Internacionalização da educação brasileira: possibilidades, paradoxos e desafios. In: LUNA, J. M. F. de (Org.). Internacionalização do currículo: educação, interculturalidade, cidadania global. Campinas: Pontes, 2016. p. 129-154.

ANDREOTTI, V.; BARKER, L.; NEWELL-JONES, K. (Org.). Critical literacy in global citizenship education. OSDE Methodology, Centre for the Study of Social and Global Justice, p. 1-24, 2006.

ANTUNES, I. Muito além da gramática: por um ensino de línguas sem pedras no caminho. São Paulo: Parábola, 2007.

APPADURAI, A. Dimensões culturais da globalização: a modernidade sem peias. Tradução de Telma Costa. Lisboa: Teorema, 2004.

_____. Disjuncture and Difference in the Global Cultural Economy. Theory, Culture & Society, v. 7, p. 295-310, 1990.

_____. Grassroots Globalization and the Research Imagination. Public Culture, v. 12, n. 1, p. 1-19, 2000.

ARCHANJO, R. Linguística aplicada: uma identidade construída nos CBLA. RBLA – Revista Brasileira de Linguística Aplicada, Belo Horizonte, v. 11, n. 3, p. 609-632, 2011. Disponível em: <http://www.scielo.br/pdf/rbla/v11n3/02.pdf>. Acesso em: 15 jan. 2019.

BAKHTIN, M. Estética da criação verbal. Tradução de Maria Emsantina Galvão G. Pereira. São Paulo: M. Fontes, 1992.

_____. _____. São Paulo: M. Fontes, 2000.

BENVENISTE, E. Problemas de linguística geral I. Tradução de Maria da Glória Novak e Maria Luiza Neri. 3. ed. São Paulo: Pontes, 1991.

BEZERRA, M. A. Ensino de língua portuguesa e contextos teórico-metodológicos. In: DIONÍSIO, A. P.; MACHADO, A. R.; BEZERRA, M. A. (Org.). Gêneros textuais & ensino. 4. ed. Rio de Janeiro: Lucerna, 2005. p. 37- 46.

BOHN, H. I. Os aspectos "políticos" de uma política de ensino de línguas e literaturas estrangeiras. Linguagem & Ensino, Pelotas, v. 3, n. 1, p. 117-138, 2000. Disponível em: <http://www.rle.ucpel.tche.br/index.php/rle/article/view/286/252>. Acesso em: 18 fev. 2019.

BONINI, A. et al. Formação de professores do ensino médio. Etapa II. Caderno IV: linguagens. Curitiba: MEC/SEB/UFPR, 2014. Disponível em: <http://cac-php.unioeste.br/projetos/pactoNacional/docs/web2_caderno_4.pdf>. Acesso em: 18 fev. 2019.

BORTONI-RICARDO, S. M. Educação em língua materna: a sociolinguística na sala de aula. São Paulo: Parábola, 2004.

_____. O professor pesquisador: introdução à pesquisa qualitativa. São Paulo: Parábola, 2008.

BRASIL. Capes – Coordenação de Aperfeiçoamento de Pessoal de Nível Superior. Portaria n. 72, de 9 de abril de 2010. Diário Oficial da União, 12 abr. 2010. Disponível em: <https://www.capes.gov.br/images/stories/download/diversos/Portaria72_Pibid.pdf>. Acesso em: 15 jan. 2019.

BRASIL. Lei n. 4.024, de 20 de dezembro de 1961. Diário Oficial da União, Poder Legislativo, Brasília, DF, 27 dez. 1961. Disponível em: <http://www.planalto.gov.br/ccivil_03/LEIS/L4024.htm>. Acesso em: 18 fev. 2019.

_____. Lei n. 5.692, de 11 de agosto de 1971. Diário Oficial da União, Poder Legislativo, Brasília, DF, 12 ago. 1971. Disponível em: <http://www2.camara.leg.br/legin/fed/lei/1970-1979/lei-5692-11-agosto-1971-357752-publicacaooriginal-1-pl.html>. Acesso em: 18 fev. 2019.

_____. Lei n. 9.394, de 20 de dezembro de 1996. Diário Oficial da União, Poder Legislativo, Brasília, DF, 23 dez. 1996. Disponível em: <http://www.planalto.gov.br/ccivil_03/leis/L9394.htm>. Acesso em: 18 fev. 2019.

_____. Lei n. 11.161, de 5 de agosto de 2005. Diário Oficial da União, Poder Legislativo, Brasília, DF, 8 ago. 2005. Disponível em: <http://www.planalto.gov.br/ccivil_03/_ato2004-2006/2005/lei/l11161.htm>. Acesso em: 15 jan. 2019.

BRASIL. Lei n. 13.415, de 16 de fevereiro de 2017. Diário Oficial da União, Poder Legislativo, Brasília, 17 fev. 2017a. Disponível em: <http://www.planalto.gov.br/ccivil_03/_ato2015-2018/2017/lei/l13415.htm>. Acesso em: 15 jan. 2019.

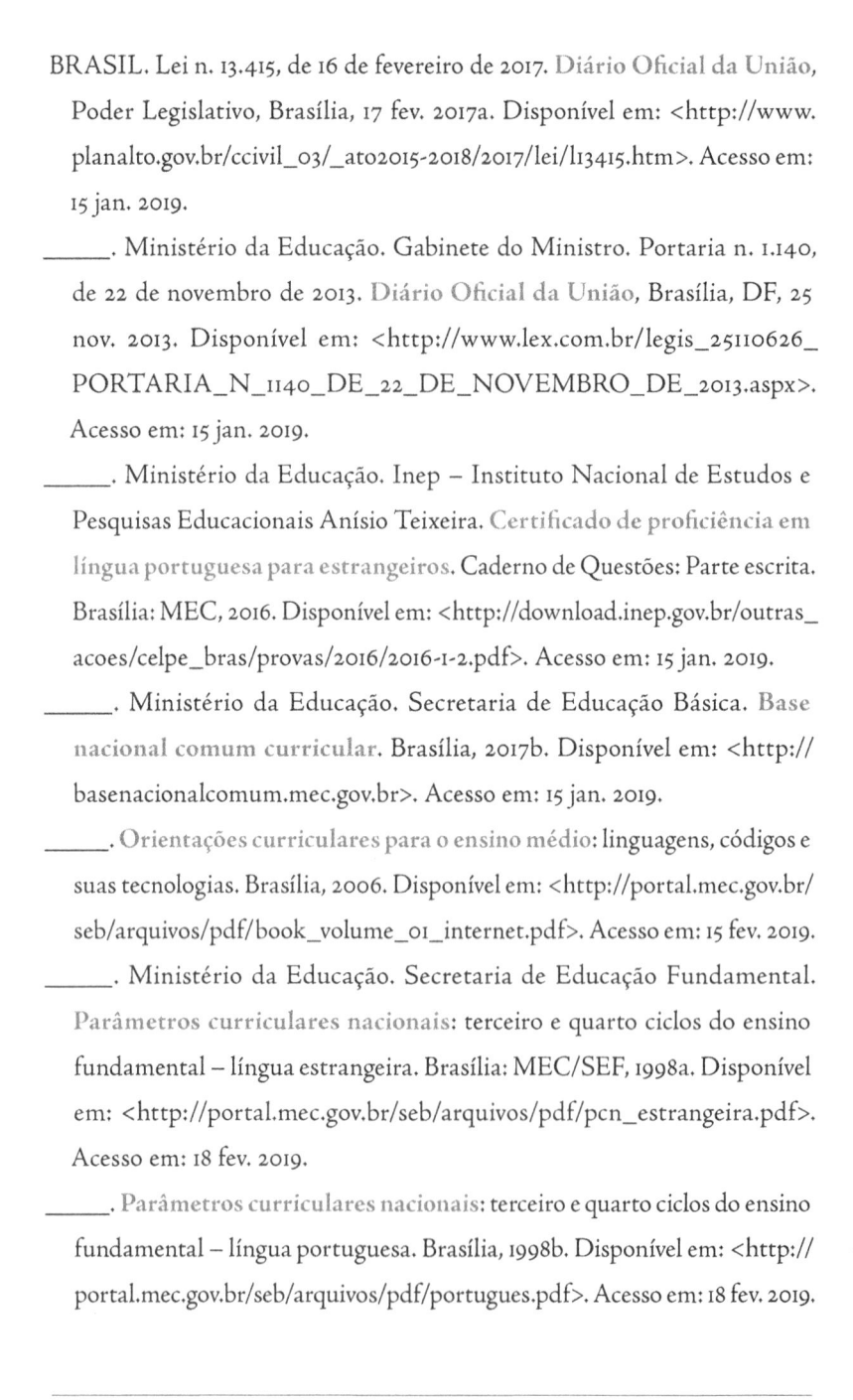

_____. Ministério da Educação. Gabinete do Ministro. Portaria n. 1.140, de 22 de novembro de 2013. Diário Oficial da União, Brasília, DF, 25 nov. 2013. Disponível em: <http://www.lex.com.br/legis_25110626_PORTARIA_N_1140_DE_22_DE_NOVEMBRO_DE_2013.aspx>. Acesso em: 15 jan. 2019.

_____. Ministério da Educação. Inep – Instituto Nacional de Estudos e Pesquisas Educacionais Anísio Teixeira. Certificado de proficiência em língua portuguesa para estrangeiros. Caderno de Questões: Parte escrita. Brasília: MEC, 2016. Disponível em: <http://download.inep.gov.br/outras_acoes/celpe_bras/provas/2016/2016-1-2.pdf>. Acesso em: 15 jan. 2019.

_____. Ministério da Educação. Secretaria de Educação Básica. Base nacional comum curricular. Brasília, 2017b. Disponível em: <http://basenacionalcomum.mec.gov.br>. Acesso em: 15 jan. 2019.

_____. Orientações curriculares para o ensino médio: linguagens, códigos e suas tecnologias. Brasília, 2006. Disponível em: <http://portal.mec.gov.br/seb/arquivos/pdf/book_volume_01_internet.pdf>. Acesso em: 15 fev. 2019.

_____. Ministério da Educação. Secretaria de Educação Fundamental. Parâmetros curriculares nacionais: terceiro e quarto ciclos do ensino fundamental – língua estrangeira. Brasília: MEC/SEF, 1998a. Disponível em: <http://portal.mec.gov.br/seb/arquivos/pdf/pcn_estrangeira.pdf>. Acesso em: 18 fev. 2019.

_____. Parâmetros curriculares nacionais: terceiro e quarto ciclos do ensino fundamental – língua portuguesa. Brasília, 1998b. Disponível em: <http://portal.mec.gov.br/seb/arquivos/pdf/portugues.pdf>. Acesso em: 18 fev. 2019.

BROWN, H. D. Language assessment: principles and classroom practices. White Plains: Longman, 2004.

BURNS, A. Doing Action Research in English Language Teaching: a Guide for Practitioners. New York: Routledge, 2010.

CALVET, L.-J. As políticas linguísticas. Tradução de Isabel de Oliveira Duarte, Jonas Tenfen e Marcos Bagno. Florianópolis: Ipol; São Paulo: Parábola, 2007.

CALVO, L. C. S.; EL KADRI, M. S. Mapeamento de estudos nacionais sobre inglês como língua franca: lacunas e avanços. In: GIMENEZ, T.; CALVO, L. C. S.; EL KADRI, M. S. (Org.). Inglês como língua franca: ensino-aprendizagem e formação de professores. Campinas: Pontes, 2011. p. 17-33.

CALVO, L. C. S.; EL KADRI, M. S.; GIMENEZ, T. Inglês como língua franca na sala de aula: sugestões didáticas. In: EL KADRI, M. S.; PASSONI, T. P.; GAMERO, R. (Org.). Tendências contemporâneas para o ensino de língua inglesa: propostas didáticas para a educação básica. Campinas: Pontes, 2014. p. 299-316.

CAMACHO, R. G. Norma culta e variedades linguísticas. Univesp, Unesp, São Paulo, 2009. Disponível em: <https://edisciplinas.usp.br/pluginfile.php/174227/mod_resource/content/1/01d17t03.pdf>. Acesso em: 15 jan. 2019.

CAMARGO, A. R. Aulas régias. Arquivo Nacional, Mapa, 2013. Disponível em: <http://mapa.an.gov.br/index.php/dicionario-periodo-colonial/137-aulas-regias>. Acesso em: 15 jan. 2019.

CANAGARAJAH, S. Literacy as Translingual Practice: between Communities and Classrooms. New York: Routledge, 2013.

_____. In Search of a New Paradigm for Teaching English as an International Language. Tesol Journal, v. 5, n. 4, p. 767-785, Nov. 2014.

CANCLINI, N. G. A globalização imaginada. Tradução de Sérgio Molina. São Paulo: Iluminuras, 2007.

CAVALCANTI, M. C. Applied Linguistics: Brazilian Perspectives. AILA Review, Amsterdam/Philadelphia, v. 17, n. 1, p. 23-30, Jan. 2004.

CELANI, M. A. A. Afinal, o que é linguística aplicada? In: PASCHOAL, M. S. Z.; CELANI, M. A. A. (Org.). Linguística aplicada: da aplicação de linguística a linguística transdisciplinar. São Paulo: Educ, 1992. p. 15-23.

_____. Questões de ética na pesquisa em Linguística Aplicada. Linguagem & Ensino, v. 8, n. 1, p. 101-122, jan./jun. 2005. Disponível em: <http://www.rle.ucpel.tche.br/index.php/rle/article/view/198/165>. Acesso em: 18 fev. 2019.

_____. Transdisciplinaridade na linguística aplicada no Brasil. In: SIGNORINI, I.; CAVALCANTI, M. (Org.). Linguística aplicada e transdisciplinaridade. Campinas: Mercado de Letras, 2004. p. 129-142.

_____. Um programa de formação contínua. In: CELANI, M. A. A. (Org.). Professores e formadores em mudança: relato de um processo de reflexão e transformação da prática docente. Campinas: Mercado de Letras, 2002. p. 19-35.

CERIGATTO, M. P.; CASARIN, H. de C. S. O audiovisual como fonte de informação na escola: desafios para a media literacy. Biblioteca Escolar em Revista, Ribeirão Preto, v. 3, n. 2, p. 31-52, 2015. Disponível em: <https://doi.org/10.11606/issn.2238-5894.berev.2015.106609>. Acesso em: 15 jan. 2019.

CERVETTI, G.; PARDALES, M. J.; DAMICO, J. S. A Tale of Differences: Comparing the Traditions, Perspectives, and Educational Goals of Critical Reading and Critical Literacy. Reading Online, v. 4, n. 9, Apr. 2001.

COPE, B.; KALANTZIS, M. A Grammar of Multimodality. The International Journal of Learning, v. 16, n. 2, p. 361-425, 2009a.

COPE, B.; KALANTZIS, M. (Ed.). Multiliteracies: Literacy Learning and the Design of Social Futures. London: Routledge, 2000.

COPE, B.; KALANTZIS, M. (Ed.). Multiliteracies: New literacies, New Learning. Pedagogies: An International Journal, Nanyang Walk, v. 4, n. 3, p. 164-195, Aug. 2009b.

CORACINI, M. J. R. F. Heterogeneidade e leitura na aula de língua materna. In: CORACINI, M. J. R. F.; PEREIRA, A. E. (Org.). Discurso e sociedade: práticas em análise do discurso. Pelotas: Educat, 2001. p. 137-155.

_____. O discurso da linguística aplicada e a questão da identidade: entre a modernidade e a pós-modernidade. In: CORACINI, M. J. R. F.; BERTOLDO, E. S. (Org.). O desejo da teoria e a contingência da prática: discursos sobre e na sala de aula. 2. ed. Campinas: Mercado de Letras, 2003. p. 97-116.

COSTA, A.; GERALDI, J. W. O paradoxo aplicado. Revista Signótica, v. 19, n. 2, p. 157-175, 2007. Disponível em: <https://www.revistas.ufg.br/sig/article/view/7465/5288>. Acesso em: 15 jan. 2019.

COSTA, H. R. da. O discurso historiográfico da linguística aplicada brasileira. Dissertação (Mestrado em Letras e Linguística) – Universidade Federal de Goiás, Goiânia, 2011.

COSTA, L. P. A. Reflexões sobre o estatuto da linguística aplicada: novos rumos para velhos temas. Entrepalavras, Fortaleza, ano 3, v. 3, n. 1, p. 287-301, jan./jul. 2013. Disponível em: <http://www.entrepalavras.ufc.br/revista/index.php/Revista/article/view/127>. Acesso em: 15 jan. 2019.

COTRIM, G. História global: Brasil e geral. 8. ed. São Paulo: Saraiva, 2005. Volume único.

COUTO, M. Três fantasmas mudos para um orador luso-afónico. In: VALENTE, A. (Org.). Língua portuguesa e identidade: marcas culturais. Rio de Janeiro: Caetés, 2009.

CRISTOVÃO, V. L. L. Modelos didáticos de gênero: uma abordagem para o ensino de língua estrangeira. Londrina: UEL, 2007.

CRYSTAL, D. English as a Global Language. 2. ed. Cambridge: Cambridge University Press, 2003.

DAMIANOVIC, M. C. O linguista aplicado: de um aplicador de saberes a um ativista político. Linguagem & Ensino, Pelotas, v. 8, n. 2, p. 181-196, 2005. Disponível em: <http://www.leffa.pro.br/tela4/Textos/Textos/Revista/edicoes/v8n2/mcristina_damianovic.pdf>. Acesso em: 15 jan. 2019.

DAVIES, A.; ELDER, C. General Introduction Applied Linguistics: Subject to Discipline? In: DAVIES, A.; ELDER, C. (Ed.). The Handbook of Applied Linguistics. Malden: Blackwell, 2004. p. 1-15.

DAVIS, C. L. F. et al. Formação continuada de professores: uma análise das modalidades e das práticas em estados e municípios brasileiros. Estudos & Pesquisas Educacionais, Fundação Victor Civita, São Paulo, n. 2. p. 81-166, nov. 2011 Disponível em: <https://abrilfundacaovictorcivita.files.wordpress.com/2018/04/estudos_e_pesquisas_educacionais_vol_2.pdf>. Acesso em: 15 jan. 2019.

DE GRANDE, P. B. O pesquisador interpretativo e a postura ética em pesquisas em Linguística Aplicada. Eletras, v. 23, n. 23, dez. 2011. Disponível em: <http://universidadetuiuti.utp.br/eletras/dossie/resumo/Dossie_especial_resumo_23.2_O_pesquisador_interpretativo_e_a_postura_etica_em_pesquisas_em_Lingui.pdf>. Acesso em: 15 jan. 2019.

DE LISSOVOY, N. Decolonial Pedagogy and the Ethics of the Global. Discourse: Studies in the Cultural Politics of Education, v. 31, n. 3, p. 279-293, Jun. 2010.

DEOSTI, A. A prática exploratória: uma abordagem de ensino/pesquisa ético-crítica em linguística aplicada. In: INTERNATIONAL CONGRESS OF CRITICAL APPLIED LINGUISTICS, Brasília, 2015. Disponível em: <http://www.uel.br/projetos/iccal/pages/arquivos/ANAIS/ETICA/A%20PRATICA%20EXPLORATORIA.pdf>. Acesso em: 15 jan. 2019.

DIAS, L. S.; GOMES, M. L. de C. Estudos linguísticos: dos problemas estruturais aos novos campos de pesquisa. Curitiba: Ibpex, 2008.

DIMANO, E. O.; MACIEL, R. F. O humano e a tecnologia: uma reflexão do pós-humano, pós-humanismo e o anti-humanismo em Santaella. In: CONGRESSO BRASILEIRO DE LINGUÍSTICA APLICADA, 11., 2015, Campo Grande. Anais... Campo Grande: CBLA, 2015. p. 1237-1250. Disponível em: <http://www.alab.org.br/images/stories/alab/XICBLA/XI_CBLA.pdf>. Acesso em: 18 fev. 2019.

DUBOC, A. P. M. Atitude curricular: letramentos críticos nas brechas da formação de professores de inglês. 258 f. Tese (Doutorado em Letras) – Universidade de São Paulo, São Paulo, 2012. Disponível em: <http://www.teses.usp.br/teses/disponiveis/8/8147/tde-07122012-102615/pt-br.php>. Acesso em: 15 jan. 2019.

_____. Avaliação da aprendizagem de línguas e os multiletramentos. Estudos em Avaliação Educacional, São Paulo, v. 26, n. 63, p. 664-687, set./dez. 2015. Disponível em: <http://publicacoes.fcc.org.br/ojs/index.php/eae/article/view/3628>. Acesso em: 15 jan. 2019.

_____. O "novo" nos novos letramentos: implicações para o ensino de línguas estrangeiras. Revista Contexturas: Ensino Crítico de Língua Inglesa, v. 18, p. 9-28, 2011.

DUBOC, A. P. M.; FERRAZ, D. M. Letramentos críticos e formação de professores de inglês: currículos e perspectivas em expansão. Revista X, v. 1, 2011. Disponível em: <https://revistas.ufpr.br/revistax/article/view/23056/16914>. Acesso em: 15 jan. 2019.

EDIRENGLISHBLOG. Países falantes de língua inglesa no mundo. 27 maio 2012. Disponível em: <https://edirenglishblog.wordpress.com/2012/05/27/paises-falantes-de-lingua-inglesa-no-mundo/>. Acesso em: 15 jan. 2019.

FABRÍCIO, B. F. Linguística aplicada como espaço de "desaprendizagem": redescrições em curso. In: MOITA LOPES, L. P. da (Org.). Por uma linguística aplicada indisciplinar. São Paulo: Parábola, 2006. p. 45-65.

FERNANDES, A. C.; PAULA, A. B. Compreensão e produção de textos em língua materna e língua estrangeira. Curitiba: Ibpex, 2008.

FISHMAN, J. A. The New Linguistic Order. Revista Digital D'Humanitats, 1998. Disponível em: <http://www.uoc.edu/humfil/articles/eng/fishman/fishman_imp.html>. Acesso em: 15 jan. 2019.

FREIRE, P. Extensão ou comunicação? 8. ed. Rio de Janeiro: Paz e Terra, 1985.

GEERTZ, C. Obras e vidas: o antropólogo como autor. Rio de Janeiro: Ed. da UFRJ, 2002.

GERALDI, J. W. Unidades básicas do ensino de português. In: GERALDI, J. W. (Org.). O texto na sala de aula. São Paulo: Ática, 2012. p. 59-79.

GIDDENS, A. Mundo em descontrole: o que a globalização está fazendo de nós. Tradução de Maria Luiza de A. Borges. 6. ed. Rio de Janeiro: Record, 2007.

GILENO, R. S. da S. O ensino das línguas estrangeiras no Brasil: uma perspectiva histórico-metodológica. In: MONTEIRO, D. C.; NASCENTE, R. M. M. (Org.). Pesquisa, ensino e aprendizagem da língua inglesa: olhares e possibilidades. São Paulo: Cultura Acadêmica, 2013. p. 13-44.

GIMENEZ, T. Aproximando a linguística aplicada crítica da sala de aula. In: JESUS, D. M. de; ZOLIN-VESZ, F.; CARBONIERI, D. (Org.). Perspectivas críticas no ensino de línguas: novos sentidos para a escola. Campinas: Pontes, 2017. p. 45-54.

_____. Desafios contemporâneos na formação de professores de línguas: contribuições da linguística aplicada. In: FREIRE, M. M.; ABRAHÃO, M. H. V.; BARCELOS, A. M. F. (Org.). Linguística aplicada e contemporaneidade. Campinas: Pontes, 2005. p. 183-201.

GIMENEZ, T. Pesquisa participativa na linguística (aplicada): construindo sentidos compartilhados na escola pública. In: LUCAS, P. de O.; RODRIGUES, R. F. L. (Org.). Temas e rumos nas pesquisas em linguísticas (aplicada): questões empíricas, éticas e práticas. Campinas: Pontes, 2015. v. 1. p. 135-152.

GRABE, W. Applied Linguistics: a Twenty-First-Century Discipline. In: KAPLAN, R. B. (Ed.). The Oxford Handbook of Applied Linguistics. 2. ed. Oxford: Oxford University Press, 2012. p. 1-13. Disponível em: <http://www.oxfordhandbooks.com/view/10.1093/oxfordhb/9780195384253.001.0001/oxfordhb-9780195384253-e-2>. Acesso em: 15 jan. 2019.

_____. Applied Linguistics: an Emerging Discipline for the Twenty-First Century. In: KAPLAN, R. B. (Org.). The Oxford handbook of Applied Linguistics. Oxford: Oxford University Press, 2002. p. 3-12.

GRIGOLETTO, M. O inglês na atualidade: uma língua global. ELB – Enciclopédia das Línguas do Brasil, Política de Línguas. Disponível em: <http://www.labeurb.unicamp.br/elb2/pages/artigos/lerArtigo.lab?id=98>. Acesso em: 15 jan. 2019.

HEMAIS, B. Genres in English Language Course Books: Teaching Words and Images. In: GONÇALVES, G. R. et al. (Org.). New Challenges in Language and Literature. Belo Horizonte: Faculdade de Letras da UFMG, 2009. p. 67-80.

_____. Práticas pedagógicas no ensino de inglês: integrando gêneros discursivos e multimodalidade. In: HEMAIS, B. J. W. (Org.). Gêneros discursivos e multimodalidade: desafios, reflexões e propostas no ensino de inglês. Campinas: Pontes, 2015. p. 19-34.

HOFFMANN, J. Avaliação mediadora: uma prática em construção da pré-escola à universidade. 20. ed. Porto Alegre: Mediação, 2003.

JANKS, H. Prefácio: crítica e prática de leitura com e contra os textos. In: JESUS, D. M. de; ZOLIN-VESZ, F.; CARBONIERI, D. (Org.). Perspectivas críticas no ensino de línguas: novos sentidos para a escola. Campinas: Pontes, 2017. p. 7-14.

JORDÃO, C. M. Abordagem comunicativa, pedagogia crítica e letramento crítico: farinhas do mesmo saco? In: ROCHA, C. H.; MACIEL, R. F. (Org.). Língua estrangeira e formação cidadã: por entre discursos e práticas. Campinas: Pontes, 2013a. p. 69-90.

_____. Agir brandindo a espada e fomentando o caos? A educação em tempos pós-modernos. In: GIMENEZ, T.; JORDÃO, C. M.; ANDREOTTI, V. (Org.). Perspectivas educacionais e o ensino de inglês na escola pública. Pelotas: Educat, 2005. p. 23-36.

_____. De rumos e passagens. In: JORDÃO, C. M. (Org.). A Linguística Aplicada no Brasil: rumos e passagens. Campinas: Pontes, 2016. p. 11-16.

_____. Entrevista com Clarissa Jordão. In: FOGAÇA, F. C. et al. Revista X, v. 12, n. 1, p. 187-194, 2017. Disponível em: <https://revistas.ufpr.br/revistax/article/view/54227/33108>. Acesso em: 15 jan. 2019.

_____. ILA – ILF – ILE – ILG: Quem dá conta? RBLA – Revista Brasileira de Linguística Aplicada, Belo Horizonte, v. 14, n. 1, p. 13-40, 2014. Disponível em: <http://www.scielo.br/pdf/rbla/v14n1/a02v14n1.pdf>. Acesso em: 18 fev. 2019.

_____. Letramento crítico: complexidade e relativismo em discurso. In: CALVO, L. C. S. et al. (Org.). Reflexões sobre ensino de línguas e formação de professores no Brasil: uma homenagem à professora Telma Gimenez. Campinas: Pontes, 2013b. p. 349-369.

_____. O ensino de línguas estrangeiras: de código a discurso. In: VAZ BONI, V. Tendências contemporâneas no ensino de línguas. União da Vitória: Kaygangue, 2006. p. 26-32.

JORDÃO, C. M.; MARTINEZ, J. Z. Entre as aspas da fronteira: internacionalização com prática agonística. In: ROCHA, C. H.; BRAGA, D. B.; CALDAS, R. R. (Org.). Políticas linguísticas, ensino de línguas e formação docente: desafios em tempos de globalização e internacionalização. Campinas: Pontes, 2015. p. 61-88.

KLEIMAN, A. B. Agenda de pesquisa e ação em linguística aplicada: problematizações. In: MOITA LOPES, L. P. da (Org.). Linguística aplicada na modernidade recente. São Paulo: Parábola, 2013. p. 39-58.

_____. O estatuto disciplinar da Linguística Aplicada: o traçado de um percurso, um rumo para o debate. In: SIGNORINI, I.; CAVALCANTI, M. C. (Org.). Linguística aplicada e transdisciplinaridade. Campinas: Mercado de Letras, 2004. p. 51-80.

KLEIMAN, A. B.; CAVALCANTI, M. C. O DLA: uma história de muitas faces, um mosaico de muitas histórias. In: KLEIMAN, A. B.; CAVALCANTI, M. C. (Org.). Linguística aplicada: suas faces e interfaces. Campinas: Mercado de Letras, 2007. p. 9-26.

KOCH, I. V.; ELIAS, V. M. Ler e compreender os sentidos do texto. 2. ed. São Paulo: Contexto, 2007.

KOCH, I. V.; SOUZA E SILVA, M. C. P. de. Linguística aplicada ao português: sintaxe e morfologia. São Paulo: Cortez, 1983.

KRAMSCH, C. Por que os professores de língua estrangeira precisam ter uma perspectiva multilíngue e o que isto significa para sua prática de ensino. In: CORREA, D. A. (Org.). Política linguística e ensino de língua. Campinas: Pontes, 2014. p. 9-18.

KRAUSE, M. A Fundação Victor Civita: conheça aqui a liderança, a história, os reconhecimentos e publicações. Fundação Victor Civita, 3 ago. 2017. Disponível em: <https://fvc.org.br/especiais/fvc-nossa-historia/>. Acesso em: 24 jan. 2019.

KRESS, G.; VAN LEEUWEN, T. Reading Images: the Grammar of Visual Design. 2. ed. London: Routledge, 2006.

KUMARAVADIVELU, B. A linguística aplicada na era da globalização. In: MOITA LOPES, L. P. da (Org.). Por uma linguística aplicada indisciplinar. São Paulo: Parábola, 2006. p. 129-148.

_____. Individual Identity, Cultural Globalization, and Teaching English as an International Language: the Case for an Epistemic Break. In: ALSAGOFF, L. et al. (Ed.). Principles and Practices for Teaching English as an International Language. New York: Routledge, 2012. p. 9-27.

LANKSHEAR, C.; KNOBEL, M. New Literacies: Changing Knowledge and Classroom Learning. Buckingham: Open University Press, 2003.

LEE, C.; BARTON, D. Linguagem online: textos e práticas digitais. Tradução de Milton Camargo Mota. São Paulo: Parábola, 2015.

LEFFA, V. J. A linguística aplicada e seu compromisso com a sociedade. In: CONGRESSO BRASILEIRO DE LINGUÍSTICA APLICADA, 6., Belo Horizonte, 2001. Disponível em: <http://www.leffa.pro.br/textos/trabalhos/la_sociedade.pdf>. Acesso em: 15 jan. 2019.

_____. O ensino de línguas estrangeiras no contexto nacional. Contexturas, APLIESP, n. 4, p. 13-24, 1999. Disponível em: <http://www.leffa.pro.br/textos/trabalhos/oensle.pdf>. Acesso em: 15 jan. 2019.

LIBERALI, F. C. O diário como ferramenta para a reflexão crítica. Tese (Doutorado em Linguística Aplicada e Estudos da Linguagem) – Pontifícia Universidade Católica de São Paulo, São Paulo, 1999. Disponível em: <http://www.leffa.pro.br/tela4/Textos/Textos/Teses/fernanda_liberali.pdf>. Acesso em: 15 jan. 2019.

LIMA, C. (Coord.). A Brief Introduction to Critical Literacy in English Language Education. Brasília: ELTECS/British Council Brazil/ CSSGJ (University os Nottingham), 2006. Disponível em: <http://www.teachingenglish.org.uk/sites/teacheng/files/Booklet_A%20Brief%20Introduction%20to%20CL_%202006edition.pdf>. Acesso em: 15 jan. 2019.

LUCKESI, C. C. Avaliação da aprendizagem escolar: estudos e proposições. 16. ed. São Paulo: Cortez, 2005.

MACHADO, A. R. O diário de leituras: a introdução de um novo instrumento na escola. São Paulo: M. Fontes, 1998.

MACIEL, R. F. Letramento crítico das políticas linguísticas e a formação de professores de línguas. In: TAKAKI, N. H.; MACIEL, R. F. (Org.). Letramentos em terra de Paulo Freire. Campinas: Pontes, 2014. p. 101-114.

_____. Políticas linguísticas, conhecimento local e formação de professores. In: NICOLAIDES, C. et al. (Org.). Política e políticas linguísticas. Campinas: Pontes, 2013. p. 237-264.

MAHER, T. M. Ecos de resistência; políticas linguísticas e línguas minoritárias no Brasil. In: NICOLAIDES, C. et al. (Org.). Política e políticas linguísticas. Campinas: Pontes, 2013. p. 117-134.

MALINOWSKI, B. Argonautas do Pacífico ocidental. Tradução de Anton P. Carr e Lígia Aparecida Cardieri Mendonça. 3. ed. São Paulo: Abril, 1984. (Coleção Os Pensadores).

MARCUSCHI, L. A. Gêneros textuais: definição e funcionalidade. In: DIONÍSIO, A. P.; MACHADO, A. R.; BEZERRA, M. A. Gêneros textuais e ensino. 2. ed. Rio de Janeiro: Lucerna, 2002a. p. 19-36.

_____. Gêneros textuais emergentes no contexto da tecnologia digital. In: REUNIÃO DO GEL – GRUPO DE ESTUDOS LINGUÍSTICOS DO ESTADO DE SÃO PAULO, 50., 2002b, São Paulo.

MARCUSCHI, L. A.; DIONÍSIO, A. P. Apresentação. In: MARCUSCHI, L. A.; DIONÍSIO, A. P. (Org.). Fala e escrita. Belo Horizonte: Autêntica, 2007. p. 7-11.

MARTINEZ, P. Didática de línguas estrangeiras. São Paulo: Parábola, 2009.

MATEUS, E. De mosaicos e músicas: algumas peças sobre a formação de professores/as de inglês no Brasil. In: CALVO, L. C. S. et al. (Org.). Reflexões sobre ensino de línguas e formação de professores no Brasil: uma homenagem à professora Telma Gimenez. Campinas: Pontes, 2013. p. 25-50.

MATTOS, A. M. de A. Novos letramentos: perspectivas atuais para o ensino de inglês como língua estrangeira. Signum: Estudos da Linguagem, Londrina, v. 17, n. 1, p. 102-129, jun. 2014. Disponível em: <http://www.uel.br/revistas/uel/index.php/signum/article/view/17354/14771>. Acesso em: 15 jan. 2019.

MCLAREN, P. L.; LANKSHEAR, C. Critical Literacy and the Postmodern Turn. In: MCLAREN, P. L.; LANKSHEAR, C. (Ed.). Critical Literacy: Politics, Praxis, and the Postmodern. New York: State University of New York Press, 1993. p. 379-419.

MENDONÇA, M. Análise linguística no ensino médio: um novo olhar, um outro objeto. In: BUNZEN, C.; MENDONÇA, M. (Org.). Português no ensino médio e formação do professor. São Paulo: Parábola, 2006. p. 199-226.

MENEZES, V. Ensino de língua inglesa no ensino médio: teoria e prática. São Paulo: Edições SM, 2012.

MENEZES, V. et al. Alive High: inglês, 3º ano: ensino médio – manual do professor. 2. ed. São Paulo: Edições SM, 2016.

MENEZES, V.; SILVA, M. M.; GOMES, I. F. Sessenta anos de linguística aplicada: de onde viemos e para onde vamos. In: PEREIRA, R. C.; ROCA, P. Linguística aplicada: um caminho com diferentes acessos. São Paulo: Contexto, 2009. p. 25-50.

MIGNOLO, W. Geopolitics of Sensing and Knowing: on (de)Coloniality, Border Thinking and Epistemic Disobedience. Confero, v. 1, n. 1, p. 129-150, 2013. Disponível em: <http://www.confero.ep.liu.se/issues/2013/v1/i1/130312b/confero13v1i1129.pdf>. Acesso em: 15 jan. 2019.

MILLER, I. K. A prática exploratória na educação continuada de professores de línguas: inserções acadêmicas e teorizações híbridas. In: SILVA, K. A. da et al. (Org.). A formação de professores de línguas: novos olhares. Campinas: Pontes, 2012. v. II. p. 319-341.

MOITA LOPES, L. P. da. A transdisciplinaridade é possível em linguística aplicada? In: SIGNORINI, I.; CAVALCANTI, M. C. (Org.). Linguística aplicada e transdisciplinaridade. Campinas: Mercado de Letras, 2004. p. 113-128.

_____. Da aplicação de linguística à linguística aplicada indisciplinar. In: PEREIRA, R. C.; ROCA, P. Linguística aplicada: um caminho com diferentes acessos. São Paulo: Contexto, 2009. p. 11-24.

_____. Fotografias da linguística aplicada brasileira na modernidade recente: contextos escolares. In: MOITA LOPES, L. P. da (Org.). Linguística aplicada na modernidade recente. São Paulo: Parábola, 2013. p. 15-38.

_____. Inglês e globalização em uma epistemologia de fronteira: ideologia linguística para tempos híbridos. Delta, v. 24, n. 2, p. 309-340, 2008. Disponível em: <http://www.scielo.br/pdf/delta/v24n2/v24n2a06.pdf>. Acesso em: 15 jan. 2019.

_____. Linguística aplicada e vida contemporânea: problematização dos construtos que têm orientado a pesquisa. In: MOITA LOPES, L. P. da (Org.). Por uma linguística aplicada indisciplinar. São Paulo: Parábola, 2006a. p. 85-107.

MOITA LOPES, L. P. da. Oficina de linguística aplicada: a natureza social e educacional dos processos de ensino/aprendizagem de línguas. Campinas: Mercado de Letras, 1996.

_____. Os novos letramentos digitais como lugares de construção de ativismo político sobre sexualidade e gênero. Trabalhos em Linguística Aplicada, Campinas, v. 49, n. 2, p. 393-417, jul./dez. 2010. Disponível em: <http://www.scielo.br/pdf/tla/v49n2/06.pdf>. Acesso em: 15 jan. 2019.

_____. Uma linguística aplicada mestiça e ideológica: interrogando o campo como linguista aplicado. In: MOITA LOPES, L. P. da (Org.). Por uma linguística aplicada indisciplinar. São Paulo: Parábola, 2006b. p. 13-44.

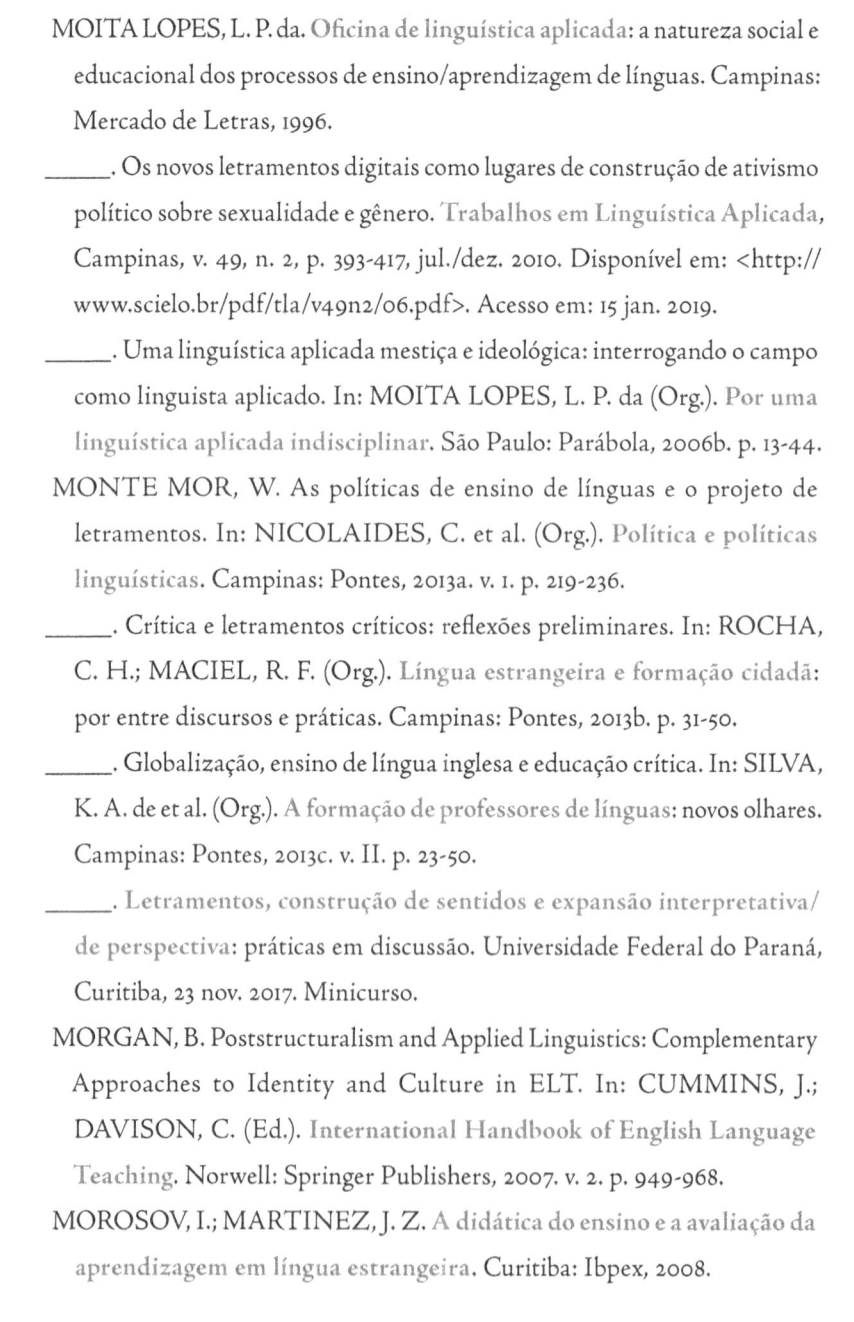

MONTE MOR, W. As políticas de ensino de línguas e o projeto de letramentos. In: NICOLAIDES, C. et al. (Org.). Política e políticas linguísticas. Campinas: Pontes, 2013a. v. 1. p. 219-236.

_____. Crítica e letramentos críticos: reflexões preliminares. In: ROCHA, C. H.; MACIEL, R. F. (Org.). Língua estrangeira e formação cidadã: por entre discursos e práticas. Campinas: Pontes, 2013b. p. 31-50.

_____. Globalização, ensino de língua inglesa e educação crítica. In: SILVA, K. A. de et al. (Org.). A formação de professores de línguas: novos olhares. Campinas: Pontes, 2013c. v. II. p. 23-50.

_____. Letramentos, construção de sentidos e expansão interpretativa/de perspectiva: práticas em discussão. Universidade Federal do Paraná, Curitiba, 23 nov. 2017. Minicurso.

MORGAN, B. Poststructuralism and Applied Linguistics: Complementary Approaches to Identity and Culture in ELT. In: CUMMINS, J.; DAVISON, C. (Ed.). International Handbook of English Language Teaching. Norwell: Springer Publishers, 2007. v. 2. p. 949-968.

MOROSOV, I.; MARTINEZ, J. Z. A didática do ensino e a avaliação da aprendizagem em língua estrangeira. Curitiba: Ibpex, 2008.

MOTTA-ROTH, D.; SELBACH, H. V.; FLORÊNCIO, J. A. Conversações indisciplinares na linguística aplicada brasileira entre 2005 e 2015. In: JORDÃO, C. M. (Org.). A linguística aplicada no Brasil: rumos e passagens. Campinas: Pontes, 2016. p. 17-58.

MULIK, K. B. Multimodalidade e multiletramentos nas aulas de língua inglesa: práticas e reflexões. In: SOUZA, S.; SOBRAL, A. (Org.). Gêneros, entre o texto e o discurso. Campinas: Mercado de Letras, 2016. p. 263-278.

_____. O ensino de língua estrangeira no contexto brasileiro: um passeio pela história. Crátilo: Revista de Estudos Linguísticos e Literários, Unipam, v. 5, n. 1, p. 14⊠22, 2012. Disponível em: <http://cratilo. unipam.edu.br/documents/32405/41762/0-ensino-de-lingua-estrangei ra-no-contexto-brasileiro.pdf>. Acesso em: 18 fev. 2019.

_____. O Programa Institucional de Bolsas de Iniciação à Docência (PIBID) como espaço de formação continuada de professores de língua inglesa. 187 f. Dissertação (Mestrado em Letras) – Universidade Federal do Paraná, Curitiba, 2014. Disponível em: <https://acervodigital.ufpr.br/handle/1884/41522>. Acesso em: 18 fev. 2019.

NÓVOA, A. Para uma formação de professores construída dentro da profissão. Revista Educación, n. 350, set./dez. 2009. Disponível em: <http://www.revistaeducacion.educacion.es/re350/re350_09por.pdf>. Acesso em: 15 jan. 2019.

OLIVEIRA, A. L. A. M. Tensão colaborativa: um modelo discursivo para integrar teoria e prática na formação docente. RBLA, Belo Horizonte, v. 10, n. 12, p. 227-248, 2010. Disponível em: <http://www.scielo.br/pdf/rbla/v10n1/12.pdf>. Acesso em: 15 jan. 2019.

OLIVEIRA, C. L. de. Um apanhado teórico-conceitual sobre a pesquisa qualitativa: tipos, técnicas e características. Revista Travessias, v. 2, n. 3, 2008. Disponível em: <http://e-revista.unioeste.br/index.php/travessias/article/view/3122/2459>. Acesso em: 15 jan. 2019.

OLIVEIRA, G. M. de. Políticas linguísticas: uma entrevista com Gilvan Müller de Oliveira. ReVEL, v. 14, n. 26, 2016. Disponível em: <http://www.revel.inf.br/files/e92f933a3b0ca404b70a1698852e4ebd.pdf>. Acesso em: 15 jan. 2019.

OLIVEIRA, R. C. de. O trabalho do antropólogo: olhar, ouvir, escrever. In: OLIVEIRA, R. C. de. O trabalho do antropólogo. 2. ed. Brasília: Paralelo 15; São Paulo: Ed. da Unesp, 2000. p. 13-37.

ORLANDI, E. P. Discurso e leitura. 3 e.d. Campinas, SP: Editora da Unicamp, 1996.

PAIVA, V. L. M. A LDB e a legislação vigente sobre o ensino e a formação de professor de língua inglesa. In: STEVENS, C. M. T.; CUNHA, M. J. C. (Org.). Caminhos e colheitas: ensino e pesquisa na área de inglês no Brasil. Brasília: UnB, 2003. p. 53-84.

PARANÁ. Secretaria de Estado da Educação. Diretrizes curriculares da educação básica: língua portuguesa. Curitiba, 2008a. Disponível em: <http://www.educadores.diaadia.pr.gov.br/arquivos/File/diretrizes/dce_port.pdf>. Acesso em: 15 jan. 2019.

_____. Diretrizes curriculares da educação básica: língua estrangeira moderna. Curitiba, 2008b. Disponível em: <http://www.educadores.diaadia.pr.gov.br/arquivos/File/diretrizes/dce_lem.pdf>. Acesso em: 15 jan. 2019.

PEDERSON, M. English as a Lingua Franca, World Englishes and Cultural Awareness in the Classroom: a North American Perspective. In: GIMENEZ, T.; CALVO, L. C. S; EL KADRI, M. S. (Org.). Inglês como língua franca: ensino-aprendizagem e formação de professores. Campinas: Pontes, 2011. p. 59-85.

PENNYCOOK, A. A linguística aplicada nos anos 90: em defesa de uma abordagem crítica. In: SIGNORINI, I.; CAVALCANTI, M. (Org.). Linguística aplicada e transdisciplinaridade. Campinas: Mercado de Letras, 1998a. p. 23-49.

_____. Critical Applied Linguistics: a Critical Introduction. Mahwah: LEA, 2001.

_____. English and the Discourses of Colonialism. London: Routledge, 1998b.

_____. Linguística aplicada pós-ocidental. In: CORACINI, M. J.; BERTOLDO, E. S. (Org.). O desejo da teoria e a contingência da prática: discursos sobre e na sala de aula – língua materna e língua estrangeira. Campinas: Mercado de Letras, 2003. p. 21-60.

_____. Posthumanist Applied Linguistics. London: Routledge, 2016.

_____. Uma linguística aplicada transgressiva. In: MOITA LOPES, L. P. da (Org.). Por uma linguística aplicada indisciplinar. São Paulo: Parábola, 2006. p. 67-84.

PERINI, M. A. Sofrendo a gramática: ensaios sobre a linguagem. São Paulo: Ática, 2009.

PERRENOUD, P. Construir competências é virar as costas aos saberes? Pátio: Revista Pedagógica, Porto Alegre, ano 3, n. 11, p. 15-19, jan. 2000. Disponível em: <http://egov.ufsc.br/portal/sites/default/files/anexos/29108-29126-1-PB.pdf>. Acesso em: 15 jan. 2019.

_____. Dez novas competências para uma nova profissão. Pátio: Revista Pedagógica, Porto Alegre, Brasil, n. 17, p. 8-12, maio-jul. 2001. Disponível em: <http://penta3.ufrgs.br/MIE-ModIntrod-CD/pdf/etapa2_as_novas_competencias.pdf>. Acesso em: 15 jan. 2019.

PETTER, M. Linguagem, língua e linguística. In: FIORIN, J. L. (Org.). Introdução à linguística I: objetos teóricos. 5. ed. São Paulo: Contexto, 2008. p. 11-24.

PIMENTA, S. G. Pesquisa-ação crítico-colaborativa: construindo seu significado a partir de experiências com a formação docente. Educação e Pesquisa, São Paulo, v. 31, n. 3, p. 521-539, set./dez. 2005. Disponível em: <http://www.scielo.br/pdf/ep/v31n3/a13v31n3.pdf>. Acesso em: 15 jan. 2019.

RAJAGOPALAN, K. O lugar do inglês no mundo globalizado. In: SILVA, K. A. da (Org.). Ensinar e aprender línguas na contemporaneidade: linhas e entrelinhas. Campinas: Pontes, 2010. p. 21-24.

_____. O papel eminentemente político dos materiais didáticos de inglês como língua estrangeira. In: SCHEYERL, D.; SIQUEIRA, S. (Org.). Materiais didáticos para o ensino de línguas na contemporaneidade: contestações e proposições. Salvador: EdUFBA, 2012. p. 57-82.

_____. O professor de línguas e a suma importância do seu entrosamento na política linguística do seu país. In: CORREA, D. A. (Org.). Política linguística e ensino de língua. Campinas: Pontes, 2014. p. 73-82.

_____. O "World English": um fenômeno muito mal compreendido. In: GIMENEZ, T.; CALVO, L. C. S.; EL KADRI, M. S. (Org.). Inglês como língua franca: ensino-aprendizagem e formação de professores. Campinas: Pontes, 2011a. p. 45-57.

_____. Política linguística: do que é que se trata afinal? In: NICOLAIDES, C. et al. (Org.). Política e políticas linguísticas. Campinas: Pontes, 2013. p. 19-42.

_____. Políticas públicas, línguas estrangeiras e globalização: a universidade brasileira em foco. In: ROCHA, C. H.; BRAGA, D. B.; CALDAS, R. R. Políticas linguísticas, ensino de línguas e formação docente: desafios em tempos de globalização e internacionalização. Campinas: Pontes, 2015. p. 15-27.

RAJAGOPALAN, K. Ponderações sobre linguística aplicada, política linguística e ensino-aprendizagem. Revista de Letras Norteamentos, Sinop, v. 4, n. 8, p. 75-81, jul./dez. 2011b. Entrevista. Disponível em: <http://sinop.unemat.br/projetos/revista/index.php/norteamentos/article/view/812/566>. Acesso em: 18 fev. 2019.

_____. Por uma linguística crítica: linguagem, identidade e a questão ética. São Paulo: Parábola, 2003.

RANCIÈRE, J. O mestre ignorante: cinco lições sobre a emancipação intelectual. Tradução de Lilian do Valle. 2. ed. Belo Horizonte: Autêntica, 2004.

REVISTA BRASILEIRA DE LINGUÍSTICA. Belo Horizonte: Scielo, 2018. Disponível em: <http://www.scielo.br/scielo.php?script=sci_issues&pid=1984-6398&lng=en&nrm=iso>. Acesso em: 15 jan. 2019.

RICHARDS, J. C.; LOCKHART, C. Reflective Teaching in Second Language Classroom. Cambridge: Cambridge University Press, 2008.

RICHARDS, J. C.; RODGERS, T. S. Approaches and Methods in Language Teaching: a Description and Analysis. Cambridge: Cambridge University Press, 1986.

RIOLFI, C. et al. Ensino de língua portuguesa. São Paulo: Cengage Learning, 2014.

ROCHA C. H. Reflexões e propostas sobre língua estrangeira no ensino fundamental I: plurilinguismo, multiletramentos e transculturalidade. Campinas: Pontes, 2012.

ROCHA, C. H.; MACIEL, R. F. Ensino de língua estrangeira como prática translíngue: articulações com teorizações bakhtinianas. Delta, v. 31, n. 2, p. 411-445, 2015. Disponível em: <http://www.scielo.br/pdf/delta/v31n2/1678-460X-delta-31-02-00411.pdf>. Acesso em: 15 jan. 2019.

ROCHA, C. H.; MACIEL, R. F. Língua estrangeira, formação cidadã e tecnologia: ensino e pesquisa como participação democrática. In: ROCHA, C. H.; MACIEL, R. F. (Org.). Língua estrangeira e formação cidadã: por entre discursos e práticas. Campinas: Pontes, 2013. p. 13-29.

ROCHA, D.; DAHER, D. C. Afinal, como funciona a linguística aplicada e o que pode ela se tornar? Delta, v. 31, n. 1, p. 105-141, 2015. Disponível em: <http://www.scielo.br/pdf/delta/v31n1/0102-4450-delta-31-01-00105.pdf>. Acesso em: 15 jan. 2019.

ROJO, R. A teoria dos gêneros discursivos do círculo de Bakhtin e multiletramentos. In: ROJO, R. (Org.). Escol@ conect@d@: multiletramentos e as TICS. São Paulo: Parábola, 2013. p. 9-32.

_____. Esferas ou campos de atividade humana. Glossário Ceale. Disponível em: <http://ceale.fae.ufmg.br/app/webroot/glossarioceale/verbetes/esferas-ou-campos-de-atividade-humana>. Acesso em: 15 jan. 2019.

_____. Pedagogia dos multiletramentos. In: ROJO, R.; MOURA, E. (Org.). Multiletramentos na escola. São Paulo: Parábola, 2012. p. 11-31.

RORTY, R. O fedor de Heidegger. Folha de S.Paulo, São Paulo, 20 abr. 1997. Disponível em: <http://www1.folha.uol.com.br/fsp/1997/4/20/mais!/15.html>. Acesso em: 15 jan. 2019.

ROSE, G. Visual Methodologies: an Introduction to the Interpretation of Visual Materials. 2. ed. London: Sage, 2007.

SANT'ANNA, I. M. Por que avaliar? Como avaliar? Critérios e instrumentos. 13. ed. Petrópolis: Vozes, 2009.

SANTOS, B. de S.; MENESES, M. P. (Org.). Epistemologias do Sul. São Paulo: Cortez, 2010.

SAUSSURE, F. de. Curso de Linguística Geral. Tradução de Antônio Chelini, José Paulo Paes e Izidoro Blikstein. 25. ed. São Paulo: Cultrix, 1999.

SIQUEIRA, D. S. P. Se o inglês está no mundo, cadê o mundo no livro didático de inglês? In: SCHEYERL, D.; SIQUEIRA, D. S. P. (Org.). Materiais didáticos para o ensino de línguas na contemporaneidade: contestações e proposições. Salvador: EdUFBA, 2012. p. 313-353.

SOARES, M. Letramento: um tema em três gêneros. 3. ed. Belo Horizonte: Autêntica, 2009.

SPINK, M. J. Linguagem e produção de sentidos no cotidiano. Rio de Janeiro: Centro Edelstein de Pesquisas Sociais, 2010. Disponível em: <https://static.scielo.org/scielobooks/w9q43/pdf/spink-9788579820465.pdf>. Acesso em: 15 jan. 2019.

SPIRANDEO, V. Quem fala inglês no mundo? English Live, 27 jun. 2013. Disponível em: <https://englishlive.ef.com/pt-br/blog/quem-fala-ingles-no-mundo/>. Acesso em: 15 jan. 2019.

STREET, B. V. Letramentos sociais: abordagens críticas do letramento no desenvolvimento, na etnografia e na educação. Tradução de Marcos Bagno. São Paulo: Parábola, 2014.

STREVENS, P. Applied Linguistics: an Overview. In: GRABE, W.; KAPLAN, R. B. Introduction to Applied Linguistics. Reading: Addison-Wesley, 1991. p. 13-31.

STUTZ, L. A socialização de diários no desenvolvimento de alunos-professores de língua inglesa. In: CRISTOVÃO, V. L. L. (Org.). Atividade docente e desenvolvimento. Campinas: Pontes, 2011. p. 107-126.

TAKAKI, N. H. Letramentos na sociedade digital: navegar é e não é preciso. Jundiaí: Paco, 2012.

TEIXEIRA, H.; GONZAGA, L. Asa branca. Luiz Gonzaga. 1947.

TILIO, R. Ensino crítico de língua: afinal, o que é ensinar criticamente? In: JESUS, D. M. de; ZOLIN-VESZ, F.; CARBONIERI, D. (Org.). Perspectivas críticas no ensino de línguas: novos sentidos para a escola. Campinas: Pontes, 2017. p. 19-31.

_____. Voices 1. São Paulo: Richmond, 2015.

TÍLIO, R.; MULICO, L. V. O nascimento da LA contemporânea à luz dos sistemas complexos: uma aproximação conceitual. In: JORDÃO, C. M. (Org.). A linguística aplicada no Brasil: rumos e passagens. Campinas: Pontes, 2016. p. 59-84.

TORQUATO, C. P. Documentos oficiais relativos ao ensino de língua portuguesa, interculturalidade e políticas de letramentos. Signum: Estudos da Linguagem, Londrina, n. 19/1, p. 426-458, jun. 2016. Disponível em: <http://www.uel.br/revistas/uel/index.php/signum/article/download/23199/19306>. Acesso em: 18 fev. 2019.

TRABALHOS EM LINGUÍSTICA APLICADA. Campinas: Scielo, 2018. Disponível em: <http://www.scielo.br/scielo.php?script=sci_issues&pid=0103-1813&lng=en&nrm=iso>. Acesso em: 15 jan. 2019.

UNIVERSITY OF CAMBRIDGE. The OER4Schools Professional Learning Resource: Interactive Teaching with and Without ICT in sub-Saharan Africa. Disponível em: <http://oer.educ.cam.ac.uk/wiki/OER4Schools/Programme_review_and_action_research>. Acesso em: 15 out. 2018.

VAN MANEN, M. Researching Lived Experience: Human Science for an Action Sensitive Pedagogy. Ontario: Althouse Press, 1990.

VASQUEZ, V. M. Critical Literacy Across the K-6 Curriculum. New York: Routledge, 2017.

VIEIRA, A. A. S. A formação universitária do professor de língua inglesa e suas implicações na prática docente. 205 f. Dissertação (Mestrado em Educação) – Universidade Católica Dom Bosco, Campo Grande, 2007.

VIEIRA-ABRAHÃO, M. H. V. Metodologia na investigação das crenças. In: BARCELOS, A. M. F.; VIEIRA-ABRAHÃO, M. H. V. (Org.). Crenças e ensino de línguas: foco no professor, no aluno e na formação de professores. Campinas: Pontes, 2006. p. 219-231.

WALSH, M. P. Reading Visual and Multimodal Texts: how is "Reading" Different? In: PROCEEDINGS OF THE ALEA, 2004. Disponível em: <https://www.researchgate.net/profile/Maureen_Walsh5/publication/266184461_Reading_visual_and_multimodal_texts_how_is_'reading'_different/links/552731340cf2520617a70bcf/Reading-visual-and-multimodal-texts-how-is-reading-different.pdf>. Acesso em: 15 jan. 2019.

WIDDOWSON, H. G. The Partiality and Relevance of Linguistic Descriptions. Studies in Second Language Acquisition, v. 1, n. 2, p. 9-24, 1979.

XAVIER, A. N. de O.; SOLEDADE, J. S. A "leitura" do audiovisual e a formação do cidadão crítico. In: EDUCOM SUL – EDUCOMUNICAÇÃO E DIREITOS HUMANOS, 2., 2013, Ijuí. Disponível em: <http://coral.ufsm.br/educomsul/2013/com/gt3/2.pdf>. Acesso em: 15 jan. 2019.

ZOLIN-VESZ, F. Apresentação. In: ZOLIN-VESZ, F. (Org.). Linguagens e descolonialidades: arena de embates de sentidos. Campinas: Pontes, 2016. p. 7-14.

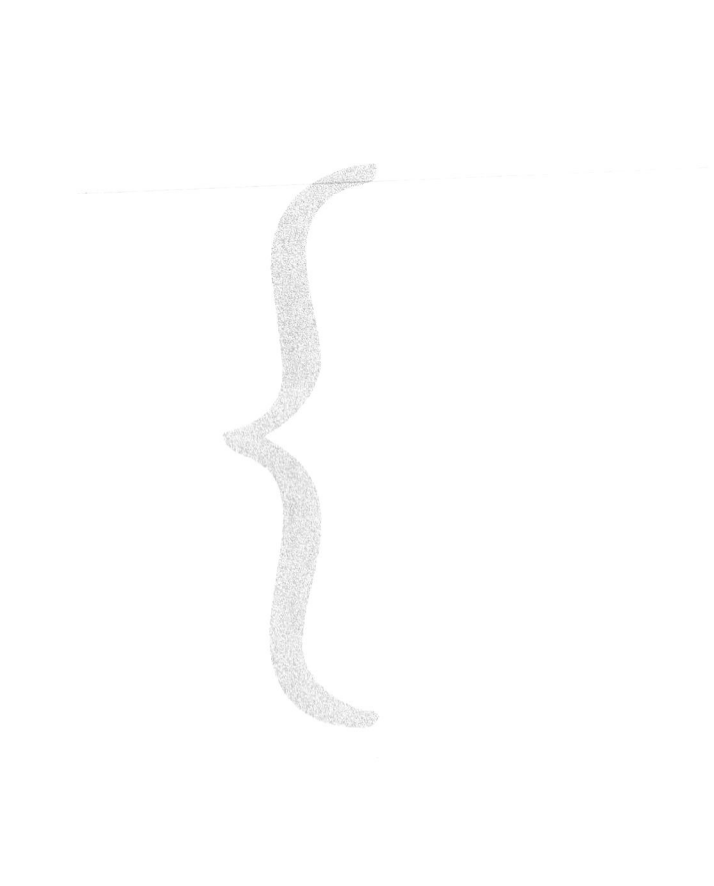

{

bibliografia comentada

Para maior aprofundamento sobre estudos recentes no campo da LA, recomendamos a leitura das seguintes publicações:

JORDÃO, C. M. (Org.). A linguística aplicada no Brasil: rumos e passagens. Campinas: Pontes, 2016.

> Este livro, organizado pela professora Clarissa Jordão da Universidade Federal do Paraná (UFPR), é composto por 18 capítulos divididos em 4 partes: 1) desenvolvimento da LA no Brasil; 2) LA e letramentos; 3) LA e formação de professores; e 4) LA e o ensino-aprendizagem de línguas. Os autores são professores de diferentes universidades brasileiras e propiciam diferentes olhares sobre preocupações recentes, além de fornecer um panorama brasileiro sobre o status da LA.

MOITA LOPES, L. P. da (Org.). Linguística aplicada na modernidade recente. São Paulo: Parábola, 2013.

Esta obra é composta por dez capítulos de autores renomados que abordam temáticas contemporâneas da pesquisa em LA, como: ensino-aprendizagem de línguas, formação de professores, políticas linguísticas, materiais didáticos, práticas translíngues, gênero e sexualidade, entre outras. A proposta da obra é homenagear a professora Maria Antonieta Alba Celani, grande precursora da LA no Brasil, que no ano de 2013 completou 90 anos.

MOITA LOPES, L. P. da (Org.). Por uma linguística aplicada indisciplinar. São Paulo: Parábola, 2006.

Para os pesquisadores e professores que se vinculam à LA, esta é uma obra de leitura obrigatória. O livro é composto por 11 capítulos de autoria de pesquisadores brasileiros e internacionais. A preocupação de Moita Lopes, que organizou a publicação, é apresentar a LA dentro de uma abordagem inter/transdisciplinar, com olhar voltado para questões da vida social. É uma publicação essencial para aqueles que desejam compreender os caminhos para fazer pesquisa nessa área.

Para aprofundar seus estudos sobre ensino de línguas, recomendamos as seguintes leituras:

ROCHA, C. H.; MACIEL, R. F. (Org.). Língua estrangeira e formação cidadã: por entre discursos e práticas. Campinas: Pontes, 2013.

O livro é composto por nove capítulos de autoria de professores – estudiosos vinculados a diferentes universidades brasileiras – que trazem como pauta o ensino de línguas estrangeiras, a formação para a cidadania e a criticidade. São discussões que contribuem para pensarmos nos impactos da globalização, na formação de professores e nas novas epistemologias que marcam o ensino de línguas.

ROJO, R.; MOURA, E. (Org.). Multiletramentos na escola. São Paulo: Parábola, 2012.

Esta obra agrupa estudos realizados durante três cursos ministrados pela professora Roxane Rojo. Além de tratar de questões teóricas voltadas para o trabalho com multimodalidade e multiletramento no espaço escolar, a publicação sugere propostas didáticas que podem ser adaptadas para serem utilizadas por professores em seus respetivos contextos de ensino. O livro propõe que discutamos sobre as novas éticas e estéticas que são exigidas em tempos em que as tecnologias digitais estão cada vez mais presentes em nossas práticas de linguagem.

{

anexo

Quadro A – Lista de símbolos das transcrições

Ocorrências	Sinais	Exemplificação
Incompreensão de palavras ou segmentos	( )	do nível de renda... ( ) nível de renda nominal
Hipótese do que se ouviu	(hipótese)	(estou) meio preocupado (com o gravador)
Truncamento (havendo homografia, usa-se acento indicativo da tônica e/ou timbre)	/	e comé/ e reinicia
Entoação enfática	maiúscula	porque as pessoas reTÊM moeda

(continua)

(Quadro A – continuação)

Ocorrências	Sinais	Exemplificação
Prolongamento de vogal e consoante (como s, r)	:: podendo aumentar para :::: ou mais	ao emprestarem os... éh::: ...o dinheiro
Silabação	-	por motivo tran-sa-ção
Interrogação	?	e o Banco... Central... certo?
Qualquer pausa	...	são três motivos... ou três razões... que fazem com que se retenha moeda... existe uma... retenção
Comentários descritivos do transcritor	((minúscula))	((tossiu))
Comentários que quebram a sequência temática da exposição; desvio temático	-- --	... a demanda de moeda -- vamos dar essa notação -- demanda de moeda por motivo
Superposição, simultaneidade de vozes	ligando as linhas	A. na casa da sua irmã B. [sexta-feira? A. fizeram lá... B. [cozinharam lá?
Indicação de que a fala foi tomada ou interrompida em determinado ponto. Não no seu início, por exemplo.	(...)	(...) nós vimos que existem...

(*Quadro A – conclusão*)

Ocorrências	Sinais	Exemplificação
Citações literais ou leituras de textos, durante a gravação	" "	Pedro Lima... ah escreve na ocasião... "O cinema falado em língua estrangeira não precisa de nenhuma baRREIra entre nós"...

FONTE: PRETI D. (Org). O discurso oral culto. 2. ed. São Paulo: Humanitas/FFLCH/USP, 1999. p. 19-20. (Projetos Paralelos. v. 2).

{

respostas

um

Atividades de autoavaliação

1. a
2. c
3. c
4. a
5. a

dois

Atividades de autoavaliação

1. d
2. b
3. b
4. d
5. c

três

Atividades de autoavaliação

1. c
2. a
3. c
4. d
5. c

quatro

Atividades de autoavaliação

1. c
2. a
3. d
4. d
5. c

cinco
Atividades de autoavaliação
1. b
2. a
3. d
4. a
5. a

seis
Atividades de autoavaliação
1. c
2. c
3. d
4. b
5. d

sobre a autora

❰ KATIA BRUGINSKI MULIK tem formação em Letras e Comunicação e atua tanto na educação básica como na formação de professores. Cursou mestrado em Estudos Linguísticos e Literários na Universidade Federal do Paraná (UFPR), cuja pesquisa esteve voltada para o entendimento de espaços de formação de professores de língua inglesa no Programa Institucional de Bolsas de Iniciação à Docência (PIBID). Como aluna de doutorado no Departamento de Línguas Estrangeiras Modernas da Universidade de São Paulo (USP), investiga o papel da língua inglesa no ensino médio e na formação voltada para a criticidade e a cidadania. Atualmente, é professora convidada para ministrar módulos nos cursos de especialização (*lato sensu*) na Pontifícia Universidade Católica do Paraná (PUCPR), no Instituto Tecnológico e Educacional (Itecne) e na Universidade Positivo (UP), com temas relacionados a Linguística Aplicada, assessoria linguística e produção de material didático.

Os papéis utilizados neste livro, certificados por instituições ambientais competentes, são recicláveis, provenientes de fontes renováveis e, portanto, um meio sustentável e natural de informação e conhecimento.

FSC
www.fsc.org
MISTO
Papel produzido
a partir de
fontes responsáveis
FSC® C057341

Impressão: Log&Print Gráfica e Logística S.A.
Março/2022